跨国银行国际竞争力
及提升中国商业银行的途径

著　路　妍　刘　璐　高顺芝
　　连英祺　李　翔

人民出版社

前　　言

在当代，国际经济与国际金融体系发生着深刻的变化，经济全球化和金融全球化已成为一种发展趋势。其中跨国银行的发展变化对全球经济和国际金融业造成巨大的影响，跨国银行发展对全球经济增长发挥着日益重要的作用。然而由于美国次贷危机的影响以及全球经济的持续放缓，使目前全球跨国银行利润持续保持较高增长的时期暂时结束，由美国和欧洲占主导地位的传统银行业格局将发生变化，新兴经济体国家的银行地位尤其是中国银行业的地位将不断上升，这些变化将对全球跨国银行业格局产生深远的影响。面对全球跨国银行国际竞争力格局的变化，中国商业银行应抓住机会，制定合理的发展战略目标和战略策略，采取有效的途径，全面提升中国商业银行的国际竞争力，保持中国商业银行可持续发展的竞争优势。因此，研究这些问题成为金融学研究的前沿问题。

《跨国银行国际竞争力及提升中国商业银行的途径》是 2006 年教育部人文社科研究基金一般项目《跨国银行国际竞争力及提升中国银行业途径研究》（项目号：06JA790015）的最终成果。全书由 10 章组成，重点研究了跨国银行国际竞争力发展和结构性影响因素以及提升中国商业银行国际竞争力的途径。首先通过参考大量的文献资料与现有研究成果，讨论了跨国银行国际竞争力理论和结构性影响因素的最新成果、贡献与不足。在此基础上，运用丰富的统计资料和数据，探讨了当代全球跨国银行发展变化的新特点及发达国家跨国银行提升国际竞争力的经验，发展中国家引进跨国银行的成因、效应及国际竞争力比较，分析了这些变化的新特点和趋势及产生这些变化的背景，剖析了引起这些变化的原因，并重点对发达国家跨国银行的发展战略、经营策略和风险管理以及发展中国家引进跨国银行的经济金融效应进行了研究。同时运用 DEA 方法的计量模型和统计数据实证检验与研究了中国商业银行产权结构与效率、市场结构与效率、中国商业银行总体效率与结构性影响因素的关系，对目前中国商业银行的变化与改革趋势及其影响进行了判断与分析，提出通过加强中国商业银行产权结构和公司治理改革、加强中国商业银行组织结构与业务流程再造、加强中国商业银行全球统一技术支持系统的发展、加强中国商业银行全面风险管理和加强中国商业银行跨国并购与国际化发展五个方面，提高中国商业银行国际竞争力的途径，以提高中国商业银行在国际金融中的地位。

本书的学术价值和特点是：

第一，选题具有重要的理论意义与现实意义。本书是教育部人文社科研究基金项目的研究成果，主要研究当代全球跨国银行业格局的新变化和新特点及其提升国际竞争力的经验；美国次贷危机引发的全球金融危机对跨国银行业的影响及应对对策；中国银行业如何抓住机遇，加大银行体制改革力度，加强全面的风险管理及监管，实施"走出去"战略，稳步推进其在全球的发展战略，以提高中国商业银行的国际竞争力。这对开展我国在该领域的学术研究具有积极的推动作用，并对我国制定宏观经济、金融政策与提升中国商业银行国际竞争力发展目标具有重要的实际参考价值。

第二，本书是一部系统研究的理论专著，具有一定的创新性。目前国内虽然有较多关于跨国银行方面的论著，但尚无系统研究跨国银行国际竞争力及提升中国商业银行国际竞争力途径的专著。从某种角度讲，本书的价值在一定程度上添补了国内在该领域研究的空白。作者指出，随着跨国银行规模的快速发展以及金融创新的层出不穷，跨国银行的风险也在不断增加。金融创新作为国际金融领域各种要素的重新优化组合和各种资源的重新配置，既有助于金融体系的稳定，但也可能带来金融脆弱性、危机传染性和系统性风险。又由于跨国银行具有全球化与国际化特征，容易使其风险在全球迅速蔓延，演变成国际金融危机。针对美国次贷危机在2008年9月演变成全球金融危机，表明了跨国银行监管滞后其快速发展，跨国银行金融创新与金融监管不协调，也彰显了《巴塞尔新协议》实施的重要性，要求加强各国银行监管部门合作，联手对跨国银行进行监管，共同抵御国际金融危机。同时，发展中国家在引入跨国银行时，在考虑其对本国经济与金融发挥正面效应的同时，更应关注其负面效应，因为全球金融环境的进一步紧缩，会使新兴经济体国家很难获得外部融资，外资银行资本逆转会使新兴经济体国家出现外部资金枯竭局面，增大其流动性风险和信用危机，会引起新兴经济体国家出现金融风险。如对外资银行开放最彻底的匈牙利，近年来由于负债太多，依赖外资流动和外币债务比重过大，当美国次贷危机到来时，其受到的外部冲击最大。为缓解其所受的影响，由国际货币基金组织、欧盟和世界银行联手向其提供超过250亿美元的援助，以解决其资金困难局面。因此，发展中国家应在适当的时机适度引进外资银行，并加强对跨境资本流动的监管，这会对发展中国家金融稳定起到一定的积极作用。本书的上述研究是针对当前跨国银行发展变化新出现的问题所进行的深入分析，这些变化及问题将会对跨国银行国际竞争力产生影响，因而该研究在理论上具有一定的创新性。

第三，本书采用理论研究与实证研究相结合的方法，具有较高的学术价值与应用价值。本书运用 DEA 方法的计量模型对 1994－2007 年中国商业银行的效率与结构性影响因素的关系进行了实证检验与研究，认为中国商业银行效率自 2001 年入世以来变化较大，呈现波动性增长趋势。并进一步对中国商业银行效率的结构性影响因素进行分析，发现预算约束、基础业务能力、竞争程度和金融创新对中国商业银行效率都有影响，其中预算约束和基础业务能力对股份制商业银行效率不显著，金融创新对五大国有商业银行效率的影响不显著。因此，中国商业银行提高效率和国际竞争力的途径是注重产权结构和公司治理改革，加速体制创新和机制创新，加大金融产品与服务创新力度，不断提高商业银行经营管理水平，加强中国商业银行组织结构与业务流程再造，加快中国商业银行全球统一技术支持系统的发展，注重中国商业银行全面风险管理及其监管，实现中国商业银行跨国并购与国际化发展，以提高中国商业银行效率和国际竞争力。本书的这些研究丰富了中国商业银行国际竞争力理论与实践，具有较高的学术价值与应用价值。

本书由路妍与她的同事共同完成，由路妍主持与设计，路妍、连英祺、刘璐、李翔、高顺芝共同参与项目的研究与本书的写作。

本书的具体写作分工是：路妍负责第 1 章、第 2 章、第 3 章、第 4 章、第 5 章、第 10 章，连英祺负责第 6 章，刘璐负责第 7 章，李翔负责第 8 章，高顺芝负责第 9 章。最后由路妍负责总纂与定稿。

随着全球跨国银行的不断发展变化以及全球金融危机的愈演愈烈，我希望她们对相关问题继续深入研究，并衷心希望有关专家、学者提出宝贵意见，以利于其今后不断提高理论研究水平。

在本书的出版过程中，人民出版社领导对本书的出版给予了大力支持，在此对他们的支持与辛劳付出表示衷心地感谢！

林继肯

2008 年 11 月 20 日

内容提要

随着经济全球化与金融全球化的不断发展，跨国银行对全球经济的增长发挥着重要作用。近年来，中国银行业在全球银行业中的国际地位不断增强。因此研究跨国银行国际竞争力及提升中国商业银行国际竞争力途径具有十分重要的理论意义与现实意义。

全文共分十章，其主要内容与观点是：

跨国银行国际竞争力是指跨国银行核心能力的体现，是在金融全球化环境下所表现出来的竞争效率和终极或最终发展能力的总称。跨国银行国际竞争力研究也是跨国银行竞争效率研究。从跨国银行的产权结构与银行竞争效率关系看，跨国银行的产权结构是否影响和怎样影响银行效率问题目前还没有达成一致结论。从中国商业银行产权结构与银行效率的关系看，应是银行产权结构与市场竞争共同起作用，二者是互补关系，而不是替代关系，其中产权结构是影响中国商业银行效率的重要影响因素，同时中国商业银行应实行适度集中型股权结构。从跨国银行市场结构与竞争效率关系看，其结论是：目前国际银行业具有集中趋势，欧美银行业集中度在提高；集中对经济增长有有利作用，也有不利作用，但没有确定竞争的银行市场比银行集中度过高的市场更有效率；目前银行业是寡头垄断或垄断竞争的银行体系；中外银行研究发现，没有证据表明银行体系集中与竞争负相关；发达国家由于是大银行间并购，所以银行集中度较高，而发展中国家除拉丁美洲国家是大银行并购银行集中度较高外，中欧、亚洲是中型银行间并购，从而使银行集中度下降；发展战略与银行集中度有关。从跨国银行金融稳定与银行集中和竞争关系看，金融稳定与银行集中和竞争有关，并且技术进步、监管、法律也与银行集中和竞争有关。上述这些因素，都对跨国银行竞争效率产生影响。

当代全球跨国银行发展变化的新特点和趋势是：由于美国次贷危机的影响以及全球经济的继续放缓，2007年以来全球跨国银行利润持续保持较高增长时期暂时结束，由美国和欧洲银行占主导地位的传统银行业格局将发生变化，新兴经济体国家的银行地位尤其是中国银行业地位将不断上升，这将对全球跨国银行业的格局产生深远的影响。又由于跨国银行实行全能银行向混业经营发展，跨国银行金融创新层出不穷，使跨国银行风险与国际金融危机传染性增大，美国次贷危机引发的全球金融危机愈演愈烈，因此，加强跨国银行风险管理和监管的要求日益增强。同时发达国家跨国银行制定了明确的发展战略目标，根据自身的特点与实力，制定和选择适合自身发展的不同发展战略模式，并通过跨国并购，实现其全球化与国际化的发展战略，以迅速提升其国际竞争力。另外发达国家跨国银行也积极进行经营策略的转变，从实行以"产品为中心"的经营策略转向以"客户为中心"的经营策略，并注重"以市场为导向"，提供"一站式"、全方位的金融服务。注重突出核心业务，重塑组织结构和业务流程，由批发银行业务向零售银行业务转化，积极进行金融产品与服务创新，并注重对新兴市场的开拓，从而增强其国际竞争力。

随着金融全球化的不断发展，发展中国家投资环境的不断改善以及不断开放银行业，从 20 世纪 90 年代开始新兴市场国家吸引了大量的跨国银行进入，包括拉丁美洲地区、中东欧地区和亚洲地区。目前发展中国家外资银行资产占 GDP 的比重不断提高，这对发展中国家经济金融发展起到一定的推动作用。但是，随着美国次贷危机引发的全球金融危机，全球金融环境的进一步紧缩，使新兴经济体国家很难获得外部融资。随着外资银行资本逆转，会引起新兴经济体国家出现金融风险，尤其对外资银行开放较为彻底的匈牙利和墨西哥使其受到的外部冲击最大。为缓解其受金融危机的影响，国际货币基金组织、欧盟和世界银行联手向其提供资金援助，以解决其资金困难局面。因此，外资银行进入对东道国产生有利影响的同时，也会带来一定的金融风险，加强国际资本跨境监管与适度引进外资银行尤为重要。

根据上述结构性影响因素的分析，对中国商业银行国际竞争力问题进行了实证研究与检验，发现无论从资产利润率还是从资本利润率看，产权结构对商业银行效率有影响，但这种影响是非线性的。无论是用银行集中度指标还是用 HHI 指数来分析，目前中国银行业都是垄断竞争的银行体系，并且中国银行业处于适度集中的市场结构中，外资银行对中国银行业市场结构有影响。同时，通过运用 DEA 方法的计量模型对 1994—2007 年间中国商业银行效率进行实证分析，发现中国商业银行经营绩效有了较大提高，近年来呈现波动性增长。进一步对中国商业银行效率的影响因素分析后发现，预算约束、基础业务能力、竞争程度和金融创新对中国商业银行效率都有影响，其中预算约束和基础业务能力对其他股份制商业银行效率不显著，金融创新对五大国有商业银行效率的影响不显著。因此，中国商业银行提高效率的途径是注重产权结构和公司治理改革，加速体制创新和机制创新，加大金融产品与服务创新力度，不断提高商业银行经营管理水平，从而提高中国商业银行效率或竞争力。同时产权结构和市场结构共同决定中国商业银行的竞争力或竞争效率。

中国商业银行提升国际竞争力的途径之一，加强中国商业银行产权结构和公司治理改革。要进一步深化股份制改革，明确确定出资者的法律地位，客观审视外资战略投资者，适当引入民间资本，实现股权多元化。同时要完善股东大会、董事会、监事会与管理层的制衡机制，进一步强化薪酬激励的作用，完善信息披露制度，培养良性的外部金融环境，以促进中国商业银行国际竞争力水平的提高。

中国商业银行提升国际竞争力的途径之二，加强中国商业银行组织结构与业务流程再造。要对分支机构进行扁平化再造，对职能部门进行优化设置，进一步推进事业部制改革，探索矩阵式结构。同时要明确中国商业银行流程再造的目标模式与实现条件，以顾客为导向，构造增值型业务流程，并以金融创新为中心，创建多样化业务流程，提供银行与客户之间的单点接触，以提高中国商业银行国际竞争力。

中国商业银行提升国际竞争力的途径之三，加强中国商业银行全球统一技术支持系统的发展。要制订明确的信息化发展目标和策略，建立统一的业务平台和技术支持体系。同时积极推进资源集中整合，提高整体协作能力；充分利用现有资源，避免重复建设；适应信息化发展要求，完善法律法规体系；加强信息安全保障，维护系统安全运行；利用信息化推进金融产品和服务创新；健全和完善激励机制，加强银行科技队伍建设，以促进中国商业银行国际竞争力水平的提高。

中国商业银行提升国际竞争力的途径之四，加强中国商业银行全面风险管理。要建立健全相对独立的风险管理组织体系，建立资本持续补充的机制，提高资本充足率培育风险管理文化，以提高商业银行贷款资产质量。同时正确处理境外战略投资者进入与中国金融业安全的关系，应以美国次贷危机为鉴，合理引进境外战略投资者，加强全面的风险管理，以保证中国金融安全与中国银行业可持续稳健发展，提高中国商业银行国际竞争力。

中国商业银行提升国际竞争力的途径之五，加强中国商业银行跨国并购与国际化发展。要有准确的市场定位，制定明确的发展战略，发挥各自银行的竞争优势，并在开放条件下使中国银行业更均衡合理地融入全球经济金融中。同时，注重发挥香港国际金融中心的作用，提升中国银行业在亚洲区域的地位；积极拓展拉丁美洲、非洲和俄罗斯市场，努力发展欧盟等发达国家金融市场。另外，注重中国商业银行跨国经营的组织形式选择，积极走跨国并购道路，实行多元化跨国并购与海外投资，加速中国银行业国际化发展；要不断提高银行国际化经营管理水平，加强银行国际化经营的风险管理与国际监管，加速培养一大批高素质的国际化人才，积极培养海外并购的核心竞争优势，以提高中国商业银行国际竞争力。

关键词：跨国银行，国际竞争力，影响因素，中国商业银行，提升途经

Abstract

With the development of economic and financial globalization, multinational banks have played an increase role in the global economy. And in recent years, the Chinese banking industry has gained more and more international prestige from the global banking system. Thus, study in the international competitiveness of multinational banks and discovering the ways to improve the international competitiveness for the commercial banks in China has significant theoretical and realistic meanings.

The article consists of ten parts and contains the following basic content and ideas:

International competitiveness of multinational banks is the core abilities of them, which includes the competitive efficiency and the limit of development abilities under the surroundings of financial globalization. The study in multinational banks competitiveness is as well the study in competition effectiveness in multinational banks. As to the relationship between property right structure and bank competitiveness or competition effectiveness, whether and how the effectiveness of multinational banks is impacted by the property right structure is under consideration and has no consistent conclusion. As to the relationship between property right structure and the effectiveness of banks, the property right structure and market competition practice at the same time and they are complementary instead of substitute relationship. Property right structure is the most important factor impacting China's banks and commercial banks in China implement moderate concentration property right structure. The conclusion of the relationship between the market structure of multinational banks and competitiveness is: currently the banking in world has the trend of concentration and the concentration of European and American banks is increasing; concentration can both improve and baffle economic development but there is no clear result on the better effectiveness of competitive market than that of concentrated market; currently the market is monopoly market; the analysis on home and abroad banks shows that there is no evidence of negative relationship between banking concentration and competition; Because of the acquisition among large banks in developed countries, the banking concentration is high. There are acquisitions among middle – sized banks in middle European and Asia, the concentration decreases; the development strategy is related to concentration. As to the relationship between multinational financial stability and banking concentration and competition, financial stability is related to concentration and competition. The improvement in technology, regulation, law is related to banking concentration and competition. Factors above all impact on the effectiveness of multinational banks.

In the light of current trend and feathers in the development of multinational banks , we may draw the following perspective: under the impact of the American subprime mortgage loan crisis and the sustained low growth of the world's economy , the period of the continuing high growth for profits of the multinational banks has paused since the year 2007; the traditional structure of the banking system which was led by the USA and Europe may change ; the banks of the emerging country with high economic growth especially as the banks of China have played more and more important roles on the stage of the world economy and all of these will impact the structure of the global multinational banks. Also because that the multinational banks have experienced the changing from almighty banks to compound managing banks, the financial derivations created by multinational banks have come out in a continuous stream which deteriorated both the risk of the multinational banks and the infectivity of the international financial crisis, and ultimately caused the global financial crisis which was evolved from the American subprime mortgage loan crisis. So it is more and more important to emphasize the risk management to multinational banks and to supervise them. At the same time, developed countries set up clear strategy and choose various development strategies according to their characteristics and power. They achieve the goal of internationalization and globalization in order to rapidly increase the international competitiveness through international acquisition. Meanwhile, multinational banks in developed countries actively change the business strategy in order to change from the strategy "product central" to the strategy of "clients central" as well as provide "market – oriented" , "single – station" and omni direction financial service. They emphasize the core business and rebuild structure and business process, as well as change from wholesale bank to retail bank. They also actively bring forth new ideas of financial product and service and emphasize on the emerging market to enhance international competitiveness.

With the development of financial globalization and the improvement in the investment environment in developing countries as well as the openness of banking, developing countries including Latin America, middle and eastern European area and Asian area, have attracted large inflow of capital since 90s in the 20th century. Although Latin American attracts the most foreign capitals, the capitals of acquisition in Asia have increased rapidly. Currently, the portion of assets of foreign banks in GDP increases continuously, which leads to the financial development in the developing countries. But under the global financial crisis caused by the American subprime loan crisis and the sustained retrenchment of the global financial environment, the emerging country with high economic development may find it quite difficult to get financed. The assets reversal of the foreign banks will cause the financial risks of the emerging countries. And especially for the countries opening more completely to foreign banks such as Hungary and Mexico have suffered the worst impact. In order to decrease the impact caused by the financial crisis, the IMF, the EU and the WB have offered fund to these countries together to change the situation of short of fund. Since the foreign banks have brought in both positive effects and financial risks to the host country, it is quite important to emphasize both the supervision to the multinational funds and the moderation of the introduction of foreign banks.

According to the above analysis of structural factor, the article studies and implements empirical test on the international competitiveness of commercial banks in China and argues that the effectiveness of stated – owned banks is lower than that of share holding banks and foreign banks, whether from the prospective of return on assets or of return on capital. The banking systems in China is monopoly competition and is moderate concentration and foreign banks have impact on banking system in China, whether seen from the study on the banking concentration index or on HHI index. At the same time, the empirical analysis applying DEA method to 1994—2007 effectiveness of China commercial banks shows that the performance of Chinese commercial banks generally increased and has the trend of fluctuate increasing. The further analysis on factors impacting the effectiveness of commercial banks in China shows that budget constraints, financial innovation, competition degree and the basic business ability have impact on the effectiveness. According to the factors, budget constraints and financial innovation are insignificant to the stock – holding commercial banks and financial innovation is insignificant to the effeteness of the five state –

owned commercial banks. As a result, the multi – ways to enhance the effectiveness of the Chinese commercial banks are: emphasizing the property structure, reforming the corporate government, accelerating the innovation on the corporate system and mechanism, enlarging the innovation scale of financial commodities and services, continuously improving the management of commercial banks, and all of which will greatly enhance the effectiveness and competitiveness of the Chinese commercial banks. At the same time, property right and market structure altogether determine the effectiveness.

The first way to upgrade the international competitiveness for the commercial banks in China is to emphasize the property structure and reform the corporate government. The banks should expedite steps to the reformation of the shareholding system, confirm the legal status of the asset owners, take serious consideration of the foreign strategy investors, properly bring in private funds and set up the multi – shareholding system. Meanwhile, it is necessary to set a constraint system among the board of shareholders, board of directors, board of supervisors and top management ranks and it is also important to emphasize the stimulating function of high salaries, consummate the information revealing system, and to develop the good external financial environment.

The second way to upgrade the international competitiveness for the commercial banks in China is to restructure the Chinese commercial banks' system and business process. The commercial banks in China should create a flattened structure to the banks' branches and improve the functioning department, and then try the matrix structure to reform the facility department. Meanwhile, the banks should formulate clear goals and capabilities of financial system reformation, set up the "clients – oriented" pattern, and construct value added process. The banks also should set up multiple business process to offer one to one services between the banks and the clients under the results of financial innovations in order to improve the international competitiveness of the commercial banks in China.

The third way to upgrade the international competitiveness for the commercial banks in China is to strengthen the development of the global technique system for the commercial banks in China. The banks should formulate clear goals and strategies of information based development, set up the unified business stage and technique system. Meanwhile, the banks should expedite the concentration of recourse energetically, enhance the co – operation of the whole banking system, take full use of the existing resource in order to abstain investing repeatedly, try to adapt the informational requirement and consummate the legal system. The banks also should strengthen the information safety, keep the system work well, expedite the innovation of financial commodities and services under the usage of information, consummate the stimulation mechanism and strengthen the build of the banks' technique team in order to improve the international competitiveness of the commercial banks in China.

The forth way to upgrade the international competitiveness for the commercial banks in China is to strengthen the overall risk management of the banking industry. The banks should build and improve a separate system of risk management, set up capital upgrading systems, increase the capital adequacy rate and develop a corporate culture concentrated on risk management in order to enhance the credit capital quality of the commercial banks. Meanwhile, the banks should properly deal with the relationship between the foreign strategy investors and China's financial safety. It is quite important to study from the American sub – prime mortgage loan crisis and to bring in the foreign strategy investors purposely. In a word, the banks should strengthen the overall risk management of the banking industry in order to keep the financial safety in China and on – going development of the banking system in China and ultimately improving the international competitiveness of the commercial banks in China.

The fifth way to upgrade the international competitiveness for the commercial banks in China is to implement acquisition across countries and expedite the step of internationalization of banking. The commercial banks in China should have accurate market orientation and clear development strategy and actively take the advantage of each bank and ultimately keep the commercial banks in China properly associated in the globalization of economy and finance reasonably in the context of openness. Meanwhile, the banks should upgrade their market status in Asia under the important role of the global financial center of Hong Kong and actively extend the market of Latin American, Africa, Russia and some developed financial market in Europe. In addition, the banks should pay attention to the managing system across countries and actively develop acquisition across countries and implement acquisition and investment overseas through multi – ways in order to accelerate the internationalization of the Chinese banks. At last, the banks also should enhance their multinational managing skills and strengthen the risk management and supervision to the multinational banks, to accelerate the trainings for a group of skilled bankers and actively develop the core competitiveness of acquisition across countries in order to improve the international competitiveness of the commercial banks in China.

Key words: **multinational banks**, **international competitiveness**, **impacting factors**, **commercial banks in China**, **upgrading multi – ways**

目 录

第1章　跨国银行国际竞争力理论

1.1　跨国银行的概念

关于跨国银行的概念，界定的标准很多，主要有：

（一）国外关于跨国银行的定义

联合国跨国公司中心历来把跨国银行列为跨国公司的一部分。1974 年，联合国秘书处对跨国企业的定义是"在它们基地之外拥有或控制着生产和服务设施的企业"。联合国跨国公司中心认为，跨国银行（Multinational Banks）是指"至少在五个国家和地区设有分行或拥有大部分资本的附属机构的银行"。所以，跨国银行可以说是在国外设有分支机构的银行，其国际业务在很大程度上是通过其海外分支机构进行的。

英国《银行家》杂志评选跨国银行的主要标准是：（1）资本实力。跨国银行的一级资本必须在 10 亿美元以上。一级资本是指银行的实缴资本或实缴普通股本和未公开储备之和，这是按《巴塞尔协议》确定的。（2）境外业务情况。跨国银行的境外业务在其全部业务中应占较大比重，并且必须在伦敦、东京、纽约等主要国际金融中心设有分支机构，经营国际融资业务，派驻一定比例的境外工作人员①。

一些学者有不同观点。Casson（1990）认为跨国银行只不过是一家在两个或两个以上国家拥有和控制银行业务的银行。Shelagh Heffeman（1996）在其《现代商业银行理论与实践》一书中认为跨国银行是指在国外拥有附属机构、分行或代表处的银行。

（二）中国关于跨国银行的定义

---

① 邓瑞林主编：《跨国银行经营管理》，广东经济出版社，1999 年 1 月出版，第 1 页。宗良著：《跨国银行风险管理》，北京，中国金融出版社 2002 年 1 月出版，第 1－2 页。黄达、刘鸿儒主编：《中国金融大辞典》，北京，经济科学出版社 1990 年出版，第 213 页。

从强调机构设置看，"跨国银行是在世界范围内建立分支机构，或以银行国际联合的形式从事国际银行业务。"① 从强调跨国银行国际业务在业务中占主导地位看，"跨国银行是以国际业务为主并采取跨国经营方式的银行。"跨国银行分为广义的跨国银行和狭义的跨国银行。广义的跨国银行业务包括银行母国机构对外国的业务、国外机构对东道国当地的业务、国外机构对第三国的业务，即所有跨国银行业务；狭义的跨国银行只包括银行国外机构的业务，从东道国的角度看，主要指外资银行②。另外从跨国银行亦称多国银行看，"跨国银行是在世界范围内设立分支机构和附属机构网，跨国经营货币信贷业务的大金融垄断组织。划分标准为至少在两个国家内从事业务，并服从这些国家法律的银行"③。因此，跨国银行是指在一个国家或地区设立总部，在五个或五个以上国家或地区以多种金融负债筹集资金，以多种金融资产为其经营对象，能利用负债进行信用创造，并向客户提供多功能、综合性服务的金融企业④。我们认为，跨国银行是指在世界范围内设立分支机构从事跨国货币经营业务活动的银行。

跨国银行与国际银行不同。国际银行（International Banks）是指以跨国信贷活动为主，以债务（债券）和股权（股票）方式为辅提供融资的金融活动。此外还包括外汇买卖、金融衍生工具交易以及咨询服务等⑤。跨国银行与国际银行有联系，是其组成部分之一，但同时又有所不同。跨国银行是以跨国业务经营为主，国际银行除包括跨国业务经营外，还包括不同国家和不同币种交易等。因此，国际银行的范畴包括了跨国银行。

1.2 跨国银行成因理论及其评价

虽然跨国银行发展的历史较长，但对跨国银行理论的研究仅仅从 20 世纪 60 年代开始，随着现代跨国银行的迅速发展，跨国银行对世界经济影响的加大，对跨国银行理论的研究也得到不断发展。

---

① 曾康霖著：《银行论》，西南财经大学出版社，1997 年版，第 439 页。
② 朱忠明、赫国胜主编：《跨国银行经营管理》，西南财经大学出版社 1999 年版，第 1 页。
③ 黄达、刘鸿儒主编：《中国金融大辞典》，经济科学出版社 1990 年版，第 213 页。
④ 薛求知、杨飞编著：《跨国银行管理》，复旦大学出版社 2002 年版，第 8 页。
⑤ Jane E. Scott B. MacDonald：《International Banking – Text and Cases》，清华大学出版社 2003 年版，第 8—9 页。

1.2.1 内部化理论 (Internalization Theory)

英国经济学家巴克利和卡森 (Buckley P. and Cassion M., 1976) 在其《跨国公司的未来》一书中提出内部化理论。该理论是在吸收科斯的产权经济学理论基础上形成的。科斯认为：由于市场失灵等因素，导致企业的交易成本增加，企业通过组织形式的内部交易来降低市场的交易成本。内部化理论认为，由于信息不对称以及个人理性有限的原因，外部市场的交易普遍存在着交易成本。跨国公司通过对外投资建立企业内部化市场，并通过有效的科层组织将外部市场内部化，可以提高内部化交易效率，从而通过企业内部贸易实现跨国公司的国际市场分工。

而跨国银行正是基于这一理论将国际金融外部市场内部化，减少交易成本，提高银行效率。克鲁格曼 (A. M. Krugman, 1987) 将内部化理论引入到跨国银行，认为现实的国际金融市场是不完全的，从而造成中间产品交易的低效率，因此跨国银行通过有效的组织结构，将银行的外部交易转化为内部交易，以降低交易成本。为了实现内部交易，跨国银行需要设立海外分行或附属机构，这往往比国内银行能获得更大的利润。因此该理论很好地解释了跨国银行为什么进行海外扩张和如何进行海外扩张以及跨国银行的潜在优势。

彼特 G·克莱恩和马克 R·赛登博格 (2000) 根据内部化理论进一步认为，当内部管理比外部资金市场能更有效分配资金时，多样化的机构或跨国银行就产生了效率。这主要是因为：第一，公司总部可以通过自己的内部审计和报告程序掌握外界无法得到的信息。第二，公司内部的管理人员会更愿意将信息透露给总公司，而不是外界，这可以提高公司自身的竞争力。第三，公司总部会有选择地对部门操作程序作一些干涉，而外部市场只能通过提高或降低整个公司的股票价格来约束部门行为。第四，公司总部有外部金融提供者所没有的剩余索取权，使得对于业绩不好的部门资产重组更容易。第五，内部资金对新信息的反应更"理性"，不会有投机的高风险泡沫或波动。因此，如果没有内部资金市场的有效性，一个银行联合体经营的绩效甚至比不上一个独立银行的资产组合，所以，较大的银行控股公司倾向于有较大的分支机构，这些分支机构更可能进入他们自己的内部资金市场。因此，今后跨国银行将会继续扩张来分享地域分散和进入内部资金市场的收益。

1.2.2 产业组织理论 (Industries Organization Theory)

20世纪70年代中后期，阿利伯 (1976) 运用产业组织理论研究银行跨国经营问题。他认为，在一定的市场上，银行集中程度高低与获利能力有关。

银行集中程度高的国家要比银行集中程度低的国家有更高的获利能力，也能凭借其较高的存贷利差带来的收益更好地进行跨国银行的资本扩张。同时，由于银行高度集中，使其银行规模也较大，为了避免国内狭小市场的限制，这些银行往往通过银行跨国经营，实现其规模扩张，以获得规模效应。因此阿利伯产业组织理论很好地解释了银行为什么进行跨国经营问题。但该理论仅仅解释了银行高度集中国家跨国经营的现象，而没有解释银行集中度低的国家跨国经营问题，因而有一定的局限性。

1.2.3 区位优势理论（District Advantage Theory）

在世界范围内，各种经济活动在空间上并不是均匀分布的，从而形成了区位优势问题。胡佛（Edgar M. Hoover）在《区域经济学导论》一书中提出资源禀赋差异、集聚经济和转移或距离成本是形成区位优势的三个条件。生产要素的不完全流动造成各地区资源禀赋差异；集聚经济的存在使各种要素和经济活动在空间上具有不完全可分性特点；而转移成本的存在限制了资源禀赋优势和空间集聚经济得以实现，使要素的流动具有不完全流动的性质。因此，诺斯（D. C. North）提出输出理论，并由蒂博特（C. M. Tiebout）、波洛夫（H. S. Perloff）和博尔顿（R. E. Bolton）发展完善。他们认为一个区域的增长取决于其输出产业的增长，区域外生需求的扩大是区内增长的主要原动力。同时诺斯认为一个输出产业所以能取得成功，主要取决于区位优势、资源禀赋和空间的发展，其他区域收入和需求的变化以及技术进步也起到重要作用。因此该理论很好地解释了在国际金融市场一体化、资本自由流动的情况下，跨国银行发挥区位优势，利用自己的产品、技术和竞争优势进行跨国经营，可使成本降低和盈利增加。

1.2.4 国际贸易与国际投资理论（Theory of International Trade and International Investment）

跨国银行主要遵循"客户追随"战略，所以随着该国国际贸易与国际投资的发展，并随着银行客户关系的存在，也会引致该国跨国银行的发展。

（一）国际资本流动论（International Capital Flow Theory）

美国经济学家麦克杜格尔（Macdougall G.，1960）在其《外国私人投资的收益与成本：理论分析》一文中提出了国际资本流动的一般模型，后经肯普（M. C.，Kemp）进一步完善。该理论认为，各国利率和预期利润之间存在差异会引起资本流动，在各国市场处于完全竞争条件下，资本从资金充裕国流向资金短缺国，从而会使资本生产边际率趋于一致，提高各国总产量和福利。因此国际资本流动会产生两方面效应：一是国际资本流动会提高世界的总产量，提高世界资源的使用效率；二是国际资本流动能够使资本流出国与资本流入国都各自获得了新增收益，可以分享世界总产量增加的收益。由于跨国公司的跨国投资是促进资本在国际间流动的主要形式，而跨国公司的发展会促进跨国银行的发展，因此国际资本流动带动了跨国银行的发展。

（二）海默和金德尔伯格理论（Hymer—Kindelberger Theory）

海默（S. H. Hymer，1960）提出市场不完全性和垄断优势，金德尔伯格（C. P. Kindleberger，1969）提出相似观点并进一步完善其理论。该理论认为对外直接投资产生的根本原因在于市场中垄断的存在，尤其是技术和知识市场垄断的存在。他们认为在市场不完全竞争条件下，具有某些特殊垄断优势的企业，通过对外直接投资，在东道国取得垄断地位，并获得垄断利润。而垄断优势主要是指先进的技术、独特的管理方式、专利、品牌、诀窍、研发能力、组织规模、垂直一体化水平、产品异质等。因此，市场不完全给跨国公司带来垄断优势，而垄断优势又促成了跨国公司的对外直接投资。海默和金德尔伯格的理论虽然较好地解释了跨国投资经营的动因，但却忽视了资源获得的成本，仅仅是一种静态理论，有一定的局限性或缺陷。格鲁拜尔（Herbert G. Grubel）将这一理论运用到跨国银行中。他认为在同一市场中，如果银行之间存在竞争，并实行集中经营，则会形成一定的垄断，使其他银行难以进入市场，从而获得垄断利润。因而银行在市场不完全竞争条件下产生的垄断利润是跨国银行产生的原因。跨国银行凭借其垄断优势，能够弥补与东道国竞争者相比的劣势，并获得比国内市场更高的收益。

（三）防御性理论（Defensive Theory）

尼克尔博克（F. T. Knickbocker）通过对美国跨国公司对外直接投资分析研究，发现美国跨国公司对外投资往往会出现"跟随效应"，即几家同行业的寡头企业纷纷进入同一地区进行投资，以保住自己的海外市场而进行防御性投资。他为此提出寡占反应理论，认为当某一寡头企业率先在海外进行直接投资时，会获得新的竞争优势，其他企业为了避免自己处于不利地位，也会纷纷在海外设立子公司，以提高或维护其竞争地位。格鲁拜尔（Herbert G. Grubel）将这一理论运用到跨国银行中。他认为跨国银行的海外扩张主要是国内企业对外直接投资引起的，由于跨国银行总行和跨国公司的母公司之间关系密切，因而跨国银行总行愿意为跨国公司海外子公司提供资金支持、贸易结算和信息服务，满足跨国公司各方面的需求，同时跨国银行在处理跨国公司金融服务方面比东道国当地银行或其他银行具有垄断优势。因此跨国银行为了保持与这些进行海外投资企业老客户的长期关系，采取"跟随客户"

战略，这不仅能为老客户提供投融资活动便利，而且进行跨国经营可使跨国银行获得丰厚的利润回报。Nigh（1986）、Williams（2002）等众多学者也证明，对东道国的对外直接投资与跨国银行在该国的分支机构数量之间显著相关。Yamori（1998）进一步研究发现商业银行在某东道国设点与母国其他银行在该东道国设点的数量有着密切相关。该理论虽然较好地解释了"跟随效应"和寡占理论，但没有分析银行跨国扩张的成本及资本的作用问题，有一定的缺陷性。

1.2.5 **折衷理论**（Eclectic Theory）

邓宁（J. H. Dunning，1976）最早提出折衷理论运用到国际直接投资中，他认为该理论包括所有权优势、内部化优势和区位优势三个方面。所有权优势也称竞争优势或垄断优势，是指企业独占无形资产并拥有规模经济所产生的优势。内部化优势是指跨国公司通过技术优势的内部化，发挥其龙头优势，并通过内部化来克服市场的不完善，以降低市场的交易成本。区位优势是指东道国要素禀赋所产生的优势和东道国投资环境所形成的优势。三者缺一不可。后来的学者如 Gray（1981）和 Yannopoulos（1983）将折衷理论运用到跨国银行中。他们认为跨国银行也具有所有权优势、内部化优势和区位优势三种。跨国银行所有权优势是指银行所有者拥有或能够获得的、东道国银行所没有或无法获得资产或所有权，包括有利的金融资源、广泛而高效的银行网络、跨国经营的知识与经验、银行产品的差异性、信用状况、管理才能和熟练员工、服务特殊客户群的技能等。跨国银行内部化优势是指银行通过将其拥有的资产加以内部使用而带来的优势，包括资金在跨国银行间转移的可能性和成本、客户合同的有效性、信息收集渠道、转移定价的控制、盈利波动的减少等。跨国银行区位优势是指银行投资所具有的良好投资环境和金融环境，包括监管和法律制度、有效的利率差别、各国的经济状况差异、银行的国别性、社会和文化的差异等。三者相互作用，共同发挥作用。折衷理论具有一定的理论意义与现实意义，比较全面地解释了跨国银行产生与进入的动因。

1.3 **国际竞争力的含义**

国际竞争力（International Competitivity）是一个非常复杂的问题。近年来，随着经济全球化的发展，使得各个国家、银行、企业面临越来越激烈的竞争。因此，对国际竞争力的研究越来越重要。

1.3.1　国际竞争力的产生与发展

国际竞争力产生于 1980 年，由世界经济论坛（World Economic Forum，简称 WEF）和瑞士洛桑国际管理发展学院（International Institute of Management and Development，简称 IMD）联合研究首次提出，并于 1986 年每年出版《世界竞争力年鉴》。1995 年，WEF 和 IMD 分别使用各自设定的评价指标体系发布国际竞争力报告。在他们的推动下，国际竞争力在理论和应用上都得到了深入发展，并为各国和地区增强竞争力和制定竞争战略与策略提供了重要依据。

从国外看，各国普遍重视对国际竞争力的研究。美国于 1978 年率先关注国际竞争力问题，应白宫和参议院的要求，美国技术评价局开始对美国竞争力进行研究，并取得较大成果[①]。日本通产省于 1983 年开始对美国和日本产业竞争力进行分析。欧洲各国如英国于 1983 年、德国于 1985 年专门成立课题组进行国际竞争力研究。1995 年 11 月，欧盟成立了"竞争力咨询"小组（Competitiveness Advisory Group，简称 CAG）专门向欧洲议会和欧盟首脑提供提高欧盟竞争力的政策报告供其决策[②]。

中国于 1995 年正式加入国际竞争力的世界评价体系，并由中国人民大学竞争力与评价研究中心研究组每年出版《中国国际竞争力发展报告》。近年来，我国学术界和实业界对国际竞争力的研究不断深入，并获得很大进展。

总的来看，国际竞争力从 1980 年创立开始到目前为止，其发展大致经历三个阶段[③]：

第一阶段：20 世纪 80 年代。国际竞争力研究主要以比较经济竞争实力为主。评价指标全部是硬指标。研究对象主要是工业化国家。

第二阶段：20 世纪 90 年代。国际竞争力理论和评价方法基本确立起来，并逐步发展完善。包括在国际竞争力概念、评价原则、软指标的全世界调查与八大要素评价指标体系的建立与发展。研究对象从工业化国家逐步扩展到包括新兴工业化国家和地区、发展中国家以及转型经济国家等。

第三阶段：2001 年开始至现在。国际竞争力理论获得新的发展，并在全

---

① 张金昌：《国际竞争力评价的理论和方法》，经济科学出版社 2002 年版，第 7 页。焦瑾璞：《中国银行业国际竞争力研究》，中国时代经济出版社 2002 年版，第 13 页。

② 张金昌：《国际竞争力评价的理论和方法》，经济科学出版社 2002 年版，第 7—9 页。

③ 中国人民大学课题组：《中国国际竞争力发展报告（2003）》，中国人民大学出版社 2003 年版，第 3 页。

球化、信息技术和知识经济影响下，在竞争力结构上出现了聚集趋势，形成了新的国际竞争力结构和概念。国际竞争力评价指标由八大要素（即国内经济实力、国际化、政府管理、金融体系、基础设施、企业管理、科学技术和国民素质）改为四大要素（即经济运行、政府效率、企业效率、基础设施和社会系统）。

1.3.2　国际竞争力的界定

国际竞争力的内涵界定主要有以下五个方面：

1. 国际竞争力的主体是一个国家或地区、产业和企业，同时国际竞争力是有层次的。根据系统经济学观点，竞争力有不同的层次，主要划分为三个层次：既宏观层次的国家竞争力、中观层次的产业竞争力和微观层次的企业竞争力。其中，国家竞争力是国家之间在国际竞争中所表现出来的能提高居民生活水平和强于他国的竞争优势能力，它着重强调一国在国际贸易、国际金融和国际投资的地位以及政府行为、政府干预等为国际资本流动所创造的宏观环境。产业竞争力是产业内企业整体的竞争力，也是一个国家产业的竞争力，它是产业组织、产业的市场竞争结构、产业整体素质和国家产业政策的反映能力。企业竞争力是指在实现企业产品不断扩大市场的同时，该企业可持续的盈利能力。产业和企业竞争力更强调产业或企业的经营行为、管理行为、劳动成本、企业家素质、劳动技能等要素的国际比较，强调其在国际市场中的市场份额及长期获利的能力。

2. 国际竞争力的竞争范畴是在经济领域，竞争空间是市场，竞争过程是动态过程。从企业角度看，影响企业竞争力的因素主要有：产品成本、价格、生产要素的配置、劳动分工和需求、企业文化等，其中最重要的研究是价格竞争力。从产业角度看，影响产业竞争力的主要因素有：企业成本、企业规模、产品质量和技术、企业的市场地位、企业间的竞争关系、信息技术、博弈策略行为等。从国家角度看，影响国际竞争力的主要因素有：关税、汇率、国际资本流动、经济开放度、政策环境等。

3. 国际竞争力包含比较优势、竞争优势和可持续竞争优势三种。比较优势涉及的是各国的不同产业之间的关系；竞争优势涉及的是各国同一产业的关系。二者会同时发生作用，并会相互转化。其中竞争优势是各国各产业生产率的绝对优势比较，从动态角度看，竞争优势表现为可持续竞争优势，它是一国或产业发展提高竞争力的主要动力源泉。

4. 国际竞争力是包括范畴广泛的复杂工程，既包括经济方面，也包括政治方面、制度方面等，并且这些诸多方面之间相互影响、相互联系，综合作用于国际竞争力。除一些影响国际竞争力的经济因素外，还包括政府干预、政治因素、宏观环境、产权制度、公司治理、管理能力、企业文化、企业家精神等非经济因素也影响国际竞争力。因此，国际竞争力涉及经济学、管理学、战略学等跨学科领域。本文主要以经济学角度研究国际竞争力。

5. 国际竞争力评价指标广泛。主要有三个：一是贝恩提出的"结构——行为——绩效（SCP）"分析范式，贝恩认为市场结构决定厂商行为，厂商行为产生市场绩效。二是市场集中度指标。市场集中度是指某一特定市场中少数几个最大企业所占的市场份额。一般来说，集中率越高，少数企业的市场权力就越大，市场的竞争程度就越低。其衡量方法主要有集中度指标（CRn）和赫芬达尔指数（HHI）两个。三是 IMD 评价国际竞争力的四大要素。2001 年 IMD 认为四大要素是：经济运行竞争力、政府效率竞争力、企业效率竞争力、基础设施和社会系统竞争力。上述三个评价指标从不同角度评价一国或产业或企业的国际竞争力。

1.4 跨国银行国际竞争力理论

随着金融全球化和国际金融市场一体化，各国跨国银行为加速发展，通过跨国经营来提高银行自身竞争力和竞争效率，进行重组和降低风险。因此，跨国银行提高国际竞争力是跨国银行发展的重要手段和保障，即提高跨国银行竞争效率是跨国银行竞争的目的或结果，降低跨国银行风险是跨国银行竞争的保证。

1.4.1 跨国银行国际竞争力的概念

竞争一词在《新帕尔格雷经济学词典》中被定义为一种发生在个人或团体或国家间的争胜行为，只要有两个或两个以上的不同利益团体在为某种大家都达不到的目标而奋斗，就会有竞争。因此，从这个意义上说，竞争力就是指一个行为主体在与其他行为主体竞争某种（些）相同资源的能力，可以定义为某个利益主体的微观行为[①]。

关于商业银行竞争力含义国内外学者并没有统一的定义，只是从不同角度进行定义。从比较优势看，日本东京大学藤本隆宏认为商业银行竞争力是指商业银行客户认可接受的较其竞争对手在服务价格、质量等方面的比较优

---

① 焦瑾璞：《中国银行业国际竞争力研究》，中国时代经济出版社 2002 年版，第 2 页。

势，为持续保持此优势企业必须具有独特的核心能力①。从绩效角度看，商业银行竞争力是指商业银行获取竞争优势的能力。表现为高于同行业平均利润水平，并且认为商业银行竞争力是个复杂系统②。从综合角度看，有的把商业银行竞争力定义为商业银行为外部客户和内部员工和股东创造增加值的能力③。有的把商业银行竞争力定义为商业银行长期形成的、蕴涵于商业银行内质中的、并使商业银行长时间内在竞争的环境中能取得独特竞争优势的能力，是支撑商业银行持续性竞争优势和支持其向更有发展空间的新业务领域拓展的能力④。鲁志勇、于良春认为商业银行竞争力是指商业银行在特定的市场结构下，受供求关系、公共政策影响，进行设计、营销各种金融产品，并获得比竞争对手更多的财富的能力；是某一银行成功地将现有资产转换为提供更优质服务的能力⑤。罗仲平、蒋琳认为商业银行竞争力是某一商业银行比其他商业银行相比所有的能够提供更好服务和获得更多财富的综合能力⑥。焦瑾璞认为银行国际竞争力是银行综合能力的体现，是在市场经济环境中相对于其竞争对手（外资银行）所表现出来的生存能力和持续发展能力的总和⑦。

我们认为跨国银行国际竞争力是指跨国银行核心能力的体现，是在金融全球化环境下所表现出来的竞争效率和终极或最终发展能力的总称。

本文跨国银行的研究对象为：先进跨国银行、外资银行⑧、国有商业银行和股份制商业银行，其中重点研究先进跨国银行的核心竞争力的内涵、具体体现、经验与发展中国家引进外资银行的效应及其对中国银行业的借鉴与启示及中国银行业跨国经营及提升国际竞争力的策略。

1.4.2 跨国银行国际竞争力理论模型及评价

跨国银行国际竞争力理论研究较晚，所涉及的内容也较零散，还没有完

---

① 陈勇阳：《商业银行竞争力"5+5"原理》，《商业时代》2004年第18期，第37页。

② 刘晓斌：《博弈竞争与我国银行竞争力提升的分析》，《经济师》，2004年第7期，第218页。

③ 张向菁、金麒、苏东水：《我国商业银行竞争力提升的系统研究》，《当代财经》2001年第7期，第55页。

④ 陈勇阳：《商业银行竞争力"5+5"原理》，《商业时代》2004年第18期，第37页。

⑤ 鲁志勇、于良春：《中国银行竞争力分析与实证研究》，《改革》2002年第3期，第61—67页。

⑥ 罗仲平、蒋琳：《中国商业银行竞争力变动态势研究》，《经济学家》2004年第5期，第88—95页。

⑦ 焦瑾璞：《中国银行业国际竞争力研究》，中国时代出版社2001年版，第4页。

⑧ 跨国银行在海外设立的分支机构一般统称为外资银行，也称为外国银行，本文将跨国银行与外资银行不作严格区分，这也符合我国实际。

全系统的理论论述。本文从动态角度，结合产业经济组织学对国际竞争力在银行业中的运用，分析评价跨国银行国际竞争力理论及其模型。共有五种理论①。

（一）银行业的完全竞争模型

谢利和林德利（Sealey Lindlley，1997）是最早运用厂商的微观经济学理论建立一种银行生产函数模型者之一。他们认为，银行是一个多部门厂商，其使用劳动力和实物资本为存款人和借款人提供各种金融服务。相对于工业厂商，银行的主要特点是他们的产出（即各种金融服务）能够通过他们创造的存款 D 和贷款 L 的规模间接地测度。银行的技术由成本函数 c（D，L）给出，即管理一定数量存款和贷款成本。

该理论的结论是：

1. 一家竞争的银行将会以这样的一种方式调整它的存贷款数量，即相应的存贷款利率的差额 $r_L - r$ 和 r（1 - α）- r_D 等于它的边际成本。

2. 的增加将使银行的存款需求下降。相应地，r_L 的增加将使银行的贷款供给增加。这种相互影响取决于 $\frac{\partial^2 c}{\partial D \partial L}$ 的符号：当 $\frac{\partial^2 c}{\partial D \partial L} > 0$（或 < 0）时，$r_L$ 的增加会使 D 下降（或增加），r_D 的增加会使下降（或增加）。当成本独立时，即 $\frac{\partial^2 c}{\partial D \partial L} = 0$ 时，相互影响为零。

对 $\frac{\partial^2 c}{\partial D \partial L}$ 这种条件的经济学解释与范围经济概念相关。当 $\frac{\partial^2 c}{\partial D \partial L} < 0$ 时，的增加会使存款的边际成本减少。这是范围经济的一种特定形式，它可用来解释存款和贷款业务相结合的"全能"银行比单独提供存款和贷款业务的两家分离的银行更有效。另一方面，当 $\frac{\partial^2 c}{\partial D \partial L} > 0$ 时，就不存在范围不经济。

（二）垄断银行的 Monti - Klein 模型

银行业一般具有较强的准入障碍，因而完全竞争假设并不与实际相符。一种不完全竞争模型可能会更好地反映实际情况。而 Monti - Klein 模型由于考虑垄断银行，因而它是以脱离完全竞争模型为目的的。

Monti - Klein 模型考虑了具有向下倾斜的贷款需求曲线和向上倾斜的存款供给曲线的垄断银行。事实上，解出它们的反函数更为容易，即 r_L（L）和 r_D

---

① 其中一至四理论参考哈维尔·弗雷克斯、让·夏尔·罗歇著，刘锡良主译：《微观银行学》，西南财经大学出版社 2000 年版，第 44—66 页。

（D）。由于银行的资本规模是既定的，它的决策变量是 L（贷款数量）和 D（存款数量）。唯一的差别是现在银行要考虑 L 对 r_L 的影响（或 D 对 r_D 的影响）。

该理论的结论是：

垄断银行将在勒奈指数等于反向弹性时设定其存贷款规模。

这个结论所导致的直接后果是：如果银行产品的替代品在金融市场上出现（例如，家庭部门直接为市场提供资金，而不到银行存款，厂商在金融市场上发行债券而不从银行取得贷款），那么中间差额将会呈反方向变化。

同时还有两个相关结论：

1. 如果管理成本是附加的，银行的决策问题就相互独立；最优存款利率独立于贷款市场，而最优贷款利率独立于存款市场。

2. 在同样的假设条件下，如果货币市场的利率上升，r_L^* 和 r_D^* 两者都将会提高。

实际上，Monti – Klein 模型的一个主要贡献是它能很容易被看作是有限数量银行的不完全竞争（cournot）模型，而这是对现实更准确的描述，当然对存款市场的某些特点，这个模型并不能给予解释，但是市场力量引导银行使用更低的存款利率和更高的贷款利率，这一结果是完全合理的（如考虑 N 家银行）。

这一部分的结论应该归功于德·帕尔默和加利·鲍伯（De Palma and Gary – Bobo, 1996），它们在贷款市场的 Cournot 模型中引入了清算成本，在这个市场上的银行可以有不同的资本水平。同时纽伯格和季默曼（NeuBerger and Zimmerman, 1990）为了检验模型的有效性也进行了一些改造，他们使用 1984 至 1987 年间 430 家银行的案例来说明加利福尼亚州为何保持了长期的低存款利率，Monti – Klein 模型根据市场结构提供了一种解释，这是因为加利福尼亚州的银行比其他州的银行更集中。

（三）双重 Bertrand 竞争

Monti – Klein 模型被看做是对完全垄断的一种很简便的描述，也受到了与 Cournet 模型相同的批评。其中最主要的是由 Bertrand 提出的观点，价格（这里是利率）也许是描述厂商（这里是银行）行为更合适的策略变量。同时 Bertrand 认为银行有双重竞争，即同时在产出（贷款）和投入（存款）上的竞争。

Stahl（1988）和 Yanelle（1988, 1989）研究了这种双重 Bertrand 竞争，并说明它导致了不同的瓦尔拉斯均衡的结果。

用 L（r_L）表示贷款需求，而用 D（r_D）表示存款供给。由于金融市场和准备金要求被忽略，并假设常数（零）的边际成本，瓦尔拉斯均衡可以简单的表示为：

rL = rD = ř

这里的 ř 是 L（r）= D（r）的唯一解。

在这种情况下金融中介是中介性的，因为均衡等同于这样的一种状况，即存贷款资金将在集中的市场（无需中介）上直接相遇。双重 Bertrand 竞争是怎样表明非中性呢？答案来自于资金来源缺乏完全弹性。如果不存在这样的资金来源，并且如果一家银行能够吸收全部贷款，那么它将完全"垄断"贷款市场。采用一种有序的时间选择，竞争首先在存款市场上发生，而后在贷款市场上发生。因此在存款市场上竞争归结起来就是拍卖成为贷款市场上垄断者的权利。这样瓦尔拉斯均衡（$r_L = r_D = ř$）并不像 Bertrand 均衡那样能够经得住时间的检验，因为只要提供略高一点的存款利率（$r_D = ř - \varepsilon$），一家银行就可剥夺其竞争者的所有者资金来源，然后在贷款市场上行使垄断者的行为。

Stahl（1988）说明了当贷款需求弹性充分时，双重 Bertrand 竞争模型（竞争首先发生在存款市场）的结果就不是中性的。

（四）垄断竞争

张伯伦（Chamberlin）首先提出的垄断竞争概念主要运用于工业组织中。它被概括如下：只要相互竞争的厂商所出售的产品之间存在着某种程度的差异，价格竞争将会导致比纯粹的 Bertrand 模型更极端的结果。垄断竞争最流行的模型是萨洛普（Salop，1979）的地域模型，在这种模型中产品差异是由运输成本造成的。Salop 模型在银行部门的应用包括三个方面：一是自由竞争是否导致了最优的银行数量。其结论是：自由竞争产生了太多的银行，同时，这需要公共干预。而恰当的干预，是对存款设定法定准备要求等同于减少银行资产的回报率。相反，任何直接（准入或设立分支机构的限制）或间接（税收，租赁费或资本要求）限制银行数量的措施都将提高福利。然而，这种结论的粗略性是让人质疑的：其他具有差别产品的产业模型实际上是导致了在均衡状态下过少的产品。二是存款利率监管对贷款利率的影响。其结论是：在存款利率管制的情况下，银行为打包合约提供的贷款利率要低于无管制的情况。因此管制是有效的，它导致了贷款利率的下降。如果存款利率管制被维持，禁止打包合约是使福利下降的一种措施。三是银行网络的兼容性。马特茨和帕第拉（Matntes and Padilla，1994）对银行网络的兼容性进行了研究。他们的模型考虑了一种两阶段游戏，即在第一阶段银行选择它们是否进入某一网络（比如 ATM），第二阶段它们在价格上进行竞争（即存款利率）。兼容性没有有形成本，并给存款人带来收益，所以全部兼容是福利的最大化。但是全部兼容不会在两阶段游戏中出现。事实上，如果银行知道它们可以全部兼容，那么在第二阶段更强的竞争将降低它们的利润，所以存在全部兼容的机会成本。

就三个银行而言，它可能表明如果均衡存在，要么它具有三个并不兼容的网络，要么是两个银行共用它们的网络而把第三家银行排除在外，所以均衡是不充分的。

（五）合作竞争——网络型寡占理论

1. 竞争与垄断的关系

竞争和垄断究竟哪一种市场结构更有效率，能使银行更具有优势，一直是理论界关注的焦点问题。部分观点仍然把竞争与垄断对立起来。新古典经济学从产品同质性假设出发，把企业（或银行）的竞争归结为单纯的成本—价格竞争，认为完全竞争市场是最有效率的竞争市场结构，而垄断市场则不利于效率提高。产业组织理论与新古典经济学理论在理论基础与分析范式保持一致，也认为竞争性市场结构是最有效率的，而包括寡头垄断在内的垄断市场结构将抑制竞争，不利于资源的最优配置，并带来福利损失，因此，在政策上主张实施严格的反垄断措施。然而这种理论是有缺陷的，它只注重了企业外部市场竞争效率，而忽视了企业内部组织效率；只注重了静态竞争效率而忽视了动态的竞争效率，只强调竞争效率而忽视垄断与合作的效率（杜传忠，2003）。因此，越来越多的观点认为，垄断的市场结构并非一无是处，由于产品的差异化形成垄断，企业（或银行）的竞争优势主要表现为具有较高的市场占有率、盈利率、拥有较强的技术进步和创新能力等，因此垄断也具有效率。斯蒂格勒（George Stigler）和鲍莫尔（William Baumol）认为，绩效和行为决定了市场结构，否定了垄断的市场结构必然导致垄断行为这一单向和静态的模式，从而认为垄断并不必然产生低市场绩效。垄断从竞争中产生，垄断结构只是改变竞争形式，而不是竞争本身。从动态角度看，具有潜在性竞争的市场垄断并不排除竞争，相反会促进竞争进一步向高级化发展。因此，现代垄断有利于推动产业技术进步，有利于避免社会福利损失，有利于促进银行有效竞争，尤其是在技术创新能力和国外市场能力开拓方面的竞争。而20世纪90年代的经济全球化、经济网络化、经济知识化和金融全球化趋势形成了网络型寡头垄断市场结构（杜传忠，沈蕾，2003），这为跨国竞争与垄断提供了新的理论依据与现实基础。

2. 经济全球化和金融全球化背景下的跨国竞争与垄断的新变化

（1）经济与金融全球化促进全球产业价值链的分工与整合

在经济全球化和金融全球化背景下，国际金融市场逐步一体化。各国银行为了争夺国际金融市场，纷纷通过内部扩张、横向并购和强强联合等形式，将国内市场竞争迅速扩大到世界范围内，扩大跨国银行市场规模，增强跨国银行国际竞争力，以获取市场的垄断地位。因此，当今国际金融市场竞争的一个重要趋势是随着国际竞争的增强，国际金融市场垄断也得到进一步强化，许多行业包括金融业正逐步呈现全球化寡头垄断市场形态（杜传忠，2003）。

在这种形态下，现代银行竞争优势的基础已经超过单个银行自身的能力和资源范围，它越来越多地来源于银行和银行业价值链上下游各环节的有效整合中，形成全球银行业的分工与协作。因此，银行在全球范围内的扩张与活动，其实质是建立全球性的资金运营体系，把银行业分工的增值链放在全球不同区位或产业链的不同环节上，以利用专业分工优势与全球协作网络的整合优势，提高核心竞争力，实现经营利润的最大化。而银行在一国国内所处的竞争地位或优势，却在全球银行体系中处于弱势地位，要想发挥其竞争优势，跨国银行就应在银行产业链中适当垄断与集中，通过技术进步创新实现其充分竞争，提高其规模经济和效益，从而增强跨国银行在全球产业价值链中的竞争优势，提高其竞争实力。同时，全球范围内的这种分工与协作会导致全球金融市场结构的竞争效率在很大程度上被垄断效率所取代。另外，跨国银行应在产业链中处于关键环节，而适度垄断可维持其在关键环节中保持可持续竞争优势。

（2）跨国银行全球竞争会加速规模经济与范围经济效益的实现

在经济知识全球化中，随着科技进步与创新、信息网络技术的发展会产生规模经济效应，使边际收益递增。信息技术产品不仅自身具有收益递增的特点，还具有正的外部性，会使其他投入要素的收益递增，并改变各要素在生产过程中的结合方式，产生一个"收益递增的增长模式"。而且这类产品的低复制成本能使它在最佳投资的基础上反复利用，减轻了资本稀缺性的约束压力。这一特性为银行规模的扩张提供了广阔的空间，有利于其实现规模经济。同时，如果一个银行同时创设多种金融产品的成本小于多个银行同时分别创设的金融产品成本，就会存在范围经济。规模经济效率的提高是依靠资本投入的增加来增多，而范围经济效率的提高则是依靠功能投入的增多。在新网络经济中，银行应实现规模经济和范围经济，以此建立和巩固其垄断地位，不断提升其竞争力。

（3）全球化有利于跨国银行提高合作竞争效率

在经济全球化和金融全球化下，一国的寡头垄断在世界范围内也可能是充分的竞争。因此，在新形势下，应正确处理竞争与垄断的利弊关系，重新认识垄断的积极作用，通过战略联盟、跨国并购等形式，做大做强跨国银行规模经济，提高产业集中度，促进市场结构向寡头垄断结构的转变。同时，应加强合作竞争，提高合作竞争效率，实现银行间的优势互补，使资源在全球范围内得到优化配置。现代博弈论已通过非零和合作博弈给当今跨国银行提供了新思路，认为在非零和博弈中，博弈双方通过合作，优势互补，分散风险和经营多元化，其合作带来的收益必然大于不合作带来的收益。因此，合作竞争有利于开发市场，增加市场集中度，增加市场竞争优势，提高银行竞争效率。合作竞争已成为世界经济与跨国银行发展的一个新趋势。

1.5　跨国银行竞争优势、可持续竞争优势的理论演变

跨国银行作为银行的特殊企业，其竞争优势和可持续竞争优势的理论根源和演变是：先外生论、后内生论、再综合论。

（一）企业（或银行）竞争优势、可持续竞争优势的外生论

所谓竞争优势外生论是指企业或银行的竞争优势主要是由企业或银行的外部的某些变量所决定。

1. 新古典经济学的竞争优势外生论

在新古典经济学中，企业被视作为一个"黑箱"。在完全竞争的模型中，所有企业都被假设为同质性，在长期均衡状态中，所有企业利润为零，没有竞争优势。因此，在这一假设条件下，企业的竞争优势必然是外生的。但是在现实中，不仅存在企业利润，而且还存在企业之间持续的利润差异。所以，新古典经济学修正了假设前提，在不完全竞争市场结构假设下，认为个别企业获得超额利润主要是由不同的市场结构所决定的。美国哈佛大学的梅森（E. S. Masson）和贝恩（J. S. Bain）承袭了上述一系列理论研究，提出市场结构——市场行为——市场绩效（SCP）范式，认为竞争优势是由市场结构、市场行为等外生因素决定的，因此，企业的绩效或竞争优势是外生的。

2. 迈克尔·波特的竞争优势外生论

波特认为，"决定企业盈利能力的首要和根本的因素是产业的吸引力"（Porter，1985），产业吸引力由五种力量即现有竞争者、潜在进入者、供方、买方、替代品所决定的，提出五种竞争力模型，形成企业竞争优势战略。同时他认为"产业结构分析是建立竞争战略的基础和分析的起点"。产业结构强烈影响着竞争规律的确定及与之相应的企业战略的形成。因此，在波特的模型中，企业的竞争优势仍是由企业绩效的产业结构特性所决定。企业要获得有利的条件就要实施成本领先战略和差别化战略。

波特的竞争优势外生论观点的实质是著名的 SCP 范式观点，没有考虑企业异质性对竞争优势的作用（Porter，1990）。他认为产业内的企业是同质的

（Porter，1981），并且认为虽然竞争优势是可以维持的，但仅集中于技术经济变量（Porter，1985），即使他考虑了对手的模仿，也未提出一个完整的可持续竞争优势模型。因此，波特认为企业的竞争优势是外生的，是由外在的市场结构或产业结构决定的。

（二）企业或银行竞争优势的内生论

1. 内生论的产生

20 世纪 80 年代早期的实证研究结果对企业竞争优势外生论提出质疑。鲁梅尔特（Rumelt，1982）的实证研究表明："产业中长期利润率的分散程度比产业间分散程度要大得多"。因此，鲁梅贝尔认为，企业超额利润的竞争优势并非来自外在的市场结构特征，而是来自企业内部资源禀赋的差异。20 世纪 90 年代以来，许多战略管理学家从企业内部出发探讨企业长期利润和持续竞争优势的来源，提出核心能力理论、行为决策理论、新制度主义理论三种理论。其中最具有影响的是核心能力理论。

2. 核心能力理论

普拉哈拉德和哈默（Prahalad and Hamel）于 1990 年在《哈佛商业评论》上发表的《公司核心能力》论文中，首次提出"核心竞争力"（Core Compe-tene）的概念。核心能力理论认为企业的竞争优势来源于企业所拥有的核心能力，核心能力包括：基于技术观的核心能力（Prahalad and Hamel，1990；Meyer and Utterback，1999）、基于资源观的核心能力理论（Wernerfelt，1984；Collis and Montgomely，1985；Oliver，1987；Barney，1991）、基于知识的核心能力理论（Barton，1992；Black and Boal，1994）。这些理论的共同之处在于，从产业层面深入到企业内部，打开了企业的"黑箱"，指出企业内部资源基础的特异性和核心能力是企业获得持续竞争优势的真正基础。

资源核心理论认为，资源提供了建立竞争力的基础，企业资源的差异是导致可持续竞争优势差异的重要原因（Black and Boal，1994）。一般认为，企业的资源是由企业拥有或控制，并使得企业能够在市场中运营的资产（Dodgson and Bessant，1996；Brush and Artz，1999）。这些资源包括：物质资源、人力资源、组织资源（Marino，1996）和技术资源与无形资源（Amit and Schoemaker，1993；Miller and Shamise，1996），同时外部资源也成为创新的关键因素和决定因素（Gemunden et al. 1992；Amit and Schoemaker，1993）。而核心能力是一种整合企业内外部资源的能力（李海舰，聂辉华，2002），是企业在组织过程中配置和优化资源已达到目标的才能和技能（Amit and Schoemaker，1993）。企业的核心能力是企业内部特有的，其特有的价值是难以模仿和转让的，因此企业的竞争优势来自于企业资源和能力的差异（张炜，2002）。

核心知识理论认为，企业存在异质性，企业核心知识和能力的特异性和价值性，导致企业经营活动的差异，并使某些企业具有获得潜在利润或竞争优势的可能。由于企业的核心知识和能力是非竞争性，难以通过公开定价获得，因此这就决定其他企业的进入（模仿和替代行为）面临成本约束。因此，企业的竞争优势是源于企业长期积累的核心知识和能力的差异，它是内生的（杨瑞龙，刘刚，2002）。

（三）企业或银行竞争优势综合论

通过上述研究发现，无论是新古典经济学的产业分析理论还是核心能力理论，都是从某一方面指出了企业或银行竞争优势的来源。前者强调外生性，后者强调内生性，他们都无法全面客观地回答现实提出的种种问题，因此应将内外因素结合起来，动态分析竞争优势的来源。

一些研究学者已经认识到他们假设前提的严重不足。Porter（1985）注意到内部的组织特性可能影响可持续竞争优势，他提出了价值链概念，而价值链是贯穿于企业内外的，它同资源基础学派的观点是有一定的关系的。后来企业资源学派对该价值链进行了更深的研究，认为企业能力可以通过其代理人的战略决策和行动模式得以创造和培育（Lado，Bord，Wright，1992）。Rindova 和 Fombrun（1999）认为，可持续竞争优势模型应考虑社会的认知因素，它在创造可持续竞争优势中发挥重要作用。总之，竞争优势和可持续竞争优势是由各种因素综合作用的结果，只有综合才能更好更全面地解释企业或银行竞争优势和可持续竞争优势的来源。

第 2 章 跨国银行国际竞争力及
影响因素结构分析

从世界范围看，近年来关于各国的金融体系是市场主导型还是银行主导型的比较研究引人注目（Demirgue—Kunt and Levine，1999）（Allen and Gale，2000）（Levine，2002）①，尤其是 Demirgue—Kunt 和 Levine 通过对 150 家跨国比较研究了两种模式金融体系的效率。其中，多数文献研究表明，银行业在经济发展和金融体系中发挥着重要作用。银行业的竞争发展影响经济增长，银行业的竞争及银行效率是银行体系的资金配置、资源配置和风险管理功能发挥作用的表现。因此，深入研究影响跨国银行国际竞争力的结构因素，并探讨影响跨国银行国际竞争力的原因十分重要。

2.1 分析思路与框架

国际竞争力问题也是竞争效率问题，跨国银行国际竞争力研究也是跨国银行竞争效率研究。以往研究往往侧重某个方面，或是微观方面，或是宏观方面，或是影响因素，而未研究其成因，本文在前人研究基础上，综合宏观因素与微观因素，并深入探究其成因。跨国银行国际竞争力结构性影响因素包括两个方面：一方面，从宏观上看，有法律、制度、金融自由化和开放度、监管等因素影响跨国银行国际竞争力；另一方面，从微观上看，产权结构与公司治理、业务流程、规模与集中、技术进步、金融创新、风险管理、内部控制等因素影响跨国银行国际竞争力。其分析思路与框架图如下：

---

① Asli Demirgue–Kunt and Ross Levine 著，林光辉等译：《以银行为主导与以市场为主导的的金融体系：跨国比较》，《经济资料译丛》，2003 年第 3 期，第 35—64 页。

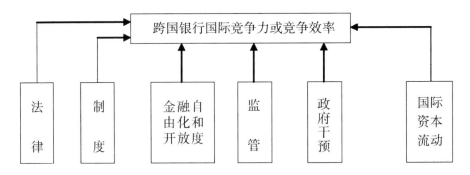

图 2 - 1　跨国银行国际竞争力或竞争效率的宏观影响因素及其相互关系

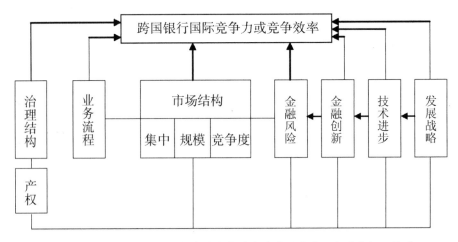

图 2 - 2　跨国银行国际竞争力或竞争效率的微观影响因素及其相互关系

2.1.1　跨国银行国际竞争力或竞争效率的微观结构性基础

（一）基于跨国银行组织的结构性基础

跨国银行作为一种特殊企业，是一个利用资源投入，经过内在的转换机制输出资源产出的黑匣子。投入受到资源主体行为的影响，产出受到市场需要和发展战略的影响，而转换机制要受到跨国银行产权主体、代理人目标追求的影响。从影响跨国银行技术效率的角度看，影响跨国银行组织的结构性基础有：产权结构、激励约束机制、治理结构、功能结构、内部组织结构（包括银行运行机制、发展战略、技术进步、金融创新、人力资本）等结构性因素。

（二）基于市场的结构性基础

跨国银行的市场结构影响银行的定价行为，其存款价格和贷款价格一般在跨国银行产品市场框架下进行。因此，本文只涉及跨国银行的产品市场。

市场结构一般包括集中度、规模和竞争三个方面，三者都会影响跨国银行的价格和数量行为，从而影响跨国银行的业绩。本文主要分析集中与竞争的关系以及集中、规模与效率的关系。

（三）基于跨国银行风险管理的结构性基础

跨国银行的稳定至关重要。从跨国银行自身看，加强资本充足率管理、内部控制、风险管理影响到跨国银行的内部组织结构和跨国银行的市场结构，从而影响到跨国银行的竞争效率。跨国银行自身内部风险管理贯穿跨国银行运营的全过程。因此，本文重点研究跨国银行风险控制、跨国银行稳定与竞争的关系。

2.1.2　跨国银行国际竞争力或竞争效率的宏观结构性基础

（一）基于金融自由化和开放度的结构性基础

跨国银行的发展与金融自由化和金融开放度有关，其金融自由化和金融开放度程度大小直接影响跨国银行机构设置及其规模大小，也直接影响其发展及其竞争力。因此，本文分析金融自由化和金融开放度与跨国银行竞争的关系。

（二）基于国际资本流动的结构性基础

资本流动对东道国、投资国会产生重要影响，跨国银行投资与运营作为资本流动的一个载体，必然会对各国经济发展产生影响，也必然会存在汇率风险、利率风险和金融风险等，因此本文重点研究规避跨国银行风险管理，保证跨国银行及其各国金融安全。

（三）基于跨国银行管制的结构性基础

跨国银行的经营活动要受到各国法律和制度、监管的影响。跨国银行监管的具体内容（法律、制度、监管）影响到跨国银行的组织结构和跨国银行的发展战略，从而影响跨国银行的竞争力与效率。因此，本文重点研究优化跨国银行管制的结构和内容，为跨国银行竞争力的提高创造较为宽松的外部条件和安全保障。

本文仅研究跨国银行核心竞争力的相关内容，即产权结构、市场结构、金融风险、金融创新、技术进步、发展战略等微观基础以及金融自由化和开放度、国际资本流动和监管等宏观环境。

2.2　跨国银行的产权结构与银行竞争效率关系

2.2.1　跨国银行产权的含义

按照制度经济学的定义，"产权是一个社会所强制实施的选择一种经济物品的使用权力。"而产权安排结构是经济制度设计和公司治理结构的基础和核心问题。

从跨国银行来说，跨国银行产权是指产权的所有权与剩余索取权或控制权相分离，建立有效的银行激励机制和约束机制，实现有效的治理结构，并影响跨国银行的运作效率，即产权—治理结构—效率。

2.2.2　跨国银行产权结构模式比较

跨国银行产权实行多元化，其股权结构包括国有股、私人资本股和外资股。目前，西方跨国银行产权主要有"市场主导型"和"银行主导型"二种模式，表现为所有权分散与所有权集中二种模式。

（一）美英所有权分散模式

美英国家由于市场经济发达、法律制度比较完备、自由度较高，使其银行所有权结构具有如下特点：

1. 所有权较为分散，大股东出股比例相对较低，股东社会化程度较高

例如 2004 年底，花旗集团的总股份为 51.18 亿股，其中，流通在外的股份占股份总数的 93.42%，管理层持股和优先股占 6.58%。花旗集团拥有股东12 万人，股份非常分散，而且其机构投资者不是一般的法人，而全部是基金公司。前十大股东的持股额仅占总股本的 23.62%，持股比例最高的股东所占比例也不超过 5%[①]。汇丰银行股东为 1750000 个，最大股东持股不超过10%。可见，美英跨国银行所有权较为分散，大股东出股比例相对较低，股东社会化程度较高。

2. 机构投资者持股比重占主要地位

机构投资者包括养老基金和共同基金等，由于美英法律禁止企业相对持股和金融机构持有企业股票，因而机构投资者持股比例占近一半或一半以上。

---

① 欧阳向群：《花旗银行的公司治理结构》，《银行家》2005 年第 9 期，第 83 页。

第 2 章

跨国银行国际竞争力及影响因素结构分析

美国机构投资者持股比例占 46%，英国机构投资者持股比例占 61%[①]。由于机构投资者采取组合投资、分散持股的方式，因此使美英跨国银行持股比较分散。

3. 注重保护股东特别是中小股东的利益

美英的法律注重保护股东的利益，经营的目标服从于股东盈利最大化目标，给予股东优厚的投资回报，如汇丰银行 2000—2002 年三年年均股东资金回报率为 31.13%[②]，2003—2004 年年均股东资金回报率为 13.7%；而花旗银行 2003—2004 年年均股东资金回报率为 18.4%，三菱东京银行 2003 年股东资金回报率仅为 7.85%[③]。

4. 建立有效的激励与约束机制，普遍实行高管人员股票期权制度

美国银行薪酬计划的核心是将高管个人收益和广大股东的利益统一起来，从而使股东价值成为管理层的决策行为准则。美国银行业高层管理人员的薪酬一般包括年薪或工资、以短期激励为基础的奖金、以中长期激励为基础的股票期权和福利与津贴。其中，股票期权的价值收入成为高层管理者薪酬的主要来源。而股票期权的实行充分体现了对美国银行业的激励与约束机制。一方面由于股票期权的价值会随股票市值的上涨而增加，从而可以使高管人员因银行的良好业绩而得到丰厚的回报，这充分体现了股票期权对高管人员的激励特征；另一方面，股票期权的授予与行权都与银行的业绩密切相关，通常与股东回报或股票的每股现金收益挂钩，这充分体现了股票期权对高管人员的约束特征。20 世纪 90 年代以来，由于股票期权具有现代银行的激励约束机制，因而在发达国家得到普遍应用，绝大多数美国上市银行都使用股票期权作为激励手段。在美国银行高管人员中激励报酬部分（奖金与股票期权）占全部薪酬的比重为 80% 多，其中股票期权成为美国银行高管人员的主要收入来源[④]。

5. 股权流动性高

在美国股票市场上，上市公司股权流动性高，换手频率快，股权收购活

① 转引自：Ulrich Schroder and Alexander Schrader：《德国银行职能及公司治理的转变：向市场演进吗？》摘自北京奥尔多投资研究中心主编《金融系统演变考》，中国财政经济出版社 2002 年版，第 279 页，第 1 卷第 2 辑。奥尔多投资评论和《国际统计年鉴 2002》有关数据整理。

② 詹向阳、张兴胜、王祺：《汇丰银行经营及治理研究》，《金融论坛》2004 年第 12 期，第 3—16 页。

③ 孙章伟：《透视三菱东京集团》（上），《银行家》2005 年第 9 期，第 85—89 页。

④ 阙澄宇、王一江：《银行高层激励：美国 20 家银行调查》，《经济研究》2005 年第 3 期，第 16—25 页。

动时常发生，资本市场对上市公司经营控制和约束十分有效。

（二）德日所有权集中模式

相对于美英所有权结构特点，德日所有权结构具有如下特点：

1. 股权高度集中

德国长期以来一直实行全能型银行体系，其证券市场的重要性明显不如美英国家。德国的证券市场资本与国内生产总值的比值为 50%，而欧洲平均值为 95%，美国为 148%，英国则高达 172%。在德国，股权高度集中，股权广为分散的大公司较少，原因之一是德国缺少大的机构投资者，德国机构投资者持股比例仅占 15%。另外，在 1977 年以前，德国银行持股都超过 25%，但自从德国规定取消征收公司所得税，德国银行持股比例已经开始降低。日本与德国相似，其股权高度集中，个人持股比例低。2000 年美、英个人持股比例分别为 48% 和 25%，而德、日仅为 17% 和 9%，说明德日证券市场有待进一步发展①。

2. 法人持股占有较大比重

由于德国、日本法律不向美国、英国那样禁止企业相互持股和银行持有企业股票，因而德日的法人股东不是美英式的机构投资者，而是由银行、保险等金融机构及企业法人构成的，法人股占整个股份的较大比重。1993 年德国法人股主要以银行、保险公司、其他金融机构和非金融企业为主占 68%，而英国占 23%，美国占 9%②。据德意志银行 2004 年统计，德意志银行法人股占比为 82%，私人持有者占 18%。

从日本看，其法人股持股比例 1990 年达到 66.8%，并以金融机构持股为主③。以三菱东京集团为例，2004 年，三菱东京集团已发行普通股股本 647.1 万股，股东 19.98 万户。三菱东京集团以法人持股为主，10 大股东均为法人。其中金融机构法人股占 10 大股东的比例为 83.6%④。日本法人股也与德国一样，法人股主要以银行、保险公司、其他金融机构和非金融企业为主。

3. 股票流通性较差

由于占有大部分股权的法人股将股票长期锁定，使法人股很少发生大规模股权流动。同时，如日本企业为防止外资并购而进行的"稳定股东工作"，

---

① 史笑艳编译：《德国的银行体系和资本市场》，《金融论坛》2003 年第 1 期，第 57—69 页。

② 北京奥尔多投资研究中心主编：《金融系统演变考》，中国金融出版社 2002 年版，第 281 页。

③ 类淑敏、宫玉松：《安然事件、日本股灾与公司治理趋同——美日两国公司股权结构比较》，《国际金融研究》2004 年第 3 期，第 41—46 页。

④ 孙章伟：《透视三菱东京金融集团（上）》，《银行家》2005 年第 9 期，第 86—89 页。2005 年10 月，三菱东京集团改为三菱东京日联集团。

也使股权增强了稳定性，减少了流动性。

4. 对保护股东利益较弱

La Porta、Lopez – de – Silanes 和 Shleifer Vishny（1998，简称 LLSV）的研究表明，在法律对股东保护较好的普通法系国家，公司治理机制更为合理，而在法律对股东保护较弱的大陆法系国家，企业具有更高的股权集中度。普通法系国家中如美、英企业的股权集中度低于大陆法系国家如德日，这说明股权集中可能是对股东利益保护的一种自然反应。同时也看出，在大陆法系国家，控股股东为金融机构的比例相对高于普通法系国家，这主要是因为大陆法系国家对金融机构具有更大的依赖性。

从日本看，企业经营者的目标不是以股东盈利最大化为目标，而是依据生产最大化和市场占有率最大化为目标，只对企业负责，不对股东负责。

近年来，在经济全球化和金融全球化背景下，上述美英和德日所有权结构及公司治理模式发生重大变革，具有趋同现象。美英模式更加强化所有权约束、强化机构投资者对公司治理的参与、强化了对公司信息披露及中介机构的监管，而德日模式则不断提高股权的流动性，保护股东权益、强化资本市场约束和提高外部融资的比重。但美英模式渐成主流。

2.2.3 跨国银行所有权结构对公司治理的影响

不同的所有权结构会对公司治理结构产生不同的影响，并对银行行为及经营业绩产生重要影响。

（一）美英跨国银行的公司治理机制

美英跨国银行的公司治理强调董事会的作用。从美国跨国银行来看，以花旗集团为例，见图2－3，其公司治理的内容与特点是[①]：

1. 董事会的独立性

在花旗集团，董事会最基本的职责是从符合股东的利益出发，对公司的各种事务提供一种有效的管理，以便平衡世界各地的各种不同团体的利益。在董事会中，至少有三分之二的成员应是独立董事。银行的董事会已采纳了明确的标准来帮助董事们做出关于董事独立性的决定。既要符合和遵守纽约证券交易所发布的公司治理结构标准，以及所有现时要求遵守的法律、规章和监管制度，并且这些标准要经常更新，以满足这些法律和规则最新变化的要求。外部董事应该以符合服务于花旗集团董事会及其委员会为目的的独立

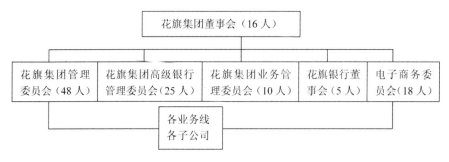

图 2 – 3　花旗集团公司治理结构

性条件，并且与花旗集团不存在物质利益上的关系。同时花旗集团规定，花旗银行的董事同时担任其他上市公司董事的数量应该由提名与公司治理委员会来进行一对一的讨论和决定，以确保每一个董事都能有足够的时间服务于花旗银行。花旗银行董事会审计与风险控制委员会的成员最多不能担任超过 3 个上市公司的审计委员会成员，这包括花旗集团自身的审计与风险控制委员会在内。另外，花旗集团的内部董事或高级管理人员不能担任花旗集团的外部董事，以作为高级管理人员的公司董事。

2. 股票所有权关系承诺

董事会和高级管理委员会的成员都必须接受股票所有权关系承诺，它要求董事会成员和高管委员会成员自担任这个职务开始，一直到他们在任期间，都必须将其担任该职务当天所持有的花旗集团普通股的至少 75% 持有在手中。此外，在任职期间，通过各种花旗集团股权奖励计划所得到的股票净额的 75% 也必须保留在手中。一旦达到这种最低要求，就必须按照这一承诺规定的条款来行事。

3. 董事的薪酬

董事会决定董事的薪酬形式和数额。那些本身就是银行雇员的董事不应该以他们担任银行董事一职而收取任何报酬。非银行雇员的董事在事先获得提名与公司治理委员会的同意之前，不得进入银行的咨询领域。服务于审计与风险控制委员会的董事不得因为银行提供了会计服务、咨询服务、法律服务、投资银行服务或者其他金融与财务咨询而直接或间接地收取报酬。

4. 内部交易规定

花旗集团通常不从雇员手中收购本公司股票，除了满足员工股票期权计划和其他股权计划管理需要之外。银行的董事和高级管理人员在规定的锁定期内不得交易本公司的普通股票，或是将资金转进或转出银行的普通股票基金。这些都要遵守任何法律和监管规则限制的需要，并要求满足《公司个人交易政策》条款的要求。

从英国跨国银行来看，以汇丰银行为例，其公司治理的内容与特点是：①②

1. 单层结构。

由股东大会、董事会和经理层组成，并以董事会为核心，由资深专家组成董事会。董事会为 24 人，其中执行董事为 8 人，非执行董事为 3 人，独立非执行董事为 13 人。

2. 建立职能明确的董事会决策辅助机构

董事会下设行政、审核、薪酬、提名四个委员会，各负其责。

3. 董事会和经理层分开运作

董事会只对那些重大事项的决策负责并监督经理阶层，经理层在经营管理中权力很大，具有一般决策权和执行权。为了防止董事会和经理人员相互勾结，通常规定董事会中必须有半数以上的独立董事，一是确保股东的利益，二是确保没有任何一个董事在该行或任何其附属企业的任何重大合约中谋取直接或间接的利益。

4. 严格的高管人员选聘制度

从管理领域看，各个总经理具体负责集团信贷风险管理、环球电子业务、策略发展、法律及审核、证券、保险、人力资源等业务工作。汇丰银行对于高管层的选拔聘任具有以下特点：一是内部选任为主。二是稳健的晋升程序。长期在汇丰银行的工作经历既可以考证和锻炼支援的工作能力，又有利于考察员工对公司的忠诚度。三是年龄结构年轻化，有助于保持汇丰银行领导团体的活力和进取心。四是高管候选人对从事的业务和所在地域情况极为熟悉。

5. 健全的风险控制机制

由董事们负责集团内的内部控制，并对内部控制的有效性进行审查。建立完善的风险控制程序，并有完备的信息披露机制。

6. 薪酬的确定与构成

由薪酬委员会负责确定董事、经理人员及员工的薪酬政策。其薪酬由基薪福利、年度奖金和长期的股份奖励组成。其中基薪福利由当地市场惯例决定；年度奖金与业绩相挂钩，包括实现财务目标、收入得到增长、费用得到控制、充分运用专业技能、遵守汇丰的道德标准等，使银行及其员工的利益

---

① 詹向阳、张兴胜、王祺：《汇丰银行经营及治理研究》，《金融论坛》2004 年第 12 期，第 3—16 页。

② 俞栋：《西方商业银行经典治理模式的比较与启示》，《现代商业银行》2004 年第 10 期，第 35—39 页。

与股东的利益紧密结合；股票期权计划占全部工资的主要份额，旨在激励和约束高管人员。

总之，美英公司治理模式强调"外部控制机制"（External Control），董事会的外部董事实现由投资者（股东）选举产生。

（二）德日跨国银行公司治理机制

德日跨国银行公司治理突出共同治理的理念，强调治理目标首先要履行其社会义务，然后才是服务股东。

从德国跨国银行来看，以德意志银行为例，其公司治理的内容与特点是[①]：

1. 双层结构

由股东大会、董事会、监事会、经理层组成。目前董事会由 8 名董事组成。

2. 董事会和监事会职能明确

董事会和经理层虽然分开运作，但董事会权力很大，负责银行的重大决策制定，总经理则负责具体的贯彻执行。监事会的职能是任命、监督董事会提供咨询的机构，一般不参加银行的经营管理，但有权在任何时候检察账目情况，主要执行对董事会和经理层的监督作用。

3. 董事会下设集团决策委员会和功能委员会各负其责

决策委员会是为董事会及时提供有关银行业务发展和交易情况的信息；定期汇报各业务部门情况；与董事会磋商并向董事会建议银行的发展战略；为董事会决策做好准备。功能委员会帮助董事会进行跨部门战略管理、资源分配、控制以及风险管理，包括财务、投资、风险、资产/负债、投资/选择性资产、信息技术和管理、人力资源等委员会。监事会下设协调、主席、审计、信用和市场风险等委员会。

4. 薪酬的确定与构成

由监事会负责决定对董事会成员的薪酬大小以及结构。德意志银行的薪酬由工资、奖金和股权激励及延期付息股票计划组成。其中基本工资比照国际同业水平；奖金与业绩挂钩（主要按利润率来支付），在全部工资构成中占主要份额；实行全球持股计划，以激励全球范围内员工广泛参与银行治理。

5. 具有较完善的风险控制机制

基于风险管理的原则构建董事会负责的模式，并要求董事会成员向监事

---

① 俞栋：《西方商业银行经典治理模式的比较与启示》，《现代商业银行》2004 年第 10 期，第 35—39 页。

会主席披露在交易过程中个人利益，避免董事会成员为追求私利而损害公司利益。同时监事会规定不能有两个以上原董事会成员，除了对于董事会提建议以及监督之外，按照国内国际标准，确保审计官的独立性，并要求监事具备专业知识、管理技能和实践经验，以及要有足够的时间来履行自己的职责。另外，德意志银行重视风险管理体系的建设，十分重视信息披露。

从日本跨国银行来看，以三菱东京日联金融集团为例，见图2－4，其公司治理的内容与特点是①：

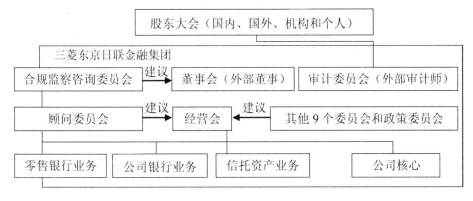

图2－4　三菱东京日联集团公司治理结构

1. 双层结构

三菱东京日联集团的公司治理结构是由股东大会和董事会组成。

2. 剩余控制权配置状况

董事会和审计委员会成员持股数量仅有象征性的230股，董事会不是控制性股东。三菱东京剩余控制权由股东大会、董事会和下属委员会掌握，其中，稽核审计委员会不受董事会约束而是直接由股东大会控制。

3. 董事会附属机构各负其责

董事会下设11个委员会，2003年三菱东京集团为完善公司治理，在国际金融市场上宣扬公司经营理念、管理哲学和经营道德原则，确保披露信息和透明度，明确相关人员责任，在董事会下增设了公开委员会。

4. 薪酬问题

三菱东京日联集团尚未在整个集团内推行股权奖励制度，也未推行全员持股制度，仅在两家附属公司（三菱证券和加州联合金融控股公司）实行管

---

① 孙章伟：《透视三菱东京集团》（上），《银行家》2005年第9期，第85—89页。

理层股权奖励计划，与花旗、汇丰的全员持股计划安排明显不同。

2.2.4 跨国银行产权结构与银行竞争效率的关系

跨国银行产权结构分析侧重于所有权拥有者类型的不同。例如：英国学者 Yener Altunbas、Lynne and Philip Molyneux（2001）把德国的银行分为三类：私营商业银行（Private Commercial Banks）、公共储蓄银行（Public Savings Banks）和互助合作银行（Mutual Cooperative Banks）。Tulkens（1993）将英国的银行分为二类：公营银行（Public Bank）和私营银行（Private Bank）。张健华（2003）将我国商业银行分为国有商业银行、股份制商业银行和城市商业银行三种。因此，跨国银行按所有权结构一般分为国有银行、私营商业银行和合作银行三种。

（一）赞成银行产权结构对银行效率有显著影响

效率是银行竞争力的本质体现，是市场经济条件下银行的生存法则。竞争优势的本质是效率优势，正确的竞争策略应能最大限度地提高竞争者的相对效率（易纲，赵先信，2001）。

新制度经济学派认为，产权制度和结构是提高效率的关键因素。这一理论认为，产权制度和结构可以通过以下方式提高银行效率：一是实现外部性内部化，提高资源配置效率。如果存在外部性，设置明确的产权关系就可以使其内部化，从而减少资源的浪费，提高资源配置效率。这是因为无论是外部经济还是外部不经济，一般都会降低资源配置效率。而产权的主要功能是引导激励人们实现将外部性较大内部化，以提高资源配置效率。二是构建良好的激励约束机制，提高经济行为主体的生产效率。产权本质上是一种界定人们如何收益或受损的权力约束，因此产权必然成为决策者的效用函数，产权制度的安排和结构变化必然会影响人们的行为方式，影响资源配置与产出构成。如果银行经济活动主体有了明确的产权关系，其在财产上就有了明确的责任权，从而对经济行为主体产生有效的激励约束机制，提高银行效率。三是可以减少不确定性，提高经济效率。产权制度可以减少经济行为中的不确定性，有助于经济主体提高效率。正如诺斯指出的："制度（主要是产权制度）在一个社会中的主要作用是通过建立一个人们相互作用的稳定结构来减少不确定性。"新制度学派将产权制度和结构作为一种影响社会经济发展的关键内在变量，对提高企业或银行效率至关重要。因此，有些学者（例如易纲、赵先信，2001）认为，我国银行业提高效率，增强竞争力方面，面临的不是规模经济和范围经济约束，而是产权约束，银行提高效率的基础是产权制度，它是良好的公司治理结构和激励制度的关键。刘伟、黄桂田（2002）认为，在现代电子技术广泛渗透到银行体制并引起银行业系统变革的情况下，一定程度的行业集中和银行机构的规模扩张，不仅不会降低绩效，而且能产生规模经济效应和范围经济效应。中国银行业目前的主要问题不是行业结构问题，核心问题是国有商业银行产权结构问题。杨晓光、卢授永（2003）认为民营资本以市场结构改造方式进入银行业很难从风险和效率方面提高竞争力，而民营资本以产权结构方式进入银行业是目前的首选方式。郭妍、郑录军、朝廷求（2005）也认为，产权结构是影响我国商业银行效率的决定性或重要因素。

赞成银行产权结构对银行效率有影响的实证研究比较多。Sumon Kumar Bhaumik and Paramita Mukherjee（2001）对印度银行进行研究，发现印度国有银行的资产净利润率、人均业务量和人均利润都低于私营银行，而不良贷款率却高于私营银行。我国学者丁志杰、王秀山、白钦先（2002）对韩国、泰国、印度尼西亚、墨西哥、阿根廷等发展中国家，英、德、法等发达国家的银行效率进行了比较研究，认为在发展中国家尤其是拉美国家，国有银行效率要低于私有银行效率；而在经济发达的欧洲国家，国有银行与私有银行的效率差异不大。黄宪、王方宏（2003）对我国国有商业银行、股份制银行和信用合作社三种所有权类型的银行的经营绩效进行对比分析认为，从资产收益率 ROA 指标看，国有独资商业银行效率大大低于股份制商业银行效率，但略高于城市商业银行效率。赵旭（2000）、秦宛顺、欧阳俊（2001）、赵忻、薛俊波、殷克东（2002）、张健华（2003）、陈敬学、李玲、杨文成（2004）、郭妍（2005）都运用 DEA（Date Envelopment Analysis——DEA）非参数方法对我国商业银行从不同角度进行了研究，得出基本一致的结论：国有独资商业银行的效率远低于股份制商业银行的效率。王聪、邹鹏飞（2004）通过实证检验发现，国有商业银行和股份制银行之间存在结构性差异，国有银行规模不经济，股份制银行规模经济，产权制度是造成这种差异的重要因素。姚树洁、冯根福和姜春霞（2004）利用随机前沿生产函数对我国银行业的效率进行实证分析，结果表明非国有银行效率比国有银行效率高。

（二）赞成市场竞争对银行效率有显著影响，否认银行产权结构的重要作用

超产权论（Beyond Property Right Argument）认为，竞争是企业治理机制和效益提高的根本条件，竞争迫使企业改善机制，提高效益。而利润激励与经营者努力投入没有必然的正向联系。只有在市场竞争的前提下，利润激励机制才能发挥重要作用，因而该观点在一定程度上否认了传统产权论关于产权拥有的剩余利润占有率是决定企业经营者努力程度的激励因素的观点。依

据该理论，英国经济学家 Martin and Parker（1997）对英国国有企业私有化后的各类企业的经营绩效进行对比分析后发现：在竞争比较充分的市场上，企业私有化后的平均效益有显著提高；在垄断市场上，企业私有化后的平均效益改善不明显。澳大利亚经济学家 Tittenbrun（1996）通过分析 85 篇有关产权与效益的文献后也发现：企业效益主要与市场结构即市场竞争程度有关。所以，超产权论认为，要使企业改善自身治理机制，基本动力是引入竞争机制，而变动产权只是改变机制的一种手段。我国学者刘芍佳和李骥（1998）也认为，传统的产权论有其内在的局限性，而超产权论比产权论更具有理论的内在逻辑性与实证解释的说服力。因此，企业效率与产权没有必然的联系，而与市场竞争程度有关。产权论仅仅阐明了收益激励机制对提高企业效益的作用，而超产权论却进一步阐明了激励机制只有在竞争条件下才能发挥作用，促使企业改善经营机制，提高企业效率。

哈佛学院派的 SCP 分析框架理论认为，市场集中度导致市场势力，而市场势力又会导致产量控制进而导致价格控制，在控制者获得垄断价格的同时导致社会福利净损失，从而使社会资源的配置不能达到最优水平。因此，少数大银行占有市场份额越多，市场集中率就越高，越有可能导致银行的垄断行为，从而使资产配置非效率，社会福利下降。相反，低集中率的银行市场结构，会使市场更接近于完全竞争状态，因此会使银行更有效率。

赞成市场竞争对银行效率有显著影响的实证研究比较多。Berger（1995）考察了美国银行业行为、市场结构、规模与 X - 效率之间的关系。由于美国允许本州以外的银行进入本州，随着外地银行进入的增加，使本州商业银行在竞争下效率得到提高。萨斯耶（Sathye，2001）的实证研究也表明，过强的市场力量制约了澳大利亚前四大银行的效率。我国学者于良春、鞠源（1999）运用 SCP 分析法，强调了竞争的重要性。他们认为，中国银行业的市场集中度是高的，四大国有商业银行尽管在国内银行业中居于垄断地位，但其获利能力和经营绩效明显低于股份制银行和外资银行，同时又认为，银行的经营效率和盈利能力基本与规模无关，中小银行有良好的发展潜力。只有竞争，才能改变中国银行业垄断低效问题。孙国会、李泽广（2004）认为，银行集中度越低，越有利于银行效率的提高。郭竞成、姚先国（2004）认为鉴于治理结构趋向的国有银行改革的不可操作性，中国银行业改革重点应放在市场结构上。

但是也有一些实证得出相反的结论。Joaquin Maudos，Jose M. Pastor，Francisco Perez and Javier Quesada（2002）以 1993—1996 年欧盟 4 个国家的银行为样本对其效率进行了研究。他们认为引起银行效率的原因可能是市场结构，市场集中度与银行效率正相关，集中度越高，市场势力越大，效率就越高。林毅夫、章奇、刘明兴（2004）认为，竞争的银行市场是否比过高的银行集中度更有效率，要看其发展阶段和发展战略。信息技术发展使得大银行在经营过程中拥有明显的信息优势。同时，金融自由化有助于银行集中度上升，提高银行竞争力及银行效率。

（三）赞成银行产权结构与市场竞争共同起作用，二者是互补关系，而不是替代关系

上述两种理论分别论述产权结构与银行效率、市场竞争与银行效率的关系，认为两者是替代关系。正如胡一帆、宋敏和张俊喜（2005）通过对国有企业与民营企业间绩效差异的分析认为的那样，在产权与公司治理，以及产权与竞争之间，存在着某种程度的替代性，而产权结构与公司治理的作用要比竞争相对重要。

然而，也有一种理论认为，产权结构与市场竞争共同对银行效率起作用，二者是互补关系，而不是替代关系。Grosfeld and Tressel（2001）通过对波兰上市公司的研究表明，所有权和市场竞争之间存在着互补关系，即市场竞争的积极效应在所有权结构较优的公司中更为明显。国内学者也有相关论述。刘小玄（2003）认为，国有产权结构与具有特征的市场具有较大相关性，而非国有产权结构则与小规模的原子式的竞争市场更为相容。这种相关关系的主要原因在于，在一产业中，规模越大，进入该产业越困难，垄断性就越强，国有产权的比重就会越大；反之，规模较小，进入越容易，竞争性就越强，非国有产权比重就会越大。因此，在一定程度上证明了一定的产权结构和相应的市场结构是密切相关和相互依存的。周小全（2003）通过对中国银行业的分析认为，市场结构和产权结构共同影响着中国银行业的经济绩效。中国银行业改革的侧重点应该是产权结构和市场结构并重，只强调产权结构改革而忽视市场结构改革或只重视市场结构改革而否定产权结构改革的主张均有失偏颇，没有找到问题的根本。陈伟光（2004）也通过对中国银行业的分析认为，中国银行的结构问题是市场结构和产权结构的双重问题，因此就银行效率而言，应从市场结构和产权结构的二维空间来分析。施东晖（2003）通过对上市公司的研究，分析市场竞争和所有权结构对其产出增长率的影响，认为市场竞争和所有权结构在强化治理结构方面存在互补关系。

（四）适度集中型股权结构

所有权与经营权分离条件下所有者如何保证经营者为所有者福利最大化而努力工作，关键在于控制和减少委托——代理环节的信息不对称问题。产权结构通过产权主体对各自利益的关心和各自信息优势的利用而形成一种共

赢的竞争性均衡，并确立一定的公司治理框架。产权结构的变化通过影响公司治理框架下各种机制的运行而改变公司决策的风险。因此，适度集中型多元化产权结构对建立有效的激励约束机制和公司治理机制，提高银行竞争力或效率非常有利。

有关学者的论述也证明了这一点。刘伟、黄桂田（2003）认为，从美英和日德金融体系看，不能得出分散型银行结构比集中型银行结构更有效率，二者不具有可比性。银行风险大小与银行规模及集中度并无直接相关性。而从中国银行业来看，保持相对集中的银行业产权结构可能更有利于银行业对外的竞争力和银行效率的提高。郑录军、曹廷求（2005）通过实证分析认为，国有商业银行、股份制商业银行和城市商业银行在效率方面并不存在显著的差异，集中型股权结构和公司治理机制是影响我国商业银行效率的重要因素；伴随着股权结构的集中，银行效率呈现出倒"U"形变化趋势。林毅夫等（2004）也认为，从发展阶段和发展战略来看，发展中国家应采用集中的银行结构，这样才能降低银行成本，实现"赶超"战略。刘伟、黄桂田（2002）、郭妍（2005）通过对我国商业银行效率的决定因素的实证分析认为，在现代技术不断改变银行运行机制、发达国家的银行业进一步集中、各大银行努力追求规模经济和范围经济效应的背景下，中国银行业保持一定程度的集中度是符合国际银行业发展趋势的。

（五）小结

关于跨国银行的产权结构是否影响和怎样影响银行绩效或效率问题目前还没有达成一致结论，其理论研究主要有四种观点：一是赞成银行产权结构对银行效率有显著影响；二是赞成市场竞争对银行效率有显著影响，否认银行产权结构的重要作用；三是赞成银行产权结构与市场竞争共同起作用，二者是互补关系，而不是替代关系；四是适度集中型股权结构。本文认为，上述四种观点，其核心是要处理好经营者和所有者的利益关系，通过适当的激励与约束机制促使经营者努力工作，处理好经营者目标与所有者利益之间的关系，最终达到经营者与所有者二者利益的最大化。从我国来看，由于我国商业银行正在经济转轨中，因此我国商业银行产权结构与银行效率的关系，应是银行产权结构与市场竞争共同起作用，二者是互补关系，而不是替代关系，其中产权结构是影响我国商业银行效率的重要影响因素，同时我国商业银行应实行适度集中型股权结构。

2.3 跨国银行市场结构与竞争效率关系

跨国银行市场结构包括集中度、规模与竞争度，分别阐述三者之间的关系及与竞争效率的关系。

2.3.1 跨国银行集中与竞争关系的最新发展

关于跨国银行集中与竞争的衡量方法，传统理论是将 SCP 假设运用到银行业中，并用衡量集中度的指标：集中率（CRs）和赫芬达尔指数（HHI）来分析说明银行业的集中程度。近年来，关于集中与竞争的研究已包括监管、进入限制、法律障碍、市场结构、经济发展和发展战略等因素。因此，我们重点分析 20 世纪 90 年代以来跨国银行集中与竞争的关系。

（一）金融体系跨国比较与银行集中度

在当代金融体系中，正如前述，发达国家金融体系有两种模式：一是以金融市场为基础的市场主导型金融体系，以美英为代表；另一种是以银行为基础的银行主导型金融体系，以德日为代表。这两种金融体系的主要差异是：

1. 银行资产占 GDP 的比重不同，表明银行在金融资产配置中的地位不同

表 2－1　1990—1995 年主要发达国家商业银行资产和股票市值占 GDP 的比重

单位：亿美元,%

国家	人均 GDP 1990—1995	银行资产 /GDP（%）	股票市值 /GDP（%）	股票市值/存款货币 银行国内资产（%）	存款货币银行国内 资产/股票市值（%）
美国	19413.52	73	80	109	91
英国	11794.31	116	113	97	103
德国	16573.02	121	24	20	501
日本	15705.68	131	79	60	166

资料来源：Asli Demirguc－Kunt and Ross Levin（1999）：《银行主导型和市场主导型金融系统：跨国比较》，摘自《金融系统演变考》中国财政经济出版社 2002 年版，第 61—88 页。

从表 2－1 中看出，美国全部银行资产仅占 GDP 的 73%，其他国家在 110% 以上。英美两国的股票市值占 GDP 的比重较高，分别为 113% 和 80%，而德日两国所占比重较小，分别为 24% 和 79%。同时，美英国家股票市值占存款货币银行国内资产比重较高，分别为 109% 和 97%，而德日两国股票市值占存款货币银行国内资产比重较低，分别为 20% 和 60%。另外，美英两国存款货币银行国内资产占股票市值的比重较低，分别为 91% 和 103%，而德

日两国存款货币银行国内资产占股票市值比重较高，分别为 501% 和 166%。这在一定程度上说明美国和英国的金融资产主要集中在金融市场，而德国和日本则主要集中在银行。

2. 银行主导型的金融体系，银行具有相对集中的特点，而市场主导型的金融体系，银行具有相对分散的特点，且其效率不具有可比性

各个国家银行业的组织结构由于受多种因素影响存在差异。按 3 家最大银行资产额占银行总资产额比例计算的集中率，1993 年德国为 89.5%，日本为 28.3%，英国为 29.1%，美国仅为 13.3%（Franklin Allen and Douglas Gale，2000）。从表 2-1 中看出，美国是银行业分散型组织结构的典型代表，其金融资产主要集中在金融市场上，银行信贷资产并不占绝对比重。德国是银行业集中型的组织结构的典型代表，其金融资产主要集中在银行信贷资产上，其金融市场资产不占绝对比重。因此，从发达国家来看，银行业的集中度与金融体系模式有关。

至于是集中型的银行结构更有效率还是分散型的银行结构更有效率，由于不能得出银行业集中程度高的国家金融资产配置效率低，而银行业集中程度低的国家金融资产配置效率高的结论，因此两者不具有可比性。从德国来看，其银行数目比美国少得多，但银行资产占 GDP 的比例为 121%，其银行在动员和配置资金方面发挥着重要作用，促进了德国金融与经济的发展与增长。日本也是集中型银行结构，其银行数目不到美国银行数目的 1%，但银行资产占 GDP 的比例为 131%。虽然 20 世纪 90 年代以来日本银行业出现泡沫经济与金融危机，其根本原因在于政府的过多行政干预造成的，而不是由于日本银行业是集中型的组织结构。因此，从经验上看，不能由此认为集中型银行业结构不具有绩效优势。

3. 由于银行业并购加剧，市场主导型金融体系的国家银行业集中程度在增加

在跨国实证研究中，银行集中度是衡量银行业结构的一个最常用的指标，一般以最大数家银行的资产（或存款额、贷款额）占银行总资产（或总存款、总贷款）的比例来表示。银行集中度的高低及其变化，不仅反映了整个银行体系的市场结构和竞争程度，而且也反映了大银行和中小银行在整个银行体系中所处的地位和重要性。

随着国际银行业并购浪潮的发展，银行业集中度越来越高已成为一种趋势。银行并购是为了扩大规模、增加集中度、增强稳健性，提供多种服务，创造价值，提高竞争力。从全球看，全球银行业集中化不断提高。从表 2-2 中看出，全球最大的 25 家银行资产占全部 1000 家银行总资产的比例由 1996

年的 27.92% 上升到 2007 年的 44.10%，上升 17.08 个百分点，全球银行具有集中化趋势。

表 2 - 2 1996—2007 年全球最大的 25 家银行资产占全部 1000 家银行总资产的比例（%）

年份	占比（%）	年份	占比（%）
1996	27.92	2002	36.36
1997	28.32	2003	37.06
1998	32.36	2004	38.55
1999	32.80	2005	40.77
2000	36.12	2006	42.80
2001	36.92	2007	44.10

资料来源：《The Banker》220，July，2005；《The Banker》200，July，2006；《The Banker》146，July，2007；《The Banker》138，July，2008；。

从欧洲并购来看，英国汇丰控股集团是走并购扩张的一个典型例子。1992 年，英国汇丰控股集团登上全球银行业老大的位置，其资本当时为 220 亿美元，2007 年其资本增加至 1049.67 亿美元，已经翻了近 5 倍，仍位居第一。并且欧洲银行业集中度也在提高。英国银行集中度由 1997 年的 24% 上升到 2003 年的 33%；欧盟 15 国由 1997 年的 46% 上升到 2003 年的 53%[1]。

美国是银行业分散型组织结构的典型代表，银行集中度比较低。但随着全球银行并购趋势的发展，美国商业银行机构总数目在下降，由 1980 年的 12332 家下降到 1998 年的 6831 家，几乎下降了 45%。并购使美国金融机构减少，并使特大型银行数目上升，特别是在 20 世纪 90 年代后几年。1998 年末，已有 7 家银行的国内资产达到 1000 亿美元，1 家银行的国内资产达到 2500 亿美元，而在 1990 年以前，只有 1 家银行资产超过 1000 亿美元[2]。在不久的将来，特大型银行的数目可能会继续增长，但在某个点上，数量会保持稳定，因为美国瑞格—尼尔法规定：一家银行机构最多可以控制全部保险存款为 10%。

随着并购的推进和大型与特大型银行机构数目的增加，美国银行业的集中度也在提高，10 家最大银行存款额占总存款额的比例即集中度由 1980 年的 18.8% 上升到 1998 年的 36.9%，上升近 1 倍。尤其在 1992 年以来，美国银

---

① 姜宴：《欧洲银行跨境并购的现状与前景》，《国际金融研究》2005 年第 8 期，第 4—8 页（6 页）。

② ［美］史蒂文 . J. 匹罗夫（StevenJ. Pilloff）：《美国商业银行》，摘自［美］Walter Adams 和 James. W. Brock 主编：《美国产业结构（第十版）》，中国人民大学出版社 2003 年版，第 222—251 页。

行集中度大幅提高①。同时，随着美国对跨州银行限制的放松，银行并购更加迅猛发展，并购使其势力范围扩大，这提高了主要银行的显著地位。从美国银行业结构变化进一步看出，1%最大银行所占资产比值由 1994 年 56.7%上升到 2000 年的 70.2%，10%最大银行所占资产比例由 1994 年 83.5%上升到 2000 年的 88.2%②。这说明以市场主导型为主的美国银行业集中度也在提高。

（二）银行集中与经济增长

Guzman（2000）将银行结构（主要是银行集中）与经济增长关系从局部均衡模型和一般均衡模型角度来划分。局部均衡模型主要考察银行和借款者之间的关系和银行结构对它的影响。Petersen 和 Rajan（1995）以及 Rajan 和 Zingales（1999）从关系融资角度出发，认为缺少竞争并不一定会降低融资的效率。一个处于垄断地位的银行可以通过选择利率水平和信贷配给，或者和借款者形成长期的关系，以达到对不同类型的借款者进行甄别，减少道德风险，因此银行市场的垄断对经济发展和经济增长是有利的。Petersen and Rajan（1995）认为具有市场控制力的银行以利润最大化为目标，应该始终倾向于选择最好的企业，因此更钟情于一个行业生命周期里的新加入者。因为这些新加入者具有潜在的更高回报率的项目和更新的技术，这些都能保证银行能够获得持续的利润增长。其他的研究也发现银行集中的有利影响，如高经济增长率和更大的有利于新企业产生和其他 SMEs 的信用（De Young，Goldberg，and White，1999，Bonaccorsi di Patti and Gobbi，2001，Cetorelli and Gambera，2001，Zarutskie，2003，Bonaccorsi di Patti and Dell'Ariccia，forcoming）。一般均衡模型不仅考察了银行的信贷行为和居民的储蓄行为，而且也考察了银行结构对经济的影响。Guzman（2000）认为银行业结构越集中，银行的垄断权力越大，就越倾向于设定较高的贷款利率或较低的存款利率，这不利于经济发展与经济增长。一些研究也发现银行高集中和其他竞争限制中有很多不利影响，包括较少的新企业产生、扩张和就业；有较少的经济增长；有较低的企业退出（Jayratna and Strahan，1996，1998，black and Strahan，2002，Cetorelli and Strahan，2002，Beck，Demirguc－Kunt，andLevine，2003a，Cetorelli，2003，Berger，Hasan，and Klapper，2004）。但一般均衡模型并没有确定竞争的银行市场比银行集中度过高的市场更有效率。Cetorelli（1999）通过实

---

① ［美］史蒂文.J. 匹罗夫（StevenJ. Pilloff）：《美国商业银行》，摘自［美］Walter Adams 和 James. W. Brock 主编：《美国产业结构（第十版)》，中国人民大学出版社 2003 年版，第 222—251 页。

② 林毅夫、章奇、刘明兴：《银行业结构的国际比较与实证分析》，《中国金融学》2004 年第 3 期，第 1—41 页。

证研究也支持一般均衡模型的观点,认为较高的银行集中度有利于那些依赖银行部门融资的部门提高效率,但对整个经济而言则带来了社会福利净损失(林毅夫、章奇、刘明兴,2004)。

刘伟、黄桂田(2002)进一步对银行集中度与社会福利净损失关系进行分析,认为所谓垄断条件下的社会福利净损失,实际上是指相对于竞争市场的均衡产量而言,垄断势力控制的产量低于竞争性均衡产量水平。由此推论,所谓银行业集中导致社会福利的净损失,就是属于拥有市场势力的银行以抬高利率水平为出发点,减少信贷规模,从而使信贷资金发放量低于竞争性市场信贷量,导致信贷资金的部分闲置。然而具有一定市场集中度的银行很难实现价格水平在产品边际成本曲线之上的产量控制,这是因为它要受两个因素的影响:一是具有一定市场集中度的银行,很难控制市场的均衡价格(即利率水平);二是控制市场供给会急速提升银行成本。因此银行集中度并不一定完全带来社会福利净损失。

(三)影响跨国银行集中度的因素

林毅夫等人(2004)利用跨国数据样本,对影响银行集中度的各种因素进行实证研究,认为一国所处的发展阶段和所选择的发展战略对银行集中度乃至整个信贷市场的结构有显著影响。同时,市场的规模和范围、金融监管力度和一国所采取的法律也在不同程度上影响着银行业的集中度。因此,影响银行集中度的因素包括:效率、服务质量、银行风险、银行规模大小、法律对竞争的限制、市场准入、发展阶段和发展战略等。

1. 银行集中度与市场价格

从银行行为来看,银行集中度影响着银行之间的竞争方式和竞争程度。一是价格竞争。银行通过价格竞争,设计价格表,来维持并吸引特定客户群体。二是非价格竞争。银行通过设立分支机构,为客户提供优质服务,并通过产品多样化、品牌知名度等非竞争方式来提高竞争力。三是关系竞争。银行通过发展与客户之间的关系进行竞争,以增加交叉销售的预期,从而可以向客户推销额外的产品与服务,拓展业务,增加盈利。而其中银行集中度与市场价格关系尤为重要。

由于目前各国都不存在独家垄断的银行结构,所以银行业基本属于寡头竞争结构。在分业银行制度下,银行的市场价格除包括中间业务收费价格外,主要体现为存、贷款利率价格,它与银行集中度有何关系呢?是否寡头垄断银行结构就一定会导致严重偏离竞争性均衡价格的寡头垄断定价呢?在经典的古诺模型和伯特兰模型中并没有得到理论上的支持。

Bain(1950)提出 SCP 假说,认为银行业集中度的提高将导致市场力量提高，从而会使贷款利率控制在高水平上，并且可以支付较低的存款利率。Steven J. Pilloff（2001）按 SCP 范式，对 20 世纪 90 年代美国银行业集中度与存贷款价格关系进行实证分析，证实了 Bain 提出 SCP 假说和观点是成立的。由于银行集中度与市场价格有关，所以更高的集中度可以导致更高的净边际利息，从而使银行盈利能力提高，因此银行集中度与银行利润正相关。然而一些实证研究表明，随着银行集中度的增强，银行效率会下降，即银行集中度与银行效率负相关。但是银行集中与市场价格的关系只是部分地被银行集中与效率的关系所抵消，总体上，银行集中与市场价格关系要强于银行集中与银行效率关系。因此，在较高集中度市场上银行赚取的利润比在缺少集中度市场上银行赚取的利润要多。这些研究的结论支持 SCP 假说。Miller 和 Vanhoose（1993）提出"有效结构理论"（ES），其因果关系与 SCP 理论相反，认为一些大银行拥有大的市场份额主要是因为它们具有高效率，越是有效率的银行越有能力产生更多的利润，能够扩大银行规模和市场份额。Aguirre 和 Lee（2001）对分别处于全能银行制度和分业银行制度下的美国、英国、日本、德国等 10 个国家不同规模的 133 家银行 1986—1999 年的数据进行分析，研究结论是有效率的银行将获得更高的市场份额和盈利，这一结论支持"有效结构理论"（ES）。刘伟、黄桂田（2002）同意后者的观点，认为在利率市场化条件下，银行各自的定价行为严格受市场竞争约束、非银行融资体系竞争约束、非银行企业的利润率约束和中央政府宏观经济政策及其中央银行的货币政策的约束所制约。因此，一国的银行业即使存在一定的集中度，也不容易控制市场价格（或利率水平），更不能实行寡头勾结，达成利率联盟。因而只要不存在独家垄断，银行业集中度与市场价格就没有必然的联系。

2. 银行规模、银行集中与竞争

在均衡信贷市场上，不同类型规模的银行影响的竞争条件也不同。小银行经常被称为"社区银行"具有大银行不同的竞争优势。相对于大银行，发达国家的小银行的发展趋势是服务较小的当地客户，并且更多的提供零售服务，而不是批发性的服务（De Young, Hunter, and Udell 2004）。

同样，不同规模的银行可以使用不同的技术提供它们的金融服务。大银行具有贷款技术的比较优势，像基于"硬"的定量数据设计的信用评价技术。与此相反，小银行在贷款技术上也有比较优势，像基于"软"信息的关系贷款，这些软信息通过大银行组织的交流渠道是很难传送的（Stein 2002），并且可能产生需要紧密关系的组织结构的代理问题（Berger and Udell 2002）。与这些争论相伴随，相对于小银行，美国大银行已经发现，贷款的比率小于它们对中小企业（SMEs）的资产（例如，Berger, Kashyap, and Scalise 1995），当他们这样做时，贷款给大的、老的、更有融资保障的 SMEs（例如，Haynes，Ou，and Berney 1999），较低的费率、获得较低的收益、在它们 SMEs 贷款上很少需要担保（例如，Berger and Udell，1996，Carter，McNulty，and Verbrugge，2004），有较短和较少的独有关系（例如，Berger et al. 2002），贷款更多基于非人为和长距离之上（Berger et al. 2002），贷款条件更多居于融资率（财务比率）而不是以前的关系（Cole，Goldberg，and White，forthcoming）。这样，大银行倾向于基于硬信息办理贷款给大的、安全的、透明的借款人，而小银行倾向于基于软信息的关系贷款给小的、有风险的、不太透明的借款人。

尽管已非常明显地发现大小银行间的区别与不同，但仅仅有较少的实证研究直接证明不同规模银行的市场份额的竞争效应。更多的市场结构效应研究继续使用像 HHI 和 CRs 衡量指标进行集中度衡量，来处理大银行与小银行的竞争效应。一些研究已经承认有不同的发现，在美国当地市场对于大银行有较大的市场份额是与在 SMEs 贷款上较低的利率相关，这与大银行倾向于使用硬信息服务安全客户的假设是一致的（Berger，Rose，and Udell 2003）。一个国际比较研究也发现，对于小银行有较大的市场份额是与快速的 GDP 增长、高的 SME 就业率和更多的全方位银行贷款相联系（Berger，Hasan，and Klapper 2004）。

可是，美国当地市场研究也发现，大银行而不是小银行的市场份额与 SME 贷款的价值很少有联系（Jayaratne and Wolken，1999，Berger，Rose，and Udell 2003）。联系到大银行和小银行服务于不同的 SME 借款人的持续强大的研究发现，这个结论表明在动态的当地美国银行市场中，银行和客户能合理缩短他们找寻共同的利益。在一些银行并购动态效应的研究中也发现与这种可能性相一致。包括在并购中，美国大银行明显减少它们的 SME 有效贷款，减少它们居于软信息关系贷款的提供（Berger et al. 1998，Peek and Rosengren，1998，Strahan and Weston，1998）。可是，在这些银行的当地市场中，SME 贷款的提供表明，由于"外在效应"或其他银行的一般均衡反应使之没有持续发生变化。其他现存的银行可能增加它们拥有的 SME 贷款（Berger et al. 1998，Berger，Goldberg，and White，2001，Avery and Samolyk，2004）或会产生新的小银行去专门把其投资组合用于 SME 贷款（Berger et al.，forthcoming）。

一些研究也表明，外资银行（foreign – owned banks）可以采用不同方法与国内机构竞争。外资银行通常是大银行组织机构的组成部分，可以向上述描述的大银行那样有许多同样的竞争优势和不利优势。此外，外资银行可以有超过国内银行的优势即：服务跨国客户、拥有跨国资本、使用跨国技术等。可是，这些银行由于远距离管理、处理复杂的经济环境、利用当地的条件处理软信息等使之也具有不利的优势。对有效性和收益性研究数据也说明在发达国家外资银行的有利优势超过不利优势（De Young and Nolle，1996，Berger et al.，2000），而在发展中国家正相反（Claessens, Demirguc－Kunt, and Huizinga 2001）。建立在这个研究成果上，一项研究发现外资银行的准入是监管限制，而不是外资银行水平的限制，这是与银行利率边际相联系（Levine，2003）。但也有相反观点，如美国外资银行效率明显低于美资银行（Chang 等，1993；De Young 和 Nolle，1996；Mahajan 等，1996；Hasan 和 hunter，1996），相反，印度的外资银行效率略高于国内私人银行，但国有银行的效率高于前两者（Bhathtacharyya 等，1997）。这表明美国的外资银行实际上是用当前利润换取了市场份额的快速发展。

在发展中国家，外资银行贷款行为的研究是与这些银行代表的信用价值的竞争优势相一致（Dages, Goldberg, and Kinney，2004，Clarks et al.，forthcoming），可是一些实证研究表明，外资银行对信息不透明的 SME 提供贷款可能会有问题（Berger, Klapper, and Udell 2001）。

Claessens 和 Laeven（2004）根据银行等级的数据，用 Panzar 和 Rose（1987 年）方法估计了五十多家银行系统中银行竞争力的测度同国家银行系统的结构和体制的联系。他们研究发现，更大程度的外资银行参与以及对银行业务活动的较少限制，可以使银行系统竞争度更高。他们没有发现关于银行系统集中度与竞争度具有负相关的实证。与此相反，他们发现在一些集中度更高的银行体系中，竞争度也更高。这与其他结论是一致的，他们发现没有证据说明，银行体系集中与竞争是负相关的。

最近的一些研究也考虑了国有银行（state－owned banks）采用不同方法与私人银行进行竞争的可能性。在发展中国家，国有银行拥有相当的市场份额，所以说明这些银行的竞争效应超过说明它们的市场份额对 HHI 或 CRn 贡献是非常重要的。国有银行通常的目标不是利润最大化或价值最大化。它们的国有目标经常包括发展特殊的产业、部门或地区、帮助新企业家、扩大出口等，在这些地区这可能导致更多的竞争而在其他的银行服务上产生较少的竞争。同时，这些机构通常利用政府补贴运营，这样将降低市场约束和竞争激励。在这个地区的更多研究表明，国有银行的集中一般与减少竞争和不利经济结果相联系（Barth, Caprio, and Levine，2001a，2001b，2004，La－Porta, Lopez－de－Silanes, andShleifer，2002，Berger, Hasan, and Klapper，2004）。

　　然而国内学者研究认为，按照传统产业组织理论，行业集中程度越高，就越有可能产生市场势力，从而影响竞争效率（Bain，1959）。在完全竞争组织下，其假设条件是：一是完全信息；二是产品的同质性；三是市场上有大量的买方与卖方；四是所有资源具有完全流动性。由于银行属于特殊企业，在信贷市场上是不完全信息市场，不同地区的银行提供不同的金融服务，银行不具有充分的进入与退出自由，因而不具备上述四个条件，不具有"完全竞争"特征，而是具有"垄断竞争"或"寡头竞争"的结构特征。因此，银行规模与其所拥有的分支机构及地域分布相关。这是因为：一是银行资源禀赋的高度分散型和强烈的地域性；二是银行面对的需求主体的多样性和地域分布的差异性；三是网络化的分支机构有利于银行更有效率的动员和配置资金。所以，中国银行业的结构尤其是四大国有商业银行呈现高度集中的特征，但银行之间在信贷业务及其他业务上并未削弱竞争程度（刘伟，黄桂田，2003）。

　　因此，中外关于银行规模、银行集中与竞争的关系研究，没有证据说明，银行体系集中与竞争是负相关的。

　　3. 企业融资方式与银行集中

　　不同的融资方式和不同的银行对不同企业的资金提供成本各不相同，所以银行之间的分工也不同，导致银行集中度也不同。银行业更高的集中度和更多的市场控制力会伴随着更高的产业集中度。Cetorelli（2001）研究证据显示银行业的集中导致非金融部门更大的平均企业规模。Cetorelli 和 Strahan（2003）研究指出，这种影响不仅限于在企业规模分布形成的最初时刻，而且对企业规模分布有连续的影响。Cetorelli（2004）通过对 29 个 OECD 国家 28 个制造业部门平均企业规模进行研究，阐述了银行结构变化与产业结构变化正相关。结论表明：如果它们所在国银行非常集中，并且企业越需要外部融资，则企业规模也不相称的更大。Beck，Demirguc－Kunt，and Maksimovic（2004）使用 74 个国家唯一研究数据，研究了银行市场结构对企业进行银行融资的影响。他们发现在单位资本的 GDP 低于 3000 美元以下的国家，银行集中会对融资障碍有正效果。而外国所有企业、服务性企业、大企业及处于低通胀水平国家的企业面临较低的融资障碍。同时他们发现银行管制阻碍竞争——就像进入障碍与行动管制一样——对企业导致更高的融资障碍。随着机构的发展、外资银行占有大的份额、国有银行占有较少的份额，企业融资渠道将会得到改善。但仅仅在经济和机构水平发展较低的国家，银行集中才会增加融资障碍，而在中等收入水平国家及发达国家，这种关系不显著。林毅夫、章奇、刘明兴（2004）认为，大银行通常更愿意为大型企业提供融资服务，而中小银行主要为中小企业提供融资服务。所以，如果信贷市场主要是大企业占主导地位，则银行结构也将以大银行为主，此时银行集中度较高，反之银行集中度较低。

4. 银行并购与银行集中

20 世纪 90 年代以来，银行间并购浪潮在全球范围内日益高涨。从理论上讲，银行并购是对银行资源进行重新配置整合，成功的银行并购会对银行带来规模经济、范围经济、市场势力和效率，从而创造银行价值。

银行业并购的动机。银行并购的动机包括两种：一是价值最大化动机；二是非价值最大化动机。因此银行并购是为了扩大规模、增加集中度、增强稳健性，提供多种服务，创造价值。

发达国家银行跨国并购与银行集中。随着国际银行业并购浪潮的发展，银行业集中度越来越高已成为一种趋势。从美国并购来看，2003 年美国又开始兴起进一步加速银行并购。其中花旗集团具有代表性。1992 年，花旗集团当时的资本只有 120 亿美元，2007 年其一级资本已升至 892.26 亿美元，增长了七倍多，位居第二位。因此银行并购是银行规模增大的最为快捷途径。美国银行并购的类型有：产品集中型并购、地域集中型并购、资产扩张型并购、风险降低型并购。从美国并购效率来看，研究发现，更高的集中在美国当地市场的银行成本效率较低，这是因为当竞争不激烈时，使其努力程度降低或管理者追求其他的目标（Berger and Hannan1998）。一些研究也发现：20 世纪 90 年代美国银行业的并购引起当地市场集中变化不大，但是就大量分支机构网络而言，却伴随着对客户提供高银行服务质量的显著增加，如 ATM 机等（Board of Governors of the Federal Reserve System，2003，Dick，forthcoming）。同时，一些研究成果表明：美国银行尤其是并购的银行，在 20 世纪 90 年代已经减少了成本生产力但增加了收益的生产力，这与这些银行花费额外的费用改善服务质量和创新品种，并且客户对这些改善的服务愿意支付更多费用的假设是相一致的（Berger and Mester2003）。一些研究也实证检验了美国银行市场结构在风险方面的效应，这些研究通常是基于以下假设，即银行试图通过保持较低的风险来保护公司价值——伴随着高集中的市场力量产生的价值（Keeley 1990）。此外，美国银行的并购和地区分散化对绩效的影响研究发现，绝大部分绩效的提高来自于风险分散化，它允许机构有更多的信用风险和获得较高收益的杠杆风险（Hughes et al.，1996，1999，Akhavein，Berger，and Humphrey，1997，Demsetz and Strahan，1997）。这样，当大的美国银行面对改善的风险预期和收益交替（trade - off）时，它们经常会选择增加预期收益。一项研究认为，在 20 世纪 80 年代与 90 年代期间，美国银行业通过并购使银行集中度提高，但集中度变化并没有显示出并购减弱了竞争（Steven J. Pilloff，2001）。

发达国家银行并购与效率。一般认为，银行并购通常是业绩较差的银行被业绩优良的银行收购，因而银行并购能产生效率改进收益（Krabill，1985；Meehan，1989；Mcnames，1992 等）。但 Akhavein（1997）和 Berger（1998）发现，20 世纪 80 年代到 90 年代，美国银行并购收益似乎更多来自于利润效率，而非成本效率。欧洲银行业并购效率的研究与美国大致相似。Vennet（2002）通过对 1990—2001 年欧盟、瑞士及挪威 62 起跨国银行并购的实证研究发现，利润效率得到了局部有限的提高，但成本效率没有明显的提高，这可能与跨国银行并购的准入限制有关。

从新兴市场国家并购来看，其并购动因是为了扩大规模、实现多样化经营，以提高银行效率。同时，也通过跨国并购，作为解决危机的手段，以保证金融体系的稳定。研究结果表明，规模经济效益是新兴市场银行并购的重要动因。在亚洲和中欧地区，当银行资产规模在 10 亿到 100 亿美元之间，成本收益率相对较低，说明在这一区间银行能获得规模经济效益；而拉美银行则在 100 亿到 250 亿美元之间表现一定程度的规模经济（王凯、倪建军，2003）。同时，无论成熟市场还是新兴市场，在获得规模收益递增的同时，银行通过并购极有可能会使银行业集中程度提高。然而，从表 2－3 中看出，在新兴市场国家，银行并购对银行集中度影响不同于成熟市场。新兴市场国家银行业并购后总体数量减少，并且亚洲与中欧国家的市场集中度也下降，说明银行并购并未提高银行集中度，这主要是因为更多银行并购发生在中型银行之间，大、中、小银行并购分配较为平衡，并且在转轨过程中，外资银行进入与私人资本进入使银行集中度下降。而拉美国家的银行并购却使银行集中度提高，这主要是因为该地区银行并购主要发生在大银行之间，通过并购扩大规模、降低风险来提高竞争力。另外，新兴市场国家可通过银行并购促进银行体系的重整和危机的化解。Hawkins 和 Turner（2004）通过对银行并购重组在新兴市场国家处理危机中的作用分析，认为银行并购化解危机的效用是明显的。Lardy，Soussa 等（2003）认为，大量外资银行并购国内银行，反映了新兴市场国家为危机中的机构偿付到期债务、充实资本和引进国际银行先进的管理经验、提高国内银行体系抵御风险能力的需求。因此，政府主导、以金融稳定为目标是新兴市场国家银行并购与发达国家银行并购显著不同的地方。

表 2-3　新兴市场主要国家和地区的银行业集中度

国家	银行数目	1994		HHI	银行数目	2000		HHI
		CR3	CR10			CR3	CR10	
亚洲								
韩国	30	52.8	86.9	1263.6	13	43.5	77.7	899.7
马来西亚	25	44.7	78.3	918.9	10	43.4	82.2	1005.1
菲律宾	41	39.0	80.3	819.7	27	39.6	73.3	789.9
泰国	15	47.5	83.5	1031.7	13	41.7	79.4	854.4
拉美								
阿根廷	206	39.1	73.1	766.9	113	39.8	80.7	865.7
巴西	245	49.9	78.8	1220.9	193	55.2	85.6	1278.6
智利	37	39.5	79.1	830.4	29	39.5	82.0	857.9
墨西哥	36	48.3	80.8	1005.4	23	56.5	94.5	1360.5
委内瑞拉	43	43.9	78.6	979.2	42	46.7	75.7	923.1
中欧								
捷克	55	72.0	97.0	2101.5	42	69.7	90.3	1757.8
匈牙利	40	57.9	84.7	1578.8	39	51.5	80.7	1241.2
波兰	82	52.8	86.9	1263.6	77	43.5	77.7	899.7
土耳其	72	40.7	79.1	957.2	79	35.9	72.0	710.2

资料来源：IMF, Working Paper, WP/02/186, 转摘自：王凯、倪建军：《新兴市场银行并购的产业经济学分析》,《国际金融研究》2003 年第 12 期，第 33—37 页（35 页）。

5. 外资银行进入与银行集中对银行存贷利差的影响

Maria Peria and Mody（2004）认为，在最近发展中国家银行业市场组织结构的演化中，越来越多的外资银行参与和银行集中成为了主要特征。他们通过对 20 世纪 90 年代末期阿根廷、智利、哥伦比亚、墨西哥、秘鲁五个拉丁美洲银行的本国和外国银行存贷利差的数据分析，结果表明：相对于国内银行，外资银行拥有比国内银行更低的利差和成本。另外，通过兼并本国银行进入国内的外资银行比那些通过新建进入的银行具有更高的利差，这意味着市场分工和重新定价策略的影响存在。而外资银行在体系范围内的参与（对贷款额度的分享）对利差通过成本产生了影响。参与度越高，整体成本越低，可能地，示范效应和潜在的竞争以及来自客户源的竞争降低了整体成本从而使客户受益。因此，长期内外资银行参与有很大好处，这可能降低了银行业的总成本。

6. 发展战略与银行集中

发展中国家在近 10 几年中，为了尽快达到赶超发达国家的目的，积极实行赶超的发展战略，并通过实行一些强制政策，实现其资金集中配置制度，以利于政府对金融资源的垄断、分配和监管。其结果容易造成资金向大企业集中，而忽视了中小企业的发展。随着发展中国家金融自由化的发展，有一种观点认为，金融自由化允许新银行进入，这会加大银行间的竞争，从而降低银行集中度（Kang1997，Denizer2000）。但另一种观点认为，发展中国家银行集中度直接受发展战略影响，其影响很大程度上要看国家推行"赶超"战略的程度及决心。虽然集中的银行结构并不是唯一的办法，但肯定是一种政策实施成本较低的办法，其"赶超"力度越大，则银行集中度可能就越高（林毅夫、章奇和刘明兴，2004）。

3.3.2 跨国银行规模与竞争效率

（一）银行规模经济理论的一般分析

新帕尔格雷夫经济学大辞典认为规模经济是指在既定不变的技术条件下，生产一单位单一或复合产品的成本，如果某一时间生产的平均成本递减（或递增），就认为存在规模经济（或规模不经济）。通常以成本——产出弹性（Ec）表示，当 Ec = 1，规模经济不变；当 Ec < 1，规模经济存在；当 Ec > 1，规模不经济存在。

商业银行规模经济（Economics of Scales）是指随着银行业务规模、人员数量、机构网点的扩大而发生的单位运营成本下降，单位规模收益上升的现象，它反映了银行规模报酬与生产成本变动之间的相互关系和规律。商业银行范围经济（Economics of Scope）是指由于银行经营范围的扩大，导致平均成本降低，银行效益提高。

银行规模经济问题的研究，最早于20世纪六七十年代，其代表人物有本斯顿（benston1965，1972）、贝尔和墨斐（Bell and Murphy，1968）。他们对银行规模经济尤其是银行成本的研究具有开创性（Gillbert，1984）。他们对每一项银行服务产品即银行产出的经营成本进行了分析，认为对银行产出的界定取决于银行所从事的业务而导致其经营成本的增加。他们采用 Cobb – Douglas 生产函数建立了多元回归方程，认为在其他条件不变的情况下，所有银行在不考虑规模大小时都存在规模经济，即银行规模扩大1倍，其平均成本就会减少5%—7%。由于早期研究的银行样本主要是由小银行构成，其结论不能适应整体银行业，因而不能推广到所有规模的银行，尤其是大银行。同时，没有区分银行在不同层次上的差别，即分支机构、总行规模经济的区别，因而具有一定的缺陷性。

20世纪80年代中后期尤其是90年代以来，随着银行业并购的不断增加，银行业是否存在规模经济或范围经济问题仍然是国外学者研究的重点，并且国内学者也于20世纪90年代末期参加到这一研究中。重点包括研究方法、银行规模的程度与范围、银行有效规模点的确定、银行规模变动对银行效率的影响及关系等。

1. 银行规模经济

目前关于规模经济的研究大多数集中在对美国银行业的研究。对欧洲银行业的研究也有类似美国的结论。而 Cavallo and Rossi（2001）通过对法国、德国、意大利、荷兰、西班牙和英国 1992—1997 年的跨国数据研究发现，在开展传统业务的金融机构，存在显著的成本非效率，对所有的金融机构、所有的生产水平都存在显著的规模经济，而小型金融机构则更明显。Ashton（1998）对英国银行业的研究表明，规模较小的银行具有较高的规模经济，总资产在 50 亿英镑以上的银行出现了规模不经济。McKillop, Glass and Morikawa（1996）和 Glass, McKillop and Morikawa（1998）通过对日本最大 5 家银行的成本结构研究认为，5 家银行都存在显著的总体规模经济和范围经济；对于特定产出规模经济和范围经济，只有这些机构的核心业务如贷款和票据贴现存在，而其他业务则规模不经济或规模报酬不变。

在对大型金融机构的研究中，Hunter 和 Timme（1986）发现单银行的银行控股公司其规模经济的上限为 42 亿美元，而对于多银行制的银行控股公司，其规模经济的上限则可以提高到 125 亿美元。Nourlas, Ray 和 Miller（1990）对总资产大于 10 亿美元的美国银行进行研究后发现，随着银行规模扩大，银行效率也在逐步下降，总资产超过 60 亿美元的银行出现规模不经济。Hunter, Timme 和 Yang（1990）将这一上限重新界定为 250 亿美元；Shaffer 和 David（1991）则认为银行的最小有效规模应是资产在 150 亿—370 亿美元之间。Berger 和 Mester（1997）研究发现 20 世纪 90 年代银行资产规模达到 100 亿—250 亿美元之间时，可获得 20% 左右的成本规模效率。

2. 银行范围经济

Kolari（1987）运用统计上的"聚类分析法"设计了双产品业务范围经济比较模型，研究表明银行特别是大银行经营多种业务所带来的范围经济是明显的，但同时也认为只有这些业务在客户资源上相关且可分享，才能降低成本，提高效率。但 Clark（1988）研究发现，虽然在多种产品之间存在成本互补性，但没有证据表明银行也有明显的范围经济。Ashton（1998）运用中介法和生产法研究英国银行业的范围经济，发现在中介法中银行的贷款和投资业务存在范围不经济；在生产法中银行的投资和存款业务存在轻微的范围不经济，而贷款业务存在显著的范围经济。规模经济导致全面的自动化，带来范围经济的进一步扩大。当一家公司提供产品组合来支持它的客户群时，范围经济就产生了。并购成为影响地理范围和产品种类的重要因素，同时也影响金融机构的基础技术和管理设施（帕特里克 T. 哈克和斯塔夫罗斯 A. 泽尼奥斯，2000）。

（二）商业银行效率及其影响因素

20世纪80年代尤其是90年代以来，随着银行间并购浪潮不断发展，业务不断趋向综合化，而巨型银行的出现对银行资源配置效率有何影响也成为广泛关注的问题，因此美欧一些学者开始对金融机构效率进行研究，其研究对象已由美欧等国家扩展到世界各国。

1. 商业银行的效率

商业银行效率反映了银行资源配置的效能，是衡量银行投入产出能力、市场竞争能力和可持续发展能力的重要指标。商业银行的效率包括：规模效率、范围效率和X效率。银行效率的研究范围由最初的规模效率和范围效率为主发展到以目前的银行业X效率（或生产效率）研究为主。

（1）商业银行的规模效率

从美国来看，Steven J. Pilloff（2001）实证研究表明规模经济在中型或大中型银行身上显现出来，但很少有实证研究表明规模经济拓展到大银行身上。见表2-4。从盈利能力来看，1998年，最小银行（资产为5000万美元）的盈利最少，其资产平均回报率（净收入占平均资产的比例）约为1%；而资产达到500亿美元的大银行，其平均盈利能力不断提高；资产超过500亿美元的大银行，其规模增大而盈利能力却轻微下降。从平均效率比率来看，中型或大中型银行获得的平均效率要低于大银行，这说明最大银行并没有经历规模经济，中型或大中型银行比大银行更可能从规模经济中获得效率收益①。这是因为银行之所以产生规模效益，主要是因为它的长期平均成本曲线呈现一条比较平坦的U形曲线，中型银行处于U形成本曲线的中部，说明中型规模银行的成本效率高于大型和小型银行。另外，上述似乎矛盾的结论，可能是因为随着银行规模的扩大，其范围经济以及分散风险所带来的收益得到了提高。

表2-4　按规模划分，1998年美国商业银行的盈利能力与效率

银行资产规模（百万美元）	平均资产回报率（%）	平均效率比率（%）
≤50	0.99	68.7
51—100	1.14	63.8
101—500	1.21	62.1

---

① 效率比率是由总的非利息费用除以净利息收入（利息收入减去利息支出）与非利息收入的总和而计算出来的，效率比率越低，效率就越高。

续表

银行资产规模（百万美元）	平均资产回报率（%）	平均效率比率（%）
501—1000	1.28	60.8
1001—10000	1.42	59.0
10001—50000	1.50	60.7
≥50000	1.40	62.0

资料来源：引自［美］沃尔特·亚当斯、詹姆斯·W·布罗克主编，封建新、贾毓玲等译：《美国产业结构》（第十版），第246页，北京，中国人民大学出版社2003年版。

S. Paola（2002）的研究表明，近20年来银行的大规模并购并没有带来所预期的规模效率和范围效率，相反一些地方性的银行因为与大银行合并而导致资金价格上升。而Shaffer（1993）在对欧洲和加拿大的银行业进行研究却得出相反结论，发现银行规模与绩效之间具有正相关，大银行可以通过并购来获取更大的规模经济效应。Booth（1996）也认为，没有证据表明大银行的并购活动会给它们带来操纵市场价格的权利和超额的市场利润。这是因为银行之所以产生规模效益，主要是因为：一是技术运用是银行运行成本降低的关键，并且技术投资已成为银行增长幅度最快的投资，如美国的大银行把非利息支出的20%花在信息技术上，至今没有下降的迹象。其中大银行在技术投资上占有明显优势，并能带来成本节约，更重要的是能扩大银行的服务内容和服务范围。因此只有达到一定规模的大银行才会产生绩效，这表明现代银行技术本身是与规模经济和范围经济直接相关的（刘伟、黄桂田，2002）。Berger和DeYoung（2002）对美国1985—1988年金融控股公司研究发现，这期间母公司对子公司的控制能力增强，管理能力提高，虽然子公司远在海外，但由于技术进步使子公司的代理成本降低。由此可见，技术进步对跨国银行提高效率发挥重要作用。二是20世纪90年代以来的低利率可能会使大银行因降低利率而减少的利息费用比小银行更多。三是银行监管的放松可能更有利于大银行而不利于小银行，并且金融创新对银行效率也产生了推动作用。

（2）商业银行的范围效率

彼特G·克莱恩和马克R·赛登博格（2000）通过研究银行接管、重组和兼并中的价值增值问题，对1990—1994年412家美国银行控股公司数据进行分析，认为产品和地理范围的多样化可以增加价值，多样化的银行公司可以从内部资源配置中获益。另外，银行控股公司能拥有更少的资金而发放更多的贷款，这是因为控股公司不仅能从业务多样化中受益，而且能通过一个"内部资本市场"在公司中进行资源的再分配而受益。如果一个内部市场向其分支机构提供资金比外部金融市场更容易，则与由单个独立银行的联合体相比，由多个分行组成的分散的银行控股公司只须持有更少的资金。同理，如果一个内部资金市场能为一特定分行迅速有效提供资金，则多样化银行控股公司能比单个银行联合体发放更多贷款。

Ferrier 等（1993）通过对美国银行的成本研究研究发现，更大程度的分散化趋于降低成本效率。ChaffaiDietsch（1995）也得出相似结论，认为欧洲"全能银行"的成本效率（能提供更多的服务）比专业化银行成本效率低。

（3）商业银行的 X 效率

X 效率最早是由美国经济学家 Leibenstein1966 年在研究非竞争产生的无效率时提出的，是指一个公司由投入获得最大产出的能力。Frei，Harker，Hunter（2000）认为银行业的 X 效率是用来描述那些不追求规模或范围效应的单个（分支）机构的技术和配置效率，是在产出既定前提下，可以衡量该机构对技术、人力资源和其他资产的综合管理水平的测度。他们希望通过对 X 效率的分析，打开商业银行运营的"黑箱"，并找出影响银行效率的因素。

一般认为，对于同等规模和产品组合的银行而言，银行业的平均成本可能比行业最低值高出 20%，而由于规模和产品组合不当造成的无效率则不到成本的 5%，即银行业无效率至少占银行业总成本的 20% 以上，而美国银行平均无效率为 27%（Berger，Hunter，Timme1993；Berger，Humphrey1999）。而 Carbo，Gardener，Williams（2002）也发现欧洲储蓄银行通过提高规模效率能实现成本节约为 7%—8%，同时其 X - 效率却能提高 22%，所以通过提高管理效率能减少成本支出。因此几乎所有的文献都一致认为 X 效率远大于规模效率和范围效率，即反映银行管理能力的 X 效率要比规模效率和范围效率更重要。

Frei，Harker，Hunter（2000）认为影响 X 效率的重要因素在于不同管理方式的组合，而 X 效率又是造成银行低效率的重要原因，因此通过合并可以提高 X 效率。

2. 影响商业银行效率的因素

Robert De Young 和 Ifekhar Hasan（1998）研究了美国银行业 1984—1993年的效率状况，发现市场集中度、资产规模对银行效率有显著正效应，不良贷款率、人均营业费用与银行效率有显著的负相关关系，而产权结构对银行效率有重大影响[1]。

Harker 和 Zenios（2000）将影响金融机构效率的因素分为战略选择、战

---

① Robert De Young and Ifekhar Hasan："The Performance of DeNovo Commercial Banks：A Profit Efficiency Approach. Joural of Banking and Finance"，1998，（22）：565—587。

略执行和外部环境三方面。战略选择包括：产品组合、客户组合、地理位置、传送方式、组织形式五方面。战略执行包括 X 效率、人力资源管理、技术的运用、流程设计、整合。外部环境包括技术、法律和监管等。

Frei，Harker，Hunter（2000）认为人力资源、信息技术、流程管理方式及其对服务质量、成本的影响是影响金融机构效率的重要因素。只有将上述因素有效整合才是提高银行效率的关键。

2.4 跨国银行金融稳定与银行集中和竞争关系

2.4.1 金融稳定与银行集中和竞争

一些研究实证检验了国家金融体系的稳定对银行集中与竞争的影响。这些研究常常涉及国际比较，并且超出前面讨论的单个银行的风险。银行规模的作用和银行国内集中的经济理论的预测是综合的。按照"集中——稳定"观点，只有几家大机构的集中银行体系更稳定，因为银行可以获得更多的收益、更好的分散化、更容易地管理和更有利于股票回弹（Allen and Gale 2000）。Beck，Demirguc－Kunt，和 Levine（2003）发现使用来自 79 个国家的数据得出，银行业体系比较集中则危机就比较少。与之相反，"集中——脆弱"观点预测，高集中和许多大的机构很少使银行稳定，这是因为这些机构由于暗含"太大导致失败"的原则，从而可能承担更多的风险（Boyd and Runkle，1993，Mishkin，1999）。

不同的经验研究发现金融不稳定的成本很高。例如，Hoggarth 和 Saporta（2001）发现各国银行业的平均财政成本是 GDP 的 16%。对于新兴市场国家，这一数字是 17.5%，对于发达国家来说这一数字是 12%，如表 2－5 所示，银行业危机的成本估计值为 GDP 的 4.5%。虽然这些成本是巨大的，但是比起银行业与货币危机同时出现的成本要低很多，当同时出现时，成本的估计值为 GDP 的 23%。一部分财政成本被转移了，因此，这些数据不能代表完全加权经济成本。一些研究通过使用对产出趋势的偏离来计算由金融危机造成的累积产出损失。表 2－6 给出了这些成本的估计值。所有危机的平均累积产出所示为 GDP 的 26.9%。双危机引的成本更高一些；由银行业与货币危机引起的损失为 GDP 的 29.9%，而只由银行业危机引起的损失为 GDP 的 5.6%。然而与财政成本不同，发达国家的损失比发展中国家更大一些，发达国家为 GDP 的 23.5%，而发展中国家为 GDP 的 13.9%。

表 2 - 5　1977—2000 年在 24 次危机中银行危机平均累计财政成本

	危机次数	未执行贷款 （占总贷款百分比）	解决银行业危机的财政 成本（占 GDP 百分比）
所有国家	24	22	16
新兴市场国家	17	28	17.5
发达国家	7	13.5	12
货币危机	9	18	4.5
银行业与货币危机	15	26	23
新兴市场国家	11	30	25
发达国家	4	18	16
固定汇率制下的银行 业与货币危机	11	26	27.5
新兴市场国家	8	26	32
发达国家	3	18	16

资料来源：Hoggarth 和 Saporta（2001，p150），转摘自：Franklin Allen and Douglas Gale："Comepetition and Financial Stalility"，Jounal of Money，Credit，and Banking，June 2004（Part 2），p. 453—480.

表 2 - 6　1977—1998 年由银行危机带来的产出损失

	危机次数	平均危机长度 （年）	平均累计产出损失 （占 GDP 的百分比）
全部	43	3.7	16.9
单个银行业危机	23	3.3	5.6
双银行业与货币危机	20	4.2	29.9
发达国家	13	4.6	23.8
新兴市场国家	30	3.3	13.9

资料来源：Hoggarth 和 Saporta（2001，p155），转摘自：Franklin Allen and Douglas Gale："Comepetition and Financial Stalility"，Jounal of Money，Credit，and Banking，June 2004（Part 2），p. 453—480.

Allen 和 Gale（2004）考虑了在银行部门之间，竞争和金融稳定的各种不同模型，表明在竞争和金融稳定间存在着潜在的替代可能。其重要的研究成果之一是，一般来说，完全竞争合约的均衡模型或 Schumpeterian 创新模型，其效率即要求完全竞争，也要求金融稳定。他们发现，有时竞争降低了稳定性，有时完全竞争则是与社会最优水平的稳定性相伴随的。

Allen 和 Gale（2004）首先提出了金融中介与市场的一般均衡模型。他们对金融中介信息不对称的模型提出了相似古典福利经济学理论。如果金融中介之间的金融市场是完全的和有合约约束的，他们的顾客是完全竞争的，均衡分布是效率激励型的。在这种情况下，完全竞争是最优的。金融不稳定性是不存在的，因为合约是完全视条件而变化的，所以没有必要违约。类似的，如果合约不完备，完全竞争均衡分布是效率约束型的，则目前的金融不稳定就是有效的。如果银行不能满足所承诺的支付，就会出现金融危机。对竞争的偏离可能会增强金融的稳定性，但是会降低福利。这个结论说明，完全竞争与金融稳定性的有效水平一致。在这里，不存在竞争与稳定性的消长关系。

其次，在简单的局部均衡模型中，有可能在竞争和金融稳定之间产生负的相关性，然而，即使在这种状况下，竞争与稳定性之间的相关性仍然要比第一种观点复杂。Allen 和 Gale（2000. chap. 8），Boyd 和 De Nicolo（2002），Perotti 和 Suarez（2003）界定了一些增强竞争对稳定性产生的不同影响。在一定条件下，增强的竞争可以加强金融稳定性。

第三，Allen 和 Gale（2000a，chap. 8）指出，当引入了调查成本，大量单个银行间的竞争将导致垄断价格的产生。另一方面，如果一个体系中，只有两个带分支机构的银行，将会导致完全竞争价格。银行的盈利能力对局部相互作用的定价模型非常敏感。

第四，熊彼特竞争模型。在熊彼特竞争中，公司靠开发新产品来竞争。公司依靠最佳的创新管理来占领整个市场。均衡价格等于成功企业产品的价值与次优产品价值的价差。所以成功企业的利润等于它的新发明的社会价值。这为企业提供了对于高效率的创新激励。在这一背景下，完全竞争又被重新接受，并可以导致效率。很清楚，这种创新过程没有伴随着金融稳定。成功地创新者可以胜出，而失败者将遭到淘汰。正如在基准模型中，效率需要完全竞争与金融动荡相结合。如果政府关注金融稳定性，将保证银行依靠在子市场的管制而生存下来。我们考虑这样一种环境，在这里银行在地区内确保了垄断地位，也考虑了对创新的激励。正如预期的这种强制性的稳定导致了福利损失，结果不太显著，这是由于存在太少或太多的创新发明投入，太少是因为每个银行只从他自己所在地获得利润，太多是因为无论有什么状况，银行都能保证收入。

第五，传染是金融不稳定的又一原因，当出现一些冲击，哪怕很小，也能波及整个金融体系引发系统风险，导致了金融不稳定性。Allen 和 Gale（2000b）建立了完全竞争的银行部门的传染模型。有证据表明，相对于整个经济来说，很小的冲击也会造成金融体系中的银行全部倒闭，传染会波及银行间市场。这里扩展了 Allen 和 Gale（2000b）传染模型考虑了银行部门的不完全竞争，这证明了在这种情况下，经济不像在完全竞争下那样易受传染。

每个垄断银行意识到自己的行为影响了流动性价格，他们可以依靠向市场提供充足的流动性来避免传染与银行倒闭。这一情况下，存在竞争与稳定的消长关系。

因此，Allen 和 Gale（2004）认为竞争与金融稳定性之间存在着大量的不同的可能性关系。在一些情况下竞争与稳定性之间存在着消长关系。但是在其他情况下就不存在这种关系。所以，竞争与金融稳定性的关系是复杂和多样的，制定出有效的政策需要在理论与实践中认真考虑所有的因素[①]。

同时，在竞争体系和垄断下，Boyd，De Nicolo 和 Smith（2004）研究了货币一般均衡经济来检验银行危机的成本。他们发现在两个银行体系下，相对银行危机的可能性不能够由通货膨胀独立的决定，但银行危机成本的可能性在竞争下总是比在垄断下更高。

Boyd，De Nicolo 和 Smith（2004）认为，能预测银行危机发生的众多宏观经济因素中，通货膨胀无疑是最明显的。

首先，在竞争与垄断下银行危机发生的可能性不能由货币政策的独立性得出，若名义利率（通货膨胀率）低于某个限定水平，垄断性的银行体系就比竞争性的银行体系有发生更大危机的可能性。但是，若名义利率（通货膨胀率）高于某一个水平，那么竞争性的银行体系就比垄断性的银行体系有发生更高危机的可能性。从直觉上说，一个垄断性的银行通过限制其现金储备来获得更高的预期利润。在其他条件相同情况下，相对于竞争银行体系这会提高银行危机（储备耗尽）的可能性。但是，一个垄断性的银行同时也提供了相对低的回报给存款人，这个因素进一步减少了现金耗尽的可能性。在垄断与竞争条件下发生危机的相对可能性取决于这两种因素的强弱程度。在低（高）的名义利率水平下，前（后）者的力量占主导，那么一个垄断性的银行体系将比一个竞争性的银行体系会有一个更高（更低）危机的可能性。

其次，他们也证明了由于银行危机所产生的产出损失的可能性，在竞争环境中的损失要比在垄断环境中的损失大。这是由于垄断性的银行具有很强的利润动机。垄断性银行能够避免许多产出损失，唯一的原因是它能够提供给储蓄者较少的暂短（Intertemporal）保险。

最后，名义利率（通货膨胀率）的提高进一步提高了在竞争银行体系和垄断银行体系中发生危机的可能性。

集中、竞争与金融稳定间的复杂关系的理论预期是与 Beck，Demirguc-

---

① Franklin Allen and Douglas Gale："Comepetition and Financial Stalility"，Jounal of Money，Credit，and Banking，June 2004（Part 2），P. 453—480.

Kune 和 Levine（2003b）的实证研究结论相一致的。在银行体系危机中，他们使用 20 世纪 80—90 年代间的大跨国银行数据，研究银行集中与银行其他竞争衡量方法的关系。他们发现越竞争的银行体系——有极少的进入障碍和极少对其行为的监管——趋向于更稳定。可是，他们也发现更高的银行集中是与更多的金融稳定相联系。对于这种看起来似乎很矛盾的结论，一个可能的解释是，相对于进入障碍和行为监管，集中可能是一个不同强度的竞争衡量指标，因此，较高的集中代表着更多的分散化和其他影响[①]。

由于存在上述两种观点，Franklin Allen 和 Douglas Gale（2000）认为，由众多小规模银行组成的产业组织结构可能带来经济的不稳定，由于它们为增加市场份额，往往可能会进行冒险的经营活动，高利率揽储，超额放贷。而由较大规模银行组成的相对集中的银行业，由于拥有一定的市场份额，一般反而不敢轻易从事冒险经营。从实际经济活动看，银行的稳定不仅与每个银行自身的资本结构、资产质量、经营管理水平等内在因素相关，也与政府政策、监管方式、法律、金融体系等外在因素相关。从实际情况看，分散型的银行结构或小规模的银行似乎更脆弱，东南亚金融危机证明了这一点。因此，银行稳定或金融稳定与银行规模及银行业集中度并不具有直接相关性（Allen N. Berger, Asli Demirguc - Kunt, Ross Levine, and Joseph G. Haubrich, 2004）。但银行业集中度高似乎能增强金融稳定。从德国来看，它是集中型银行产业组织的代表，二战结束以来，德国金融业呈现出更高的稳定性（刘伟，黄桂田，2003）。

2.4.2 技术进步、监管、法律与银行业集中和竞争

20 世纪 90 年代以来，信息技术与技术进步是金融服务成功的核心，尤其在跨国银行业务中更是如此。随着新技术的发展，各国银行业也逐步转向集中型结构，银行规模成为能否适应现代经济发展的关键条件，因而跨国银行为提高竞争力，降低成本，不断进行并购，其集中程度不断提高。同时，针对新技术革命带来的挑战，各国银行业不断整合，逐步扩大业务范围，而信息技术的高速发展为这一整合以及通过整合降低成本提供了技术保障，从而使银行业逐步向全能的大型金融控股公司发展，这使银行集中度进一步提高，单一银行规模逐步扩大，以适应不断竞争的银行业（刘伟，黄桂田，2003）。

Beck, Demirguc - Kunt, and Maksimovic（2004）研究了银行集中和竞争

---

① 见 Beck, Demirguc - Kunt, and Levine（2003b），世界银行关于银行竞争与集中的提出仅是研究一部分。

对企业融资的影响。银行体系中更多的政府干预，尤其是对银行活动更多的限制，加强了银行集中与融资障碍之间的联系，而法律的发展和信息的分享削弱了这一关系。在法律发展程度最高的国家，银行集中对融资障碍没有影响。而政府对银行的较少干预可以削弱银行集中与融资障碍之间的联系。以智利和墨西哥为例，两个中等收入水平国家的法律发展：墨西哥为 − 0.07，智利为 0.88，银行集中墨西哥为 0.63，智利为 0.46，这表明智利的企业有 25% 的可能性将融资视为主要障碍，而墨西哥有 39.7% 的可能性。

同时，他们也检验了对银行活动的限制、银行许可证申请拒绝率、通过信用登记而得到的信息共享的作用。如果银行活动较少受到限制，在更集中的银行体系下企业会面临较少的融资障碍，但银行集中与限制的正相关性并不普遍。事实上，银行集中对融资障碍及银行融资有不显著或相反的影响。与"信用登记"的相互关系结果表明，一个发展完善的"信用登记"将被削弱，最终消除银行集中与融资障碍之间的关系。

外国银行的存在减缓了银行集中与融资障碍之间的联系，而国有制银行会加强这一联系。银行集中与外国银行份额的相互关系显著且为负，这表明外国银行所有制能减缓银行集中对融资障碍的负面影响。银行集中、国有银行份额均显著且为负，但它们之间的相互关系却都显著且为正，这表明政府所有银行在低集中比率的国家可能有助于减缓融资障碍，银行集中也仅在有政府所有银行的银行体系影响融资障碍。在对融资障碍的作用上，银行集中与私人信贷间几乎没有什么相互关系。

因此，他们发现经济发展水平、监管、法律国家特征及银行体系所有制结构独立地影响了银行集中与融资障碍之间的关系。较高的法律发展水平、有效率的信用登记、外国银行的存在削弱了银行集中与发展融资障碍之间的关系，并使之变得不显著。另一方面，在对银行活动更多限制、对银行体系具有更多的政府干预及具有较大的政府所有银行份额时，银行集中的这种作用被加剧。较富裕的国家趋向于拥有较高的法律发展水平，对银行活动较少的限制，较少的政府所有银行，所以，在任何经济发展水平下，法律与监管政策对于银行市场结构与企业融资渠道间的关系都是重要的。

Demirguc‐Kunt，Leven，and Levin（2004）使用 72 个国家 1400 家银行的数据证明：银行监管有助于解释金融中介费用。严格的银行进入限制，银行活动限制，限制银行者自由来引导他们的商业行为的监管推动了银行净利率边际。当控制银行集中因素、银行特殊性质、通货膨胀率时，这些结论得到支持。同时，从银行进入、活动、自由度中的研究没有发现抵消收益，即指（1）银行稳定；（2）企业外部融资渠道；（3）银行价值；（4）全部的金融发展（Beck, Demirguc‑Kunt, and Levine, 2004a, 2004b, Barth, Caprio, and Levine, 2003, Caprio, Laevenand, Levine, 2003）

同时，有一个重要的问题发现银行监管解释了净利率边际和间接费用：银行监管的观点不能被从所有法律框架中独立得出。银行监管影响更广，国家法律与私人财产保护权和经济的自由竞争有关。这样，当控制这些更多因素时，国家法律、银行监管不对跨国银行净利率边际提供额外的解释力。可是，法律发展，在净利率边际上却解释了跨国银行的差异。

最后，集中和净利率边际间的关系证据是混合的，也许从理论上给出矛盾的预期是不足为奇的。当控制银行特殊因素，集中与银行净利率边际是正的和显著的关系。可是，当控制银行的监管限制和宏观经济稳定，这种关系被打破。假设宏观环境和银行监管限制的数据有价值，面对银行业的竞争环境，使用国家银行的集中衡量法，这些结论值得怀疑。另外，当控制监管限制和所有法律环境，正像一些银行理论预测的那样，集中和绩效间没有发现有显著的正向关系。

Stiroth 和 Poole（2000）的研究表明，管制放松和信息技术的进步是直接推动美国银行业集中度上升的两大因素。Ennis（2001）也认为，美国放松管制的确使美国银行业集中度趋于上升，规模扩大。

2.5 结论

从跨国银行的产权结构与银行竞争效率关系看，跨国银行的产权结构是否影响和怎样影响银行效率问题目前还没有达成一致结论。从我国商业银行产权结构与银行效率的关系看，应是银行产权结构与市场竞争共同起作用，二者是互补关系，而不是替代关系，其中产权结构是影响我国商业银行效率的重要影响因素，同时我国商业银行应实行适度集中型股权结构。从跨国银行市场结构与竞争效率关系看，其结论是：目前国际银行业具有集中趋势，欧美银行业集中度在提高；集中对经济增长有有利作用，也有不利作用，但没有确定竞争的银行市场比银行集中度过高的市场更有效率；目前银行业是寡头垄断或垄断竞争的银行体系；SCP 假说认为银行集中度与市场价格有关，因而获利高，而 ES 假说则认为，只要不存在独家垄断，银行集中度与市场价格就没有必然联系；中外银行研究发现，没有证据表明银行体系集中与竞争负相关；从分工看，如果信贷市场主要是大企业占主导地位，则银行结构也将是以大银行为主，银行集中度就高，反之相反；发达国家由于是大银行间并购，所以银行集中度较高，而发展中国家除拉丁美洲国家是大银行并购银行集中度较高外，中欧、亚洲是中型银行间并购，从而使银行集中度下降；发展战略与银行集中度有关。从跨国银行金融稳定与银行集中和竞争关系看，金融稳定与银行集中和竞争有关，并且技术进步、监管、法律也与银行集中和竞争有关。上述这些因素，都对跨国银行竞争效率产生影响。

第3章 当代全球跨国银行发展变化的新特点及其发达国家跨国银行提升国际竞争力的经验

3.1 当代全球跨国银行发展变化的新特点及其趋势

面对经济全球化和金融全球化的不断发展，21世纪以来，世界经济良好的发展环境促使跨国银行利润持续保持较高增长。然而，2007年美国次贷危机的影响使全球跨国银行业发生重大变化。2008年7月，英国《银行家》杂志公布的全球1000家大银行排名彰显了美国次贷危机的影响。2007年以来全球跨国银行最新发展变化的特点和趋势是①：

3.1.1 全球跨国银行利润持续保持较高增长时期暂时结束

2006年全球经济增长速度为5.4%，是近30年来发展最好的一年。世界经济良好的发展环境促使跨国银行利润继续保持较高增长。2006年全球1000家大银行税前总利润由2005年的6451亿美元增加到7863亿美元，比2005年增长21.7%，是1990年千家大银行税前总利润的近六倍，这表明全球大银行税前总利润有很大幅度增长（见图3-1）。2006年全球1000家大银行的一级资本回报率（ROE）上升至23.4%，总资产回报率（ROA）上升至1.1%，达到历史新高（见图3-2）。

然而，2007年由于美国次贷危机和一系列金融紧缩的影响，迫使许多跨国银行陷入危机，如花旗集团和瑞银集团等。2007年全球1000家大银行税前

---

① 英国《银行家》2008年第7期公布了全球1000家大银行排名，这1000家大银行大都是跨国银行，并几乎包括了全部跨国银行业精英。因此本文依此为依据，全面反映与分析当代全球跨国银行最新发展变化的特点及其发展趋势。

总利润为 7808 亿美元，比上年下降了 0.7%，而此前 4 年则保持了平均约 20% 的增速；一级资本回报率（ROE）为 20.0%，比上年下降了 3.4%；总资产回报率（ROA）为 0.87%，比上年下降了 0.19%。因此，2007 年以来，由于全球经济放缓和金融危机，可能意味着全球跨国银行繁荣时期暂时结束。

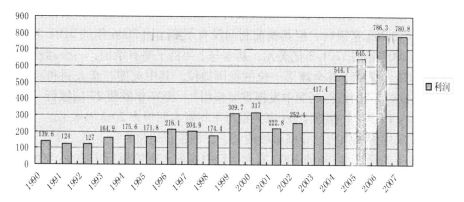

图 3-1　1990—2007 年全球 1000 家大银行税前总利润变化情况（单位：10 亿美元）

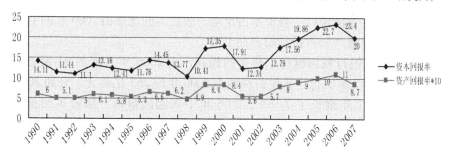

图 3-2　1990—2007 年全球 1000 家大银行资本回报率和资产回报率变化情况（%）

2007 年以来全球 1000 家大银行利润增长的变化特点是：

1. 美国大银行是全球跨国银行业发展的重要推动力，但受次贷危机影响，其地位有所下降

2007 年在千家银行排名中，美国大银行从 2006 年 185 家下降到 2007 年的 169 家。其税前利润由 2005 年的 1710 亿美元上升到 2006 年的 1855 亿美元，但 2007 年下降到 1126 亿美元。其税前利润占全球 1000 家大银行税前总利润由 2006 年的 24% 骤降到 2007 年的 14%，比上年下降了 10%，位居全球第三。美国大银行的一级资本回报率由 2006 年 28.9% 大幅下降到 2007 年的 17.9%，已低于 1000 家大银行平均资本回报率 20% 的水平。美国大银行是代

表全球跨国银行业发展的重要推动力量，但受次贷危机的影响，使美国银行业受到严重冲击，其税前利润排名由以前全球排位第二位降为第三位，其地位有所下降。

2. 欧盟银行业地位稳固，成为全球跨国银行业最大的利润来源

虽然欧盟银行业也受到美国次贷危机的影响，但其保持了稳固的地位。2007年，欧盟27国银行入围千家大银行数量虽由2006年的279家银行减少到2007年的266家银行，但其税前利润没有下降，由2006年的3197.5亿美元略升为2007年的3201.3亿美元，基本与上年持平略有增加，占全球税前总利润的41%，保持了其全球第一位的稳固地位。其中英国、意大利和西班牙银行业在欧盟27国银行利润中发挥重要作用①。2007年欧盟27国银行一级资本回报率为19.7%，接近1000家大银行平均资本回报率20%的水平。

3. 发展中国家银行的业绩继续改善，亚洲银行地位有所上升

2007年，除日本②外的1000家大银行中亚洲入围的银行由2006年的174家增加到2007年的184家，较上年增加10家银行。亚洲银行利润占全球总利润的比例由2006年的12%猛升到2007年的19%，上升了7个百分点，位居全球第二，首次超过美国，亚洲银行地位有所上升。其中中国银行业表现尤为突出。2007年亚洲银行一级资本占全球一级资本的比率由2006年的14%上升到15%，其总资产所占份额稳定在12%。

中东地区的银行利润也有了显著的提高，由2006年入围的93家银行增加到2007年的97家银行，其税前利润由2006年的265亿美元上升到2007年286亿美元，比上年增长了7.9%。2006年中东地区银行一级资本回报率为23%，其一级资本占全球一级资本的3.4%。2007年中东地区银行利润占全球利润由2006年的3.3%上升至4%。中东地区银行利润的提高主要是由于石油价格的大幅上涨。

拉美地区经济由于正处在较好的经济周期中，外国直接投资增加，从而使拉美地区的银行业绩较好。2006年入围的42家拉美银行利润为182亿美元，比上年增长4.9%。其一级资本比上年增长7.3%，资产比上年增长26.2%。2007年入围的47家拉美银行利润实现翻番，其利润占全球利润由

①　2007年，在1000家银行中，英国入围银行一级资本回报率为18.5%，其中汇丰控股和苏格兰皇家银行表现尤为突出。此外，2007年德国入围银行一级资本回报率为7.5%。

②　2007年，在1000家银行中，日本入围银行由2006年的101家下降到98家银行，其一级资本回报率为12.0%，其银行资本占全球资本份额为10%；其银行资产占全球资产份额为9%，比上年下降1个百分点；其银行利润占全球利润份额为6%，比上年下降1个百分点。总体表现平平或者出现滑坡。

2006 年的 2.3% 上升至 4%。

此外，2007 年，在 1000 家大银行中，中国、俄罗斯、印度和巴西银行（金砖四国）资本回报率分别为 27.2%、23.9%、20.7% 和 34.1%，均高于 1000 家大银行平均资本回报率 20% 的水平。

在 2007 年全球 1000 家大银行中，前 25 家大银行的总利润占千家大银行总利润由 2006 年的 40.8% 下降到 2007 年的 38.6%，比上年下降了 2.2%。其原因主要是由于全球经济放缓，美国、欧洲银行业受次贷危机影响，使全球银行业受损。据美国国际金融研究所（IIF）统计，从 2007 年到 2008 年 5 月，全球银行业资产减计及次贷损失累计达 3867 亿美元，其中美洲和欧洲银行业受损失最大，分别为 1657 亿美元和 1996 亿美元，亚洲银行业损失 214 亿美元。2007 年全球 1000 家大银行合计损失为 2356 亿美元。根据彭博财经（Bloomberg）和埃森哲咨询公司（Accenture）的研究，估计这些银行在 2008 年 5 月底的损失很可能超过 3800 亿美元，并且总计可能达到 12000 亿美元[1]。

未来一段时期，随着美国金融危机的继续蔓延及影响程度进一步加深以及全球经济的继续放缓，由美国和欧洲银行占主导地位的传统银行业格局将发生变化，新兴经济体国家的银行地位将不断上升，这将对全球跨国银行业的格局产生深远的影响。同时，全球跨国银行利润持续增长的局面将会暂时结束，及至全球经济复苏和美国次贷危机影响消除后全球跨国银行利润将会增加。

3.1.2 跨国银行超级并购实现其规模扩张

2007 年，虽然全球跨国银行利润受到美国次贷危机的影响，但这仍然没有阻止全球跨国银行规模迅速扩张。跨国银行规模的扩大主要表现在资产规模、一级（核心）资本和市场份额或市值上。其特点表现在：

1. 跨国银行资产具有集中化趋势

2007 年 1000 家大银行总资产为 902560 亿美元，比 2006 年总资产的 742322 亿美元增长了 21.6%，是 2000 年千家大银行总资产的 2.4 倍，是 1990 年千家大银行总资产的 3.2 倍，跨国银行的资产规模有了很大提高，显示了跨国银行资产规模正处于一个新的扩张时期和具有集中化趋势（见图 3-3）。2007 年，英国苏格兰皇家银行资产为 38078.92 亿美元排位第一，德国德意志银行资产规模为 29741.63 亿美元排位第二，法国巴黎巴国民银行

---

① 2008 年 10 月 28 日，在英国英格兰银行发表的《金融稳定报告》中，估算美国次贷危机使全球金融机构损失 2.83 万亿美元。

（BNP Paribas）资产为 24944.12 亿美元排位第三，英国的巴克莱银行资产规模为 24591.48 亿美元排位第四，英国汇丰控股资产为 23542.66 亿美元排位第五，法国农业信贷集团资产为 22683.10 亿美元排位第六，美国花旗集团资产规模为 21876.31 亿美元排位第七，瑞士的瑞银华宝（UBS）资产规模为 20191.73 亿美元排位第八，日本三菱东京日联金融集团（MUFJ）资产规模为 18175.71 亿美元排位第九，美国美洲银行资产为 17157.46 亿美元排位第十。这 10 家银行的资产额占 1000 家银行总资产额的 26.70%，并且资产规模都超过 17000 亿美元。同时在千家银行总资产中，欧盟 27 国占 53%，美国占 11%，日本占 9%。另外，从近 10 年前 25 强银行资产占千家银行总资产比例看，1998 年为 32.4%，2007 年上升为 44.1%，跨国银行资产具有集中化趋势。跨国银行资产规模的不断扩大，主要源于大银行的并购活动不断增加。随着跨国银行并购的不断增多，跨国银行资产集中化趋势还将继续发展。

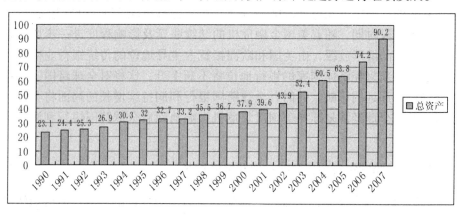

图 3-3　1990—2007 年全球 1000 家大银行总资产变化情况（单位：万亿美元）

2. 跨国银行规模大型化，一级资本不断提高

2007 年 1000 家大银行总一级资本为 38994 亿美元，比 2006 年的 33651 亿美元增长了 15.9%，是 2000 年千家大银行总一级资本 2.2 倍，是 1990 年千家大银行总一级资本 3.9 倍，表明跨国银行的一级资本在不断提高（见图 3-4）。2007 年，英国汇丰控股一级资本为 1049.67 亿美元排位第一，美国花旗集团一级资本为 892.26 亿美元排位第二，英国苏格兰皇家银行一级资本为 888.88 亿美元排位第三，美国 JP 摩根大通一级资本为 887.46 亿美元排位第四，美国美洲银行一级资本为 833.72 亿美元排位第五，日本三菱东京日联金融集团（MUFJ）一级资本为 828.59 亿美元排位第六，法国农业信贷集团一级资本为 687.24 亿美元排位第七，中国工商银行一级资本为 662.71 亿美元排

位第八，西班牙桑坦德银行（Santander Central Hispano）一级资本为 584.79
亿美元排位第九，中国银行一级资本为 562.10 亿美元排位第十。这 10 家银
行的一级资本占 1000 家银行总一级资本的 20.2%，其一级资本均超过 550 亿
美元，并且有望进一步扩大。另外，2007 年千家大银行的前 25 强一级资本额
占千家银行总一级资本的 37.4%，比上年 40.9% 有所下降。同时，在千家银
行总一级资本中，欧盟 27 国占 42%，美国占 16%，日本占 10%。2007 年全
球跨国银行一级资本的不断增加，主要源于主权财富基金、私人股本和在金
融市场上成功补充资本。

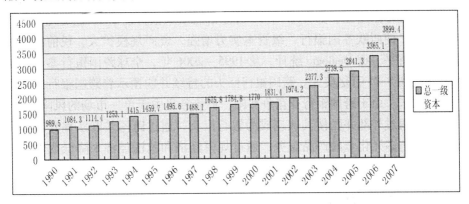

图 3-4　1990—2007 年全球 1000 家大银行总一级资本变化情况（单位：十亿美元）

3. 随着跨国银行规模不断扩大，其在世界金融市场份额不断提高

由于上述银行巨头和其他大银行不断扩大资产规模和提高一级资本，从
而使这些大银行的世界金融市场份额或市值不断提高。2006 年与 2005 年相
比，在前 25 强中，除了日本瑞穗金融集团市场份额略有下降和新上榜的 6 家
银行外，其余 18 家银行市场份额或市值都比上一年增加，呈继续上升趋势。
2007 年前 25 强银行由于受到美国次贷危机的影响，其市场份额或市值较 2006
年有所下降。2007 年，中国工商银行市场份额为 2488.30 亿美元排位第一，
中国建设银行市场份额为 1970.68 亿美元排位第二，英国汇丰控股市场份额
为 1923.80 亿美元排位第三，中国银行市场份额为 1476.71 亿美元排位第四，
美国银行市场份额为 1284.63 亿美元排位第五，美国 JP 摩根大通银行市场份
额为 1284.08 亿美元排位第六，西班牙桑坦德银行（Santander Central Hispa-
no）市场份额为 1174.73 亿美元排位第七，日本三菱东京日联金融集团市场
份额为 1074.11 亿美元排位第八，美国花旗集团市场份额为 1009.23 亿美元排
位第九，美国富国银行（Wella Fargo Co）市场份额为 843.82 亿美元排位第

十。其中中国银行业异军突起，三家国有商业银行市场份额或市值排在世界大银行前四位，表明中国银行业在世界金融舞台上日益发挥着重要作用。

4. 跨国银行超级并购向集约化方向发展来增强其国际竞争力

随着全球经济的复苏，跨国银行并购在 2003 年开始活跃，并成为银行规模扩大的动因。其中最典型的是 2005 年 10 月 1 日，日本东京三菱集团与日联集团（UFJ）合并。2007 年，东京三菱日联集团资产达到 1.81 万亿美元；其资本超过 828 亿美元，成为第六大银行巨头。2008 年 9 月日本东京三菱日联集团以 90 亿美元又收购了美国摩根斯坦利 21% 股份。2007 年西欧各国银行间的并购也不断增强，如 2007 年 10 月苏格兰皇家银行以 1010 亿美元收购荷兰银行等，使西欧各国银行一级资本实力增强，资产规模扩大，税前利润基本与上年持平。据 Dealogic 统计，从 1995 - 2006 年，全球跨国银行参与并购的金额达到 5.71 万亿美元。跨国银行巨头的持续并购预示着跨国银行巨无霸时代的到来。由于跨国银行业竞争加剧，将业务集中于单一市场的风险增大，因此它们通过外部并购使其快速成为银行巨头，通过跨国并购实现其国际化发展战略与多元化金融产品服务，通过规模经济和范围经济来降低成本实现其利润的快速增长，并通过分散风险来提高其国际竞争力。

3.1.3 跨国银行实行全能银行向混业经营发展

20 世纪 90 年代以来，随着经济全球化和金融全球化的发展，跨境贸易与投资活动日益增多，使全球跨国金融服务业务迅速增长。由于金融管制的放松、金融产品不断创新和同业竞争的加剧，欧美跨国银行在大力发展中间业务和推行全球化的同时，积极进行并购重组，纷纷走上了集团化发展道路，实行全能银行向混业经营发展，将资源集中于高增长业务，以增强其国际竞争力和提高其全球领先的金融服务地位，从而获得国际竞争优势。跨国银行全能银行主要有两种模式：银行证券与银行保险模式①。

1. 银行证券模式

银行证券模式是指商业银行和投资银行通过并购重组实现战略协同和财务平衡。它侧重于批发金融服务业务。在国际范围内，商业银行和保险公司一直是利润较高的行业，但是它们的股本收益率却不是最高的，一般只在 10% 左右。与此同时，投资银行股本收益率较高，通常是商业银行和保险公司的两倍，但是其利润却不稳定。投资银行除发挥信息优势外，在承销债券

---

① 本文是广义的全能银行，包括银行证券与银行保险两种模式。

和股票时，客户要求投资银行能为其提供一定贷款或资金担保以确保股票售出，从而要求投资银行能有雄厚的资金实力。而商业银行与投资银行的并购重组可以实现其优势互补，以改善双方股本收益率和利润波动，增加投资银行的资本实力，提高竞争水平。

20世纪90年代以来，欧洲大多数大银行将投资银行业务作为其优先发展的经营战略，并通过不断并购美国和英国的投资银行，实现其全球领先的地位，从而使欧洲大银行以其银行证券这种全能银行模式在国际竞争中领先于美国处于有利地位①。1999年11月，随着美国《金融服务现代化法案》的颁布，允许美国商业银行以金融控股公司的形式从事包括证券和保险业务在内的全面金融服务，实行混业经营。其中1998年4月花旗银行与旅行者集团合并组成花旗集团就是美国实行混业经营的典型代表。虽然欧洲银行证券式的全能银行和美国的金融控股公司在结构上有所不同，但随着全球竞争的不断深化以及相互作用与相互影响，目前银行证券式全能银行已表现出新的特征：一是将公司贷款批发业务与投资银行业务组合在同一部门。如目前的美国花旗集团和摩根大通银行。二是注重建立商业银行和投资银行防火墙，以避免金融风险。三是优化和调整组织结构，整合内部管理，以提高其竞争力。

2. 银行保险模式

银行保险模式是指利用银行的网络来销售保险产品。目前该模式进一步发展为银行和保险联合经营共同为客户提供所有产品和服务。它侧重于零售金融服务业务，也有的称之为"一体化金融服务"。银行保险目前有四种经营模式：一是协议代理（distribution agreements）。是指双方进行有限投资，银行通过代理保险公司的产品或将保险公司的产品与银行产品捆绑销售。这种方式主要以法国最为典型。二是策略联盟（strategic alliance）。是指为开发某种特定市场而使银行和保险公司进行策略协作。如英国保诚保险公司就采用该策略与银行合作。三是合资企业（joint ventures）。是指银行与保险公司共同出资合资成立专门的保险公司。瑞士保险公司这种模式比较多。四是金融集团（financial service group）。是指银行与保险公司之间通过并购方式来实现更高程度的一体化经营方式。这种模式目前被普遍采用，美国花旗集团和英国巴克莱银行即是该种模式。上述四种银行保险模式的发展使商业银行拓展了业务范围增加了服务收入，而保险公司也借助银行的渠道优势推销其产品，

---

① 由于美国次贷危机的影响，2008年3月J.P摩根大通银行收购贝尔斯登投资银行，2008年9月美国银行收购美林公司，2008年9月雷曼兄弟倒闭，同时剩下的两家投资银行摩根斯坦利以及高盛公司已经转型为银行控股公司，至此美国最大5家投资银行已不复存在。

从而提高了其盈利水平与竞争力，并促进了家庭金融资产管理和零售金融业务的发展。从未来的发展趋势看，零售业务将会成为跨国银行的主要业务并得到迅速发展，因此银行保险模式将会得到更广泛的发展。

为了实现上述两种模式全能银行的发展，目前全球跨国银行主要通过选择性并购来进行优势互补，实行混业经营。而实行跨国银行混业经营，一是能同时对客户推销银行其他产品，节省了交易成本，从而提高了其服务价值和盈利能力。二是跨国银行实行混业经营可以分散风险。无论是银行证券模式还是银行保险模式，其实证研究发现都能使银行降低风险（Kwan，1997；Barth et al.，1998；Estrella，2000）。三是能提高跨国银行绩效。跨国银行实行混业经营可以减少银行利润所造成的损失，尤其是银行保险模式。2000—2007 年，美国银行非利息收入占总收入比例年均为 42.7%，比前 10 年提高了10 个百分点，就说明了这一点①。

3.1.4　跨国银行运用信息技术向电子化和网络化发展

20 世纪 90 年代以来，信息技术和电子化在跨国银行业得到广泛地运用和发展，使跨国银行向电子化和网络化方向发展。随着 1995 年 10 月世界第一家网络银行——美国安全第一网络银行的出现，网络银行在世界各国迅速发展，网络银行用户也迅速增加。从美国、欧盟和日本网络银行来看，其用户规模增长近几年呈现快速发展。美国网络银行用户量 2004 年为 22.8 百万用户，是 2000 年的 2.3 倍，并比 2000 年增长 130.3%；欧盟网络银行用户量2004 年为 57.9 百万用户，是 2000 年的 3.1 倍，并比 2000 年增长 211.3%；日本网络银行用户量 2004 年为 21.8 百万用户，是 2000 年的 8.7 倍，并比2000 年增长 772.0%；亚太地区网络银行用户量 2004 年为 13.8 百万用户，是2000 年的 5.8 倍，并比 2000 年增长 475.0%②。近年来，随着跨国银行更多地运用全球信息统一技术支持系统优势，跨国银行网络银行业务在不断发展。

跨国银行实行全球信息统一技术支持系统和网络银行的发展对传统银行来说带来巨大的变革，表现在：

1. 使跨国银行服务方式和经营管理方式发生变化

网络银行的发展使跨国银行避免了进入渠道和分支机构的限制，扩大其

---

① 王家强：《新世纪全球银行业发展：新特征、新风险》，《国际金融研究》2008 年第 10 期，第37—44 页。

② Vignesen Perumal and Bala Shanmugam：“Internet Banking：Boon or Bane？”Journal of Internet banking and Commerce，vol. 9，no. 3，2004.

业务范围。在传统银行业务中，由于受各国金融监管和相关法律的限制，跨国银行业务的拓展往往受到限制，而信息技术的运用，使由支票为主的支付方式向无纸化、无现金的方式转移，如各种信用卡、数字钱包的广泛应用等；基于信息技术的各种风险管理决策系统如自动授信系统、风险集成测量系统等正在取代传统的风险管理方式；各种综合、实时的在线网络金融系统提供了更为全面、准确、及时的金融信息。同时，为了实现上述银行功能，信息技术也对跨国银行经营管理方式产生影响。通过对银行经营活动自动化过程的影响，包括：前台业务自动化、后台业务自动化、顾客在线服务自动化、顾客分销与多样化服务自动化，最终将改变跨国银行的经营管理模式，并扩大跨国银行服务范围与领域。

2. 增加了跨国银行支付清算系统的创新功能和产品的创新能力

20 世纪 90 年代以来，随着经济金融全球化，支付工具在支付清算系统中的运用使支付清算系统的传统功能获得了空前的发展，也使支付工具的多功能化、支付服务的多样化提高了支付清算系统在银行业中的地位，极大地拓展了跨国银行业务领域和国家，并使零售业务得到迅速发展。同时信息技术在跨国银行的广泛运用，使跨国银行新的支付工具与交易工具产品不断产生，产品创新能力不断增强，如 PC（家庭银行），ATMs，TV，Call Center（无形的银行），Mobile Phone（电话银行），On－Line Banking（在线银行）等产品与服务的出现，并同时为客户提供一揽子多样化的产品和服务，使交叉式、可视化的营销网络迅速发展，大大提高了跨国银行的产品创新能力和服务效率。因此，信息技术在银行业中的广泛运用对跨国银行业务发展与产品创新起到了推动作用。

3. 提高了跨国银行的盈利水平和竞争力

跨国银行非常注重信息技术在银行业中的运用，并且跨国银行业也是信息技术运用最早、最好的行业。一般市场领先银行往往也是信息技术投资方面的领先银行。据波士顿顾问公司的一份调查反映，在国外市场领先的跨国银行在信息技术上的投资比表现一般的银行要多投资 50%，以保持其领先地位。如花旗银行平均每年在信息技术方面的投资约为 9 亿美元左右，汇丰银行也非常注重在信息技术方面的投资。跨国银行运用全球信息统一技术支持系统的优势，大大降低了银行的交易成本，提高了银行的盈利水平和竞争力。Daniel 和 Storey（1997）通过对 1996 年英国银行的研究发现，分支机构非现金结算的单位交易成本是 1.08 英镑，而对于电话银行是 54 便士，家庭银行是 26 便士，网络银行仅仅是 13 便士。Gupta（1998）通过美国银行协会对1998 年美国银行的研究发现，柜台交易银行每次存款或现金支票的交易成本是 1.07 美元，而一台 ATM 机同样交易成本为 27 美分，电话银行为 54 美分，网络银行仅仅需要 1 美分。这表明银行信息技术投资有利于增加银行的绩效。Ken Holden 和 Magdi El–Bannany（2004）通过对 1976—1996 年英国信息技术体系的投资与银行绩效决定的实证研究发现，信息技术在银行中的运用，可以减少交易成本、劳动力成本和分支机构的数量，增加存款账户的价值，减少了资金总成本。银行信息技术支持与英国银行绩效正相关，ATM 的数量增加可以提高银行资产回报率①。

因此，跨国银行为了提高国际竞争力和盈利水平，纷纷选择发展网络银行，而网络银行所具有的低成本、高效率、全方位提供服务的优势又进一步加速了跨国银行竞争力和盈利水平的提高。因此，未来的跨国银行将向电子化和网络化银行方向发展。

3.1.5 跨国银行金融创新层出不穷

随着全球经济发展和国际金融监管环境的变化，全球跨国银行业也积极进行金融创新，金融创新活动层出不穷，以提高其国际竞争力。

1. 金融工具不断创新

跨国银行业务创新之一，主要表现在抵押贷款产品的创新。其中以美国住房抵押贷款规模迅速扩张最为典型。以次级抵押贷款资产池为基础而发行的抵押贷款支持证券（Mortage Backed Securities，MBS）和担保债务权证（Collateralized Debt Obligations，CDO）是美国住房抵押贷款的创新产品。其中 CDO 的类型繁多，结构复杂，有资产负债表型 CDO、套利型 CDO、现金型 CDO、合成型 CDO、混合型 CDO、静态型 CDO、管理型 CDO、担保贷款权证（CLO）、担保债券权证（CBO）、担保保险权证（CIO）、结构性金融担保债务权证（SFCDO）和单级 CDO 等。2004 年、2005 年、2006 年，全球 CDO 发行规模分别为 1570 亿美元、2730 亿美元和 5500 亿美元，其中 2005 年和 2006 年各自增长 74% 和 101%。至 2006 年底，全球 CDO 市场的存量接近 2 万亿美元②。

2. 资产证券化迅速发展

资产证券化是 20 世纪 80 年代以来最重要的的金融创新产品之一，是流

---

① Ken Holden and Magdi El–Bannany：Investment in information technology systems and other determinants of bank profitability in the UK. Applied Financial Economics，2004，14，pp. 361–365.

② 张明：《透视 CDO：类型、构造、评级与市场》，《国际金融研究》2008 年第 6 期，第 40—48 页。

动性创造的主导金融创新产品。随着跨国银行业务转变为"发放并销售"形式，其将具有长期稳定现金流的资产业务，如住房抵押贷款、汽车贷款等资产实施证券化，以提高其资产的变现性，增加收益。同时，跨国银行还进一步将证券化产品衍生化，以降低业务扩张对资本的依赖，从而使资产证券化迅速发展（见图 3－5）。2003—2007 年，全球信用衍生品市场规模扩张了 15 倍多，达到 50 万亿美元①。

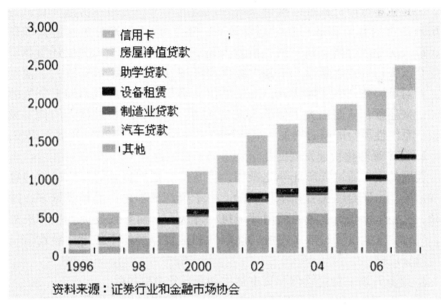

图 3－5　1996—2007 年全球资产证券化发行情况②

因此，跨国银行通过不断金融创新，来增加其非利息收入，提高一级资本回报率，以增强其国际竞争力。

3.1.6　跨国银行风险与国际金融危机传染性增大

随着跨国银行规模的快速发展以及金融创新的层出不穷，跨国银行的风险也在不断增加。金融创新作为国际金融领域各种要素的重新优化组合和各种资源的重新配置，既有助于金融体系的稳定，但也可能带来金融脆弱性、危机传染性和系统性风险。又由于跨国银行具有全球化与国际化特征，容易

---

① 王家强：《新世纪全球银行业发展：新特征、新风险》，《国际金融研究》2008 年第 10 期，第37—44 页。

② 国际清算银行：《国际清算银行》，2008 年 6 月，国研网。

使其风险在全球迅速蔓延，演变成国际金融危机。最典型的就是美国次贷危机导致的全球金融危机。其特点是：

1. 美国放松住房抵押贷款的信用标准和创新抵押贷款的产品引发了美国次贷危机

表现在：一是美国次级住房抵押贷款和 Alt – A 贷款具有较大的道德风险，并且贷款是发放给中低收入阶层，其信用记录一般，这容易引起信贷风险。二是住房抵押贷款难以抵御系统性风险的冲击。美国住房抵押贷款是在其房地产市场繁荣和低利率时期发放的，随着 2004 年 6 月美国进入加息周期，以及房地产价格不断下跌，借款人还贷压力增大直至无力偿还贷款，从而使贷款银行资金链断裂。三是次级住房抵押贷款的利率结构放大了信用风险。针对可调整利率抵押贷款，由于借款人必须采用基准利率加上贷款的风险溢价来还款，从而加大了借款人还贷压力。因此，随着借款人的信用风险及银行系统性风险的同时增加，最终导致美国次贷危机于 2007 年 8 月爆发。

2. 资产证券化快速发展促使信贷市场不稳定性

美国的银行通过资产证券化操作，将其住房抵押贷款的违约风险转移到资本市场，由证券购买者来承担风险。由于资产证券化产品种类繁多，过于复杂，又完全依赖衍生品的信用评级机构评级，从而导致投资者投资决策失误，进行非理性投资，带来市场的脆弱性和信贷市场的不稳定，导致信贷风险与信贷危机。

3. 财务管理、资产管理和资本运作创新导致金融风险

高杠杆资本运作、以市定价的会计记账方法和以风险价值为基础的资产管理创新模式加速了美国次贷危机的进一步蔓延，使银行资产不断缩水，流动性严重不足，流动性风险增加，从而导致美国次贷危机逐步演变为美国信用危机和金融危机。截至 2007 年底，美国房利美、房地美两家公司杠杆倍率已高达 62 倍，放大了次贷危机，使次贷危机加剧。

4. 经济全球化和金融全球化促使美国金融危机演变为国际金融危机

目前美国是全球最主要的投资目的地，欧洲、新兴市场经济体和石油输出国等都是美国的投资来源国。美国跨国银行又在世界占主导力量，其机构分布世界各地，金融资产在全球范围内配置，使其金融危机传染性增强。同时美国金融创新产品的很大一部分又被海外投资者所购买，所有这些使得美国金融危机迅速扩大到全球，并演变为国际金融危机。

因此，2008 年 9 月美国雷曼兄弟公司的倒闭使美国金融危机导致的全球金融危机愈演愈烈，跨国银行风险与国际金融危机的传染性不断增大，全球金融体系的稳定性受到严峻挑战。

3.1.7　加强跨国银行风险管理和监管的要求日益增强

随着 2006 年底《巴塞尔新协议》的实行，各国跨国银行按照巴塞尔新协议的要求，加强内部控制和风险管理，突出合规性经营与监管。

1. 全球跨国银行加强了内部控制和风险管理，但近期银行体系的稳定性有所降低

按照《巴塞尔新协议》的要求，跨国银行风险主要有三种：一是信用风险；二是市场风险；三是操作风险。其中信用风险和市场风险是跨国银行的主要风险。由于东南亚金融危机后，全球跨国银行加强了全面的风险管理，尤其是系统性风险管理，使跨国银行经营稳健性有所提高，抗风险能力有所增强，资本充足比率有所提高。见表 3 - 1。

表 3 - 1　2001—2006 年主要发达国家银行体系稳健性指标（%）

国家	指　标	2001	2002	2003	2004	2005	2006
美国	不良贷款/全部贷款	1.3	1.4	1.1	0.8	0.7	0.8
	准备金计提/不良贷款	128.8	123.7	140.4	168.1	155.0	137.2
	银行监管资本/风险加权资本	12.9	13.0	13.0	13.2	12.9	13.0
	资本/资产	9.0	9.2	9.2	10.3	10.3	10.5
	资产回报率（ROA）	1.1	1.3	1.4	1.3	1.3	1.3
	股权回报率（ROE）	13.0	14.1	15.0	13.2	12.7	12.3
英国	不良贷款/全部贷款	2.6	2.6	2.5	1.9	1.0	0.9
	准备金计提/不良贷款	72.2	75.0	71.2	64.5	56.1	—
	银行监管资本/风险加权资本	13.2	13.1	13.0	12.7	12.8	12.9
	资本/资产	9.7	9.9	9.8	9.6	9.1	8.9
	资产回报率	0.5	0.4	0.6	0.7	0.8	0.5
	股权回报率	7.7	6.1	8.6	10.9	11.8	8.9
日本	不良贷款/全部贷款	8.4	7.4	5.8	4.0	2.9	2.5
	准备金计提/不良贷款	36.5	39.1	23.9	26.8	31.4	30.3
	银行监管资本/风险加权资本	10.8	9.4	11.1	11.6	12.2	13.1
	资本/资产	3.9	3.3	3.9	4.2	4.9	5.3
	资产回报率	-0.6	-0.7	-0.1	0.2	0.5	0.4
	股权回报率	-14.3	-19.5	-2.7	4.1	11.3	18.5

资料来源：国际货币基金组织：《全球金融稳定报告—市场发展与问题（2007 年 4 月）》，中国金融出版社 2007 年版，第 160—171 页整理。国际货币基金组织：《全球金融稳定报告—金融市场动荡起因、后果和政策（2007 年 10 月）》，中国金融出版社 2008 年版，第 148—159 页整理。

从表3-1中看出，美国银行体系稳健运营，银行各项指标最好。虽然不良贷款率由于"9·11事件"使其在2002年略有所增加，但与此同时美国各银行也加强了风险管理，提高了准备金计提与不良贷款比率、银行监管资本与风险加权资本比率、资本与资产比率，从而使其资产回报率和股权回报率并没有减少，尤其是一级资本充足率达到10%。2006年，美国银行业不良贷款率仅为0.8%，准备金计提率为137.2%，资本与资产率为10.5%，资产回报率和股权回报率分别为1.3%和12.3%。英国银行体系运营也较稳健，银行各项指标较好。其不良贷款率近年来有所下降，与此同时欧洲各银行也加强了风险管理，提高了银行监管资本与风险加权资本比率、资本与资产比率。2006年，英国银行业不良贷款率为0.9%，资本与资产比率维持在9%以上，资产回报率和股权回报率分别为0.5%和8.9%。日本银行业由于不良资产率较高，2001年为8.4%，使其资产回报率和股权回报率多年为负，银行体系稳健性受到影响。2002年以来由于日本银行业积极进行并购重组，增强银行体系稳健性及提高其国际银行信誉，使其银行业各项指标在2004年以来有所好转。2006年，日本银行业不良贷款率降到2.5%，银行监管资本与风险加权资本比率提高到13.1%，资本与资产比率提高到5.2%，资产回报率和股权回报率分别为0.4%和18.5%，达到近年来的最好水平。

然而2007年由于美国次贷危机的影响，打破了上述各国跨国银行体系稳健运营的良好局面，其资产减值损失较大，银行体系稳健性有所降低。为避免进一步损失，各国跨国银行纷纷补充资本金，美洲和欧洲银行分别增加了1413亿美元和1255亿美元资本金，亚洲银行增加了96亿美元资本金，以增强跨国银行抗风险能力。

2. 跨国银行监管滞后其快速发展

首先，《巴塞尔新协议》刚刚开始实施。《巴塞尔旧协议》的不足之处是风险权重缺乏灵敏度，另一个较为明显的缺陷就是未能很好地监督和控制由于银行信贷资产证券化所带来的风险。由于银行监管立法滞后，又由于各国开始实施新巴塞尔协议的时间不尽相同，欧盟国家已于2007年开始实施新的标准法，并于2008年开始推行内部评级法的高级法，而美国则要到2009年中期才开始推行高级法（见表3-2）。所以，直到2007年8月美国次贷危机爆发时，大多数国家还没有全面实施《巴塞尔新协议》，从而使跨国银行监管滞后其快速发展。

表3-2　各国实施《巴塞尔新协议》时间表

	信用风险（标准法）	信用风险（高级法）
澳大利亚	2008.01	2008.01
加拿大	2007.11	2007.11
欧盟	2008.01	2008.01
中国香港	2007.01	2007.01
日本	2007.03	2007.03
韩国	2008.01	2008.01
新加坡	2008.01	2008.01
南非	2008.01	2008.01
美国	NA	2009 年中期

资料来源：各国银行监管机构的网站及公开信息。转载自：国际清算银行：《国际清算银行》2008 年 6 月，国研网。

注：NA 未公布信息。

其次，银行业金融创新与金融监管不协调。美国次贷危机反映出金融创新与金融监管的深层次矛盾。由于外国投资者对美国次贷的创新金融工具信息不对称和不透明，使监管机构不能及时作出有效的预警。因此，针对现代金融市场和金融机构的高杠杆性、高关联度、高不对称性的特点，要协调金融创新与金融监管的关系，加强跨国银行金融创新产品的风险管理，提高金融创新的信息透明度，加强金融监管机构的有效监管，从而防范金融创新导致的金融危机。

3. 国际和各国监管部门要求加强对跨国银行的监管

面对目前日趋弱化的信用担保体系在银行体系中不断累积的各种风险，《巴塞尔新协议》要求各国银行必须持有更多的资本金，保证其第一支柱。同时，第二支柱敦促银行改善和加强风险控制技术，第三支柱则强调银行在风险敞口、风险评估程序以及资本充足等方面的信息披露。从一定意义上来说，美国次贷危机正好从实践中检验了巴塞尔新协议中证券化风险监管框架的有效性，而巴塞尔银行监管委员会也由此开始重新审视和研究这一框架。当前的努力方向主要在两个方面，一是针对一些复杂的证券化产品，改进风险资本金的计量方法；二是针对由资产负债表外产品向表内转移而产生的法律风险、信誉风险和流动性风险等，进行必要的压力测试，增强信息披露的有效性。同时，国际监管机构巴塞尔银行监管委员会将会对全球跨国银行监管发挥积极作用。另外，各国银行监管机构强调监管程序的规范化和全球化，以保证全球跨国银行稳健运营。因此，《巴塞尔新协议》的实施会对全球跨国银行业的竞争格局产生深刻影响，也会使银行资本管理等策略发生重大变革，并促使跨国银行在新的框架下更加注重资本合理配置，风险的产品定价更加合理，从而降低风险增加收益，提高其国际竞争力。

针对美国次贷危机在 2008 年 9 月演变成全球金融危机，彰显了《巴塞尔新协议》实施的重要性，要求各国加强国际合作，加强各国银行监管部门联手对跨国银行监管，共同抵御国际金融危机，以减少由于美国次贷危机对全球跨国银行与实体经济造成的损失和不利影响。同时，各国政府纷纷救市，各国银行纷纷出台了一系列措施来缓解美国次贷危机的影响，并不断加强对各国跨国银行的风险管理与国际监管。未来一段时期，如何防范全球金融危机与加强国际金融监管将成为一个重要的研究课题，因而跨国银行风险管理与国际监管协调将会日益加强。

3.1.8　中国银行业在全球银行业中的国际地位不断提高

随着中国银行业逐步融入全球金融活动中，中国银行业整体竞争力水平得到改善。

1. 中国银行业增强了其国际金融地位

随着中国银行业股份制改革的深入进行，中国银行业逐步增强其在国际金融中的地位（见表 3-3）。2007 年中国工商银行排在前位，其一级资本为662.71 亿美元，亚洲排位第一，全球排位第 8 名。中国银行一级资本为562.10 亿美元，亚洲排位第二，全球排位第 10 名。中国建设银行一级资本为523.00 亿美元，亚洲排位第三，全球排位第 13 名。在千家银行前 10 强排名中，中国就有 2 家银行进入其中，同时，中国的银行业在亚洲和太平洋地区的资本实力十分突出。在亚太地区前 25 家银行中，中国四大国有商业银行、招商银行、交通银行、民生银行和中信银行位居榜中，并与竞争者拉大了差距。中国银行业的资本利润率由 2006 年的 18% 上升到 2007 年的 27%，增长了 9 个百分点。而美国银行业的资本利润率由 2006 年的 22% 下降到 2007 年的 16%，下降了 6 个百分点。由此可见，中国银行业在全球银行业中的国际地位不断提高，并发挥着重要作用。

2007 年中国有 45 家银行入围 1000 家大银行，比上年增加了 14 家新银行。其中资本回报率与利润提高幅度较大，其资本回报率由 2006 年的 18% 上升到 2007 年的 27%，上涨 9 个百分点；总一级资本为 2617.65 亿美元，占全球千家银行的 6.71%，比上年略下降了 0.49%；总资产为 53801.39 亿美元，占全球千家银行的 5.96%，比上年略增加了 0.57%；总税前利润为 769.71 亿美元，占全球千家银行的 9.86%，比上年增加了 5.24%。因此，2007 年中国银行业较上年国际竞争力有了较大提高。其中中国工商银行、中国银行、中国建设银行一级资本增加很快，而民生银行表现尤为突出，其资本回报率为301.1%，排在千家银行第一位，其资产回报率为10.01%，排在千家银行第十位。

中国银行业 2007 年取得骄人成绩，一是由于中国经济的高速增长，使中国银行业资产总额快速增长。2007 年末，中国 GDP 为 11.9%，中国银行业总资产为 52.3 万亿元，比上年增长 19.7%；总负债为 49.6 万亿元，比上年增长 18.8%。二是资本充足比率有所提高，不良贷款率降低。由于 2004 年国家分别给中国银行和中国建设银行注资 225 亿美元用于充实资本金，2005 年给中国工商银行注资 115 亿美元，同时三家国有银行首次公开发行（IPO）股票，使三大银行资本充足率均有较大提高。[1] 2007 年，中国银行业整体加权平均资本充足率首次达到 8%，同时不良贷款率总体也比上年有较大幅度降低为 6.2%，拨备覆盖率为 39.2%，银行抗风险能力增强。三是银行利润有所增加。2007 年中国银行业实现税后利润 4467 亿元，比 2003 年增长了近10 倍[2]。

虽然中国银行业目前还存在很多问题，与国际大银行相比也有很大差距，但是随着中国银行业改革的不断深入以及中国银行业重组取得成功，中国银行业的竞争力和经营实力将会在国际银行业中得到进一步提升。

表 3－3　2007 年中国入围 1000 家银行的 45 家银行实际情况　　（单位：百万美元）

国内排名	国际排名	银行名称	一级资本	总资产	税前利润	资本回报率%	资产回报率%	资本充足率%	不良资产率%
1	8	中国工商银行	66271	1188800	15795	24.4	1.33	13.09	2.74
2	10	中国银行	56210	820198	12416	22.1	1.51	13.34	3.12
3	13	中国建设银行	52300	903291	13802	28.3	1.53	12.58	2.60
4	54	交通银行	16451	288920	4260	30.6	1.47	14.44	2.05
5	71	中国农业银行	12133	828263	4458	36.6	0.54	na	23.5
6	99	招商银行	8655	179415	2881	36.2	1.61	10.67	1.54
7	131	中国民生银行	5850	125920	12610	301.1	10.01	10.70	1.20
8	139	中信实业银行	5344	138438	1799	37.5	1.30	15.27	1.47
9	147	兴业银行	5069	116548	1494	41.3	1.28	11.90	1.20

---

①　2008 年 10 月，中国汇金公司又给中国农业银行注资 190 亿美元（1300 亿元），使其股改上市。

②　参见《2007 中国银监会年报》，银监会网站。

续表

国内排名	国际排名	银行名称	一级资本	总资产	税前利润	资本回报率%	资产回报率%	资本充足率%	不良资产率%
10	176	上海浦东发展银行	3781	125261	1473	42.1	1.18	9.15	1.46
11	178	北京银行	3772	48493	na	na	na	20.10	2.10
12	195	中国光大银行	3332	101220	1148	na	1.13	7.20	4.50
13	272	广东发展银行	2112	59897	683	na	1.41	7.10	4.00
14	288	上海银行	1967	42300	520	28.6	1.23	11.27	2.41
15	312	深圳发展银行	1738	48263	516	39.6	1.07	5.80	5.60
16	313	华夏银行	1724	81091	523	32.1	0.64	8.27	2.50
17	383	江苏银行	1287	24945	218	na	0.88	10.00	2.00
18	384	南京市商业银行	1286	10413	146	18.0	1.40	30.10	1.80
19	414	上海农村商业银行	1165	21558	99	9.7	0.46	9.20	2.30
20	439	宁波商业银行	1044	10337	22	3.0	0.21	21.00	0.40
21	467	北京农村商业银行	962	25010	120	12.7	0.48	8.32	6.80
22	504	深圳平安银行	858	19388	299	39.5	1.54	9.10	0.80
23	564	天津市商业银行	728	14061	120	17.2	0.85	11.50	2.60
24	591	渤海银行	664	4447	17	2.6	0.39	27.00	na
25	605	大连市商业银行	632	10473	100	17.4	0.96	10.10	3.20
26	698	盛京银行	492	11081	171	na	1.54	9.70	2.00
27	714	杭州市商业银行	477	9483	172	39.1	1.81	9.00	0.80
28	733	深圳农村商业银行	461	7665	117	27.8	1.53	12.10	4.60
29	758	南昌市银行	436	3697	62	19.3	1.68	18.10	2.50
30	773	徽商银行	416	14430	na	na	na	8.10	1.82
31	778	武汉市商业银行	412	5035	41	na	0.80	12.10	2.70
32	820	东莞市商业银行	363	10807	149	45.2	1.38	11.60	2.40
33	824	重庆银行	360	6110	120	35.2	1.96	10.65	1.06
34	852	张家港农村商业银行	336	3363	76	32.2	2.26	12.90	1.10
35	865	哈尔滨市商业银行	328	7145	67	22.3	0.94	8.60	3.70
36	893	厦门国际银行	307	5862	71	25.2	1.20	11.50	0.75
37	900	富滇银行	302	4461	8	na	0.18	13.00	3.90
38	901	宝商银行	302	7210	74	na	1.03	11.90	0.70
39	908	成都市商业银行	298	7794	17	7.1	0.22	8.20	6.30
40	914	中国浙商银行	295	7875	75	27.8	0.96	8.50	na
41	938	三峡银行	279	726	6	na	0.81	150.80	3.20
42	952	济南市商业银行	273	5180	55	21.0	1.07	10.10	1.30
43	953	恒丰银行	273	14699	86	35.3	0.59	7.00	0.90
44	974	西安市商业银行	264	5595	36	13.5	0.65	11.00	5.00
45	999	贵阳市商业银行	248	4975	49	21.9	0.99	9.80	6.10

资料来源：[英]《银行家》2008年7月整理。

2. 中国市场已成为跨国银行利润追逐的目标

由于近 20 年来中国经济高速增长、政局稳定、良好的投资环境以及中国国内巨大的市场需求，尤其是中国入世后逐步放宽金融业的限制，使全球跨国银行将参股并购的焦点集中在新兴市场国家，尤其是中国市场。跨国银行积极在中国设立分支机构，并积极参股中资银行业。外资金融机构对中国最大 3 家银行的参股比例在 10% 到 25% 之间，中国银行业（国有银行、股份制商业银行和城市商业银行）的外资权益总计达到了近 212 亿美元（中国银监会，2007）。

截至 2007 年底，共有 47 个国家和地区的 193 家外国银行在中国设立了 242 家代表处，有 23 个国家和地区的 71 家外国银行在中国设立外国银行分行 117 家；外商独资银行有 24 家，合资银行 2 家。截至 2007 年末，在华外资银行本外币资产总额为 1.25 万亿元，占中国银行业金融机构总资产的 2.4%，比上年增加 0.3%。其中获准经营人民币业务的外国银行分行有 57 家，外资法人银行 25 家，获准经营衍生金融产品的外资银行有 50 家。由于外资银行在中国取得不菲的业绩，尤其是 2006 年底中国金融业的完全放开，使外资银行积极抢滩中国金融市场，并通过积极参股中资银行业来扩大其业务范围，并获得较高的利润水平。因此，未来一定时期内，中国金融市场将会成为跨国银行利润追逐的目标，也会成为跨国银行参股并购的热点与重点。

因此，面对 2007 年以来全球跨国银行业格局的变化，中国银行业应抓住机遇，加大银行体制改革力度，实施"走出去"战略，稳步推进其在全球的发展战略，提高中国商业银行的国际竞争力，实现中国银行业崛起的历史性跨越。

3.2　发达国家跨国银行发展战略、经营策略与风险管理

3.2.1　发达国家跨国银行的发展战略

（一）准确的市场定位，制定明确的发展战略

1. 目标市场的选择与准确的市场定位

Rumelt. Schendel 和 Teece（1991）认为对一个在竞争环境中生存的企业而言，其发展战略包括：目标市场的选择、市场定位、产品或服务多样化程度的决策和确保实现战略目标的组织体系和管理政策，这在一定程度上决定企业的成败。银行作为一个特殊企业同样适用这一原则。因此目标市场的选择与准确的市场定位，是跨国银行发展的关键。例如，花旗银行在 1914 年后就

明确提出把花旗银行建成世界上规模最大、服务最好的跨国银行，并作为长期发展的战略目标，这说明制定一个合适的战略目标和准确的市场定位对于跨国银行发展至关重要。

2. 制定明确的发展战略

跨国银行发展战略主要有二种：进攻型和防御型。进攻型发展战略往往主动进军，也称之为领先型发展战略。赫夫·戈莫尼（Herve de Carmoy，1990）认为进攻型跨国银行发展战略应遵循三条途径：一是领先战略。应注重在个人银行、公司银行和交易活动等部门进行积极创新，采用最新金融产品与服务，来拓展全球化银行业务领域。二是变革战略，也是多元化战略，并在此基础上集中于传统优势业务。三是巩固战略，保护已取得的成果。例如，花旗银行等大跨国银行就实行进攻与领先型发展战略。防御型发展战略也称之为保守型战略，侧重于巩固原有市场份额，适度竞争业务为主，这主要是指一些实力较弱的中小跨国银行。因此，各跨国银行根据自身特点与实力，制定和选择适合自身发展的不同发展战略模式①。

3. 注重发挥跨国银行竞争优势

西方战略家们提出"SWOT 分析法"，使银行能最大限度地利用自身的内部优势和外部的环境机会，并避开自身的劣势和外部环境造成的威胁，充分发挥其竞争优势。SWOT 分析法包括：一是优势（Strengths——S）。旨在制定战略期间和规划期内，能够使银行获得市场领先地位并进行有效竞争。二是劣势（Weaknesses——W）。指给银行带来不利影响、阻碍银行目标实现的各种消极因素。三是机会（Opportunities——O）。指有利于银行发展和实现其目标的外部因素和条件。四是威胁（Threats——T）。指对银行明显不利，阻碍其表现的外部因素和条件。这四种形式又组合了银行四种类型的战略选择：一是优势——机会战略（SO 战略）。这是发挥银行或公司内部优势并利用外部机会的战略。二是优势——威胁战略（ST 战略）。这是利用银行的内部优势回避或减少外部威胁的战略。三是弱点——机会战略（WO 战略）。这是外部机会与内部弱点相匹配战略。四是弱点——威胁战略（WT 战略）。这是一种减少内部弱点又回避外部威胁的防御型战略。其中 SO 战略为银行最佳选择战略，以后次之。因此，充分选择能发挥跨国银行竞争优势并能利用其外部机会寻求全球发展的战略，并动态适时调整，对跨国银行发展非常重要②。

---

① 希拉·郝弗南著，万建华、雷纯雄等译：《商业银行战略管理》，海天出版社 2000 年版，第221—222 页。

② 郑先炳：《西方商业银行最新发展趋势》，中国金融出版社 2002 年版，第 52—55 页。

（二）实行全球化与国际化的发展战略

实行全球化与国际化的发展战略，是各跨国银行扩大业务规模，加速发展，提升国际竞争力的一条有效途径。

1. 花旗银行的全球化发展战略

2005 年，花旗银行已在全球 106 个国家或地区设有分支机构，是全球国际化程度最高的银行，也是规模最大的银行。花旗集团的业务范围除本土外已覆盖到拉丁美洲、亚太、欧洲、中东和非洲。花旗集团目前服务的市场人口占世界总人口的 85％，所在地区的国民生产总值占世界国民生产总值的 65％①。2006 年 7 月英国《银行家》杂志公布的世界 1000 家大银行的最新排名，花旗银行的一级资本和税前利润分别为 794.07 亿美元和 294.33 亿美元，位居世界第一位；花旗银行的资本回报率更是高达 38.3％，资产回报率为 1.97％，均排在世界第一位②。花旗银行有如此骄人的业绩与发展，与其走全球化发展战略密不可分。

花旗银行（Citi Bank）于 1812 年成立，开始仅仅是家族式地方小银行，此后经过近百年的发展使其成为全国最大的商业银行，并于 1914 年 11 月开始走全球化发展道路，在南美洲设立布宜诺斯艾利斯分行，这是花旗银行在海外设立的第一家分支机构，也是花旗银行确立走全球化发展战略的关键一步。此后花旗银行迅速发展，成为全球的金融霸主。花旗银行全球化发展战略的形成，与全球经济发展、美国国内金融体制的变化以及银行自身为了分散风险、追求利润最大化密不可分。在花旗银行成长与全球化发展道路上，银行并购发挥着关键性作用。从 20 世纪初到 20 世纪 60 年代中期，花旗银行进入纵向并购快速成长阶段，并用了 60 多年时间，使花旗银行成为美国第三大商业银行和世界最大的国际银行。20 世纪 60 年代中后期，花旗银行由纵向并购向横向并购转化，实现多元化成长战略。虽然 20 世纪 90 年代中期以前，花旗银行在世界范围内进行了一系列并购活动，但其并购的规模和次数有限，而 1998 年 4 月花旗银行与旅行者集团的合并是其近年来并购发展道路的分水岭，并将花旗银行改为花旗集团，从而使花旗银行一跃成为世界上规模最大的金融集团之一，此后，花旗银行加快了走全球化发展道路的步伐。2001 年 7 月花旗银行收购了欧洲美洲银行业务，2001 年 8 月花旗银行又收购了墨西哥第二大银行 Banamex 公司，2004 年又收购了韩国第二大银行韩美银行，

①　郑先炳著：《解读花旗银行》，中国金融出版社 2005 年版，第 1 页。
②　2006 年和 2007 年，花旗集团结束了长达八年的统治地位，跃居全球第二位。2007 年，花旗集团一级资本为 892.26 亿美元，资产为 21876.31 亿美元。

2004 年又开始入股中国银行业，等等，并最终超过汇丰银行成为全球第一大银行，从而确立了其全球金融霸主的地位。因此，从花旗银行成长与全球化发展道路看出，花旗银行通过金融创新和走国际化发展道路，使其规模迅速扩大和国际竞争力快速提升，从而实现其业务领域范围的迅速扩张，获得巨大的规模效应和协同效应，提高银行服务质量和银行效率，分散金融风险。花旗银行目前形成了以商业银行与投资银行业务为核心的业务，而跨国并购是花旗银行实现其全球化发展战略的有效途径。

花旗银行的全球化发展战略从其机构设置中可以看出。目前花旗集团下设四大集团：（1）花旗全球消费金融集团（Citigroup Global Consumer Group）；（2）花旗新兴市场（Citigroup Emerging Markets）；（3）全球公司业务与投资银行业务集团（Global Corporate and Investment Bank Group）；（4）花旗全球投资管理和私人银行业务集团（Citigroup Global Investment ［Management］ and Private Banking Group）。花旗将其全球业务分为六大区域：（1）北美（不包括墨西哥）；（2）墨西哥；（3）欧洲、中东及非洲；（4）日本；（5）亚洲及太平洋；（6）拉丁美洲。

2. 汇丰银行的全球化发展战略

2006 年，汇丰银行已在全球 79 个国家和地区设立了分支机构，其业务范围覆盖欧洲、亚洲和北美，其中欧洲占 40%，新兴市场（以亚太为主）占 30%左右，北美占 30%左右。在其税前利润中，欧洲占 30%，新兴市场占 50%，北美占 20%[1]。2008 年 7 月英国《银行家》杂志公布的世界 1000 家大银行的最新排名，汇丰银行的一级资本和税前利润分别为 1049.67 亿美元和 242.12 亿美元，位居世界第一位。汇丰银行曾经 9 年排在世界大银行前位，近 9 年来名次有所下降，2007 年又回到全球第一位。而汇丰银行的成长与发展历史实际上就是全球化发展的历史。

汇丰银行（HSBC）于 1865 年在香港和上海同时注册成立，主要是为东亚地区特别是中国的英国商人提供融资服务，并迅速在中国、日本、新加坡、泰国、印度、马来西亚、斯里兰卡等国和地区设立了分行。20 世纪 50 年代以后，汇丰银行注重通过并购方式不断寻求在产品和地理范围的多元化经营，并保留当地银行的品牌与经营特色。20 世纪 80 年代以来，汇丰银行加速了其国际化发展战略，通过一系列并购活动，尤其是 1992 年收购米德兰银行后，使其一跃成为当时世界最大的跨国银行。此后，汇丰银行进一步进行跨国并

---

① 《2006 年汇丰控股集团年报》。

购活动，1996 汇丰银行收购了美国摩根公司的美元清算业务，1999 年收购了马耳他最大的商业银行地中海中部银行，2003 年又收购了美国的消费金融公司 Household International 公司，2004 年积极参股中国银行业，等等，使其 9 年世界排位第一。因此，从汇丰银行成长与发展的历史看出，汇丰银行一开始就实行国际化发展战略，其总部当时就设在海外，并依托资本运营、通过并购战略实现其长期发展战略与全球化发展战略，从而使汇丰银行在近 50 年中，迅速成长为一家全球性大跨国银行。

汇丰银行主要运营机构分布全球，并在各大经营区设立了中心机构：（1）欧洲区：汇丰控股是汇丰集团的总控机构，负责汇丰集团全球金融业务的运营与协调，英国汇丰银行有限公司是其欧洲事业的中心，HSBC Holdings B. V. 则是汇丰集团全球控股业务的直接枢纽。（2）亚太区：香港上海汇丰银行有限公司规模和影响最大，其业务收益约占汇丰集团总收益的 1/4。近年来其重点开拓中国金融市场的金融业务。（3）北美区：美国汇丰银行有限公司负责拓展北美业务。（4）南美区：拉丁美洲控股公司是汇丰银行拉丁美洲区业务的管理中心，巴西和阿根廷是其拓展拉丁美洲业务的两个主要基地。各地区中心银行在寻求当地业务增长的同时，也必须根据地区机构特点，制定出区域发展规划。

3. 苏格兰皇家银行的国际化发展战略

2008 年 7 月英国《银行家》杂志公布的世界 1000 家大银行的最新排名，苏格兰皇家银行的一级资本、资产额和税前利润分别为 888.88 亿美元、38078.92 亿美元和 198.36 亿美元，资本回报率为 26.6%，资产回报率为 0.52%，位居世界第三位，较上年地位上升。苏格兰皇家银行国际化发展历史有其自己特色。

苏格兰皇家银行于 1727 年成立，是世界最古老的商业银行之一。2000 年以前苏格兰皇家银行仍是一家英国地区性银行，世界银行排位 200 多名。但其能在近年来异军突起，进入世界前 10 名，其主要原因就是苏格兰皇家银行通过跨国并购积极实行国际化发展战略。苏格兰皇家银行在实行国际化发展战略中，没有像花旗银行和汇丰银行那样注重选择国际化全球市场战略，而是注重选择重点市场战略，突出核心竞争力，并在市场定位上选择以国内市场为中心，重点发展欧洲和美国成熟市场的战略。因此，苏格兰皇家银行通过跨国并购，选择有助于发展其核心业务的机构或相关业务，这是其拓展海外业务的主要方式。苏格兰皇家银行 2000 年 12 月收购了英国国民西敏士银行，成功跻身于世界著名的大银行。2001 年 12 月并购了美国 Mellon Regional Franchise 公司，此后于 2002 年 10 月、2003 年 1 月、7 月和 10 月、2004 年 3

月在美国市场进行了一系列并购活动，2004 年 9 月分别并购了美国零售银行 Charter one 和美国第九大信用卡机构 Lynk System Inc.，使其扩大了在美国市场的业务范围和盈利能力。同时，苏格兰皇家银行在 2003 年 7 月并购了德国的 Santander Direck Bank，2003 年 9 月并购瑞士信贷集团旗下的 Churchill Insurance Group，2003 年并购德国的 Bank Von Ernst，2004 年 1 月并购了爱尔兰的 First Active，扩大其在欧洲市场的业务。苏格兰皇家银行通过近年来在美国市场与欧洲市场的大规模并购活动，使其快速实现国际化发展战略，并迅速提升其国际竞争力水平，成功跻身世界前 10 强①。

3.2.2　发达国家跨国银行的经营策略

（一）实行以"客户为中心"的经营策略

20 世纪 90 年代中后期以来，随着全球跨国银行经营环境的变化，尤其是跨国银行业务由批发业务向零售业务的转化，跨国银行业也从实行以"以产品为中心"的发展策略转向以"客户为中心"的经营策略，并注重"以市场为导向"，提供"一站式"、全方位金融服务，以增强其国际市场竞争力。

跨国银行实行以"客户为中心"的经营策略，注重运用 CRM（客户关系管理）系统进行客户关系营销，并以信息化和细分为基础进行客户关系管理。运用 CRM 进行客户关系管理包括：一是客户细分；二是一对一价值管理；三是产品与销售渠道管理；四是形成一体化模式。通过使用互联网为核心客户服务并向其交叉销售产品，通过直接渠道尤其是电话营销等向的低价值客户销售低价值产品，通过分支机构向高价值客户提供金融解决方案服务。因此，实行以"客户为中心"的经营策略是整个经营策略的核心，是未来跨国银行业提高国际竞争力、进行可持续发展的关键。

（二）注重突出核心业务的经营策略

目前全球跨国银行在进行混业经营的同时，积极进行结构性调整，分拆了一些非核心业务和非优势资产，更加注重突出核心业务的发展，并围绕银行核心业务向产品和市场深度发展，这成为跨国银行更加普遍的战略模式。其中最引人注目的是 2005 年 1 月 31 日，美国花旗集团将旗下旅行者人寿保险、年金公司和国际保险业务（墨西哥除外），以 115 亿美元出售给美国大都会人寿，这是至 2002 年花旗集团出售旅行者集团财产/意外保险后的第二次分拆。至此花旗集团分拆了它的全部保险业务，从而从三业混营经营减为两

---

① 朱海莎：《商业银行海外市场与业务发展的路径选择——苏格兰皇家银行国际化的路径变迁》，《国际金融研究》2005 年第 11 期，第 23—28 页。

业混营经营，成为商业银行与投资银行混业经营的金融控股公司。与此同时，花旗集团也陆续分拆了一些与其发展战略不相适应的非核心业务，继续并购能够增强其核心业务的机构，如 2005 年收购的美国德克萨斯州的一家拥有100 多个消费者零售分行和 12 万个人账户的中型商业银行。这进一步表明花旗集团要突出核心业务，提高其核心竞争力，发挥其商业银行与投资银行业务优势，走向专业化经营的发展道路，同时也反映出其适应全球金融市场发展变化的主动性调整战略。

花旗集团注重突出核心业务的主要原因：一是国际金融环境的变化；二是注重风险管理和内部控制机制的改善；三是银行整体发展战略的需要。花旗集团从无所不包的金融超级市场集团向商业银行核心业务转变，发挥全球消费者零售和产品经销业务优势，集中资源在最具有增长和收益潜力的核心业务上，并注重横向战略联盟，这些发展战略、发展模式与组织结构的调整，是花旗集团适应国际金融市场发展变化需要而主动做出的调整，从而使花旗集团成为能够满足客户需要、确保股东利益最大化和更加具有国际竞争力的金融集团。

（三）由批发银行业务向零售银行业务转化的经营策略

随着发达国家以消费为主导的倾向在近年来的不断发展，2005 年后得到进一步加强。美国消费占整个 GDP 的比重从 2000 年的 68% 上升到 2004 年的71.2%，2005 年更达到 72.1%①。欧盟消费水平也在增长。因此，随着发达国家家庭消费比例的提高，跨国银行业务也从批发业务为主转向零售业务，并加大了非利息业务的开拓。

跨国银行零售业务的内容包括：一是零售银行产品与服务的综合化与多样化。二是注重推行产品的交叉销售。三是网上银行发展迅速。网上银行通过为客户提供不同产品，通过电子账单出票与支付提供高效、快捷的服务，提供每天 24 小时的全时金融服务，从而满足客户的需求。四是注重发挥传统分支机构网点的作用。跨国银行注重重构分支行业务模式，改善分支行内部环境与内部区设置，发展超市网点等新机构来拓展销售渠道，并通过特许经营等多样化分支机构管理方式，发挥传统分支机构网点的作用。

（四）重塑组织结构和业务流程策略

银行重塑也叫银行再造（Reengineering of Bank），是指商业银行充分借助现代信息技术，以客户为目标，以组织结构与业务流程改革为核心，重新设

① 朱民：《2006 年全球经济金融：在失衡中增长》，《国际金融研究》，2006 年第 2 期，第 4—11页。

计银行组织结构与业务流程的模式，使银行集中核心能力与优势，获得可持续竞争的发展。银行再造的核心策略包括：一是以客户需求为价值定价依据；二是建立扁平化的组织结构，减少管理环节，进行组织结构重塑；三是通过战略联盟实现非核心业务外包，突出核心业务；四是业务流程再造，并实现业务流程多样化。

1. 重塑组织结构

（1）SBU 组织结构模式——扁平化组织结构模式。跨国银行为了向大型化和全能化发展，实现规模经济效应，积极进行组织结构改革。跨国银行的组织结构设计一般有三种形式：一是按客户划分；二是按产品划分；三是按地域划分。目前跨国银行的组织结构出现了向"扁平化"方向发展的趋势，这种新型的组织结构模式即是战略业务单位（Strategic Business Unit——SBU）模式。

（2）"矩阵式"模式——由"块块"模式向"条条"模式转化。矩阵式（Matrix）模式是在横向的传统职能部门化基础上增加纵向的产品和客户群部门化，从而促使一系列复杂而又独立的业务取得协调，又保留各种专业组合所具有的专业优势。这种模式会有利于缩短信息的传导链，提高组织对信息的处理反应能力，降低信息成本，以提高组织对银行市场竞争的反应能力与适应能力。花旗银行的组织结构即是这种模式，并从"块块"模式向"条条"模式转化。

正如彼特 G·克莱恩和马克 R·赛登博格（2000）认为的那样，组织形式是银行获取效益的根源。因此，重塑跨国银行的组织结构是提高跨国银行国际竞争力的根源。

2. 业务流程再造

跨国银行在进行组织结构或架构改革时，也相应地进行业务流程再造。通过业务流程再造，使跨国银行业务处理简单、快速，并通过相互配合与制约实现其整体战略目标。如花旗银行按四大业务八条产品线来运作。在各大业务领域，每一条业务中又划分不同的管理部门。花旗集团通过业务流程再造，实现了"大而不乱、大而不笨"，既可抵抗和分散风险，又有很大的灵活性，从而提高了运营效率和国际竞争力。

正如 Frei，Harker，Hunter（2000）认为的那样，银行的"持续业务"比"优质业务"能为银行创造更高的收益，业务流程变量是影响银行整体业绩的重要因素，而业务集中化和技术完善程度是影响业务流程效率的重要因素。因此，跨国银行为了实现其发展和经营目标，需要靠有效率的组织结构来贯彻落实。同时，为了使跨国银行经营管理方式更有效率，跨国银行需要积极进行业务流程再造。

（五）积极进行金融产品与服务创新策略

金融创新是跨国银行生存与可持续发展的关键。在当今国际金融市场变化和科技发展迅速的前提下，各跨国银行积极改进服务，创新金融产品，满足客户的需求，以提高其国际竞争力。

1. 积极进行金融产品创新

跨国银行为了扩大自己的业务规模，积极开发创新金融产品，包括资产业务创新、负债业务创新及中间业务和表外业务创新。通过创新金融产品来提升其竞争力，拓展其市场和业务范围。如2001年东京三菱集团成立以来，其业务调整重点是如何提高非利息收入，从而加快了发展中间业务的步伐。同时，还把工作重点集中在两方面：一是组建日本DC公司，抢占年金市场先机。二是构建个人主银行制度，大力发展零售业务，从而取得了不菲的业绩。

2. 注重提高银行服务质量

Roth和Jackson（1995）提出业务能力（Capabilities）—服务质量（Service Quality）—绩效（Performance）（简称C – SQ – P模型），C – SQ – P三元模型是服务—收益链的集中体现，其中技术、人才和业务流程是推动服务质量和绩效的重要要素。Heskett，Sasser和Schlesinger（1997）、Soteriou和Zenios（1999）发展了测试银行机构服务—收益链的基准模型。Athanassopoulos（2000）又研究了服务能力、客户满意度及绩效的最优组合，尤其实证分析了银行服务质量与银行经营效率之间的关系，认为两者之间是互补、非排斥性的关系，因而银行追求产出最大化的同时可以在改变市场营销战略来提高服务质量或是实施成本压缩战略来消减经营支出两种方案中做出更好选择。

跨国银行服务质量的好坏，直接关系到银行的信誉和客户的满意程度。有了服务质量保证后，会增加银行利润，并会对员工具有激励作用。注重跨国银行服务质量是提高跨国银行竞争力手段之一。跨国银行服务质量的内容包括：一是制定科学的银行服务质量评价标准；二是建立测量模型来监控银行服务质量；三是加强预防以降低银行的服务成本；四是注重改进银行服务质量计划；五是及时纠正银行服务中的过错。因此，提高银行服务质量，可有效地增加银行服务链，提高银行收益和服务效率。

3. 积极引导客户需求

跨国银行除注重上述经营策略，为客户提供一站式全方位服务外，近年来如花旗银行、汇丰银行、美洲银行和德意志银行等还通过自己对市场的分析与判断，不断创造新的产品与服务，并注重通过不断的创新去引导市场需求，引导客户需求，而不是客户引导银行应该做什么。银行通过为客户量体裁衣、设计出客户需求的产品，积极引导客户使用，从而发挥领先型银行的竞争优势。

（六）注重对新兴市场的开拓策略

积极开辟新兴市场，是跨国银行业务经营的重点之一。花旗银行对"新兴市场"的定义是：除北美洲、西欧、北欧、澳洲和日本等发达国家和地区之外的一切具有市场发展潜力的国家和地区①。由于新兴市场经济增长速度高、人口多，发展潜力巨大，2000 年花旗集团将它从全球公司银行业务集团中分离出来，独立成立了"新兴市场集团"业务组织，以重点开拓新兴市场的消费金融与公司金融业务，并将新兴市场业务作为其未来发展的战略重点。其中亚太地区是花旗银行业务发展最快的地区。目前，花旗银行在亚太地区的 20 个国家和地区建立了分支机构。

花旗集团在亚太地区的开拓策略与做法主要是：一是市场开发策略；二是以客户为中心发展策略；三是产品与服务策略；四是企业多元化策略。此外，汇丰银行与渣打银行等也注重对新兴市场的开拓。如汇丰银行的业务 45% 是针对新兴市场国家，渣打银行也主要以亚洲业务为主。

3.2.3 发达国家跨国银行的风险管理

（一）有健全的组织结构与风险管理体系

跨国银行为了有效的进行风险管理，注重建立健全的组织结构与风险管理体系。其主要特点是：

1. 董事会领导下的风险管理组织结构

欧美跨国银行普遍建立了董事会领导下的风险管理组织结构，董事会对风险管理负有重要职责，即对风险管理承担总的、最后的责任。同时银行一般也都设立风险管理委员会，负责信贷风险的监控与管理，一般不负责贷款的具体审批。风险管理委员会的成员一般有风险管理的高级管理人员组成，主要负责对银行的风险管理信息进行交流、制定风险管理政策等。它下设信用风险、风险监控、风险技术等三个小委员会，分别负责这三种类型风险的日常风险管理、分析、监控、报告等工作。

2. 对风险的集中统一管理

各国跨国银行虽然风险管理部门的设置有所不同，但都注重对各类风险实行集中统一的风险管理。包括：一是对各类风险的集中统一管理。如巴黎

---

① 郑先炳著：《解读花旗银行》，中国金融出版社 2005 年版，第 150 页。

国民银行就是将银行经营面临的各种风险都集中在总行这一层次进行管理和监控。二是信用风险的集中统一管理。跨国银行的信用风险一般由风险管理部门统一管理，包括对企业客户、交易对手、各行业、国家的风险敞口设定；有关授信政策的制定；资产组合管理等。

3. 相对独立的风险管理体系

各国跨国银行都具有相对独立的风险管理体系。其独立性表现在：一是风险管理部门的职能完全独立于业务部门和检查部门，从而保证风险控制的独立性。二是风险管理从控制程序、内部审计和法律管理具有独立性。三是风险管理人员的相对独立性保证了风险管理的独立性。

（二）注重全面的风险管理

全面风险管理是指对整个银行业务中所形成的各种风险进行全面管理，并采用统一指标，对风险进行量化和管理，对收益进行风险调整，从而减少银行的风险损失。20 世纪 90 年代后期以来跨国银行注重进行全面的风险管理，其中 RAROC（Risk–Adjusted Return on Capital）即风险调整后的资本收益率是跨国银行进行全面风险管理的核心方法。

RAROC 的核心内容是：将风险带来的未来可预期的损失量化为当期成本，与其运营成本一起对当期盈利进行调整，并衡量资本的实际使用效益，从而将银行的收益与银行的风险直接相连，突出银行风险资本在银行绩效中的重要作用。基于 RAROC 的全面风险管理，改变了过去主要以权益收益率为中心考察银行经营绩效和管理的模式，克服了传统绩效考核中盈利目标与风险成本的不统一问题，突出体现了银行经营发展与风险内部控制的统一，从而用科学方法来识别与全面有效的管理银行风险。因此，全面风险管理更能体现跨国银行稳健经营、提高收益和效率，更具国际竞争力的目标。

（三）实行严格的内部控制

内部控制是跨国银行设计一套由董事会和高级管理层以及组织中所有人参加内部控制过程，并对内控产生影响的程序，以实现操作性目标、信息性目标和遵从性目标。内部控制的内容包括：内部控制环境、风险识别与评估、内部控制措施、信息交流与反馈、监督评价与纠正五个方面。风险控制环境是所有内控组成部分的基础，它涉及董事会、高级经理层内控的完整性和员工的职责及其职业道德，并要有一个强有力的、独立的审计委员会发挥作用。风险识别与评估是识别与分析哪些因素影响银行经营管理目标的实现，包括对全部风险进行识别与评估，这构成风险管理决策的基础。内部控制措施是为了实现银行经营管理目标，管理和化解风险所采取的政策和程序。信息交流与反馈是银行开展经营、从事管理和进行控制等活动所需要的信息，通过这些信息的交流与反馈，以保证信息的透明度，并确保控制责任的严格履行，通过有效的交流与协作来减少控制成本。监督评价与纠正是对内部控制系统与内控管理以及内部审计实行监督，发现问题及时予以纠正，以保证内部控制体系科学、合理和规范运作。其中风险评级在内部控制与风险管理中处于核心地位，是制定信贷政策、信贷授权管理、贷款审批决策、客户额度授信以及资产组合的重要条件和基础。因此各跨国银行经过多年的实践已建立起各具特色的风险评级模型和软件应用系统，其风险计量与内部控制水平已相当完善。

（四）加强资本管理

Chris Matten（2000）认为资本管理包括两个重要方面：一是银行需要保证资本金总额符合以下几个方面的要求，如信用评级机构的期望、银行承担风险的内部评估、监管者的要求和股东的投资回报期望。二是银行需要保证实际资本平衡不但符合以上评估，而且能充分利用资本投资工具和资本管理手段（红利政策、股票回购等）来优化资本金的财务效率。同时，资本管理中的资本配置问题非常重要，如果资本配置过程有效，但对现有资本资源的管理低效，也不可能产生什么好的效益，所以对资本金采取积极的管理方法非常重要①。Berger 和 Mester（2000）也认为金融资本是效率评估的一个重要方面。一家银行的破产风险取决于弥补资产组合损失的可用金融资本以及资产组合风险。同时一家银行的资本水平也直接影响成本。大多数研究发现，资本充足的银行会更有效率，而越有效率的银行，其不良贷款率就越低。

跨国银行非常注重资本管理，并在提高资本充足率的同时，注重资本配置与管理。从表3-1和表3-4中可以看出，发达国家跨国银行资本充足比率都较高，从而其抗风险能力都较强，其银行效率也都较好，其主要原因就是重视资本管理。

（五）注重建立银行风险管理文化

为了加强跨国银行风险管理，各跨国银行非常注重风险管理文化的建设，加强员工道德风险防范意识，从全系统内将风险管理放在非常重要的地位上，从而保证跨国银行能够稳健运营。从上述分析可以看出，跨国银行注重风险管理与回报相对称，注重风险管理意识贯穿每个员工和每项业务中，注重风险评级，注重建立风险控制管理体系和建立风险控制标准，实行独立的风险控制和管理，实行董事会高度负责制，实行风险控制奖惩机制，建立独特的

① 克里斯·马滕著，王洪、漆艰明译：《银行资本管理》，机械工业出版社2004年版，第6—7页。

风险管理文化,这种高度风险管理统一与和谐合作的文化形成反映出跨国银行风险管理文化的力量。

3.2.4 发达国家跨国银行国际竞争力比较

从 2008 年 7 月英国《银行家》1000 家大银行排名看,见表 3 - 4。2007 年,排名前 10 位中有 3 家美国银行、3 家英国银行、2 家法国银行和日本银行与西班牙银行各 1 家。从国际竞争力来看,2007 年英美国家跨国银行各项指标最好。从一级资本看,英国汇丰控股集团在失去全球排位第一名九年后首次回到第一位,英国苏格兰皇家银行也跃升为第三位;美国花旗集团在失去 8 年全球排位第一名后第二次排位全球第二位,美国美洲银行由 2006 年排位第一位下降到 2007 年第五位。从税前利润看,英国汇丰控股集团排位第一,美国 JP 摩根大通排位第二,美国美洲银行排位第三,而美国花旗集团排在最后,仅有 17 亿美元。从前 10 强银行体系稳健性指标可以看出,前 10 家银行资本充足比率除法国农业信贷银行和 BNP 银行外都超过 10%,不良资产率在 0.16%—2.76% 之间。但同时看到,大多数跨国银行资本利润率 2007 年比 2006 年有所下降,美国花旗集团更是由 2006 年的 34.8% 下降到 2007 年的 1.9%,下降了 32.9%。汇丰控股、JP 摩根大通公司、美洲银行、西班牙桑坦德银行的资产利润率都超过 1%,但比上年有所减少。总体来看,虽然 2007 年全球经济增长速度比上年有所下降,并受美国次贷危机影响,前 10 家银行利润有所减少,但其资本充足比率仍较高,不良资产率较低,资本利润率和资产利润率也较高,银行体系仍稳健运行,其国际竞争力水平均较高。其中尤其以英国汇丰控股和苏格兰皇家银行、美国 JP 摩根大通和美洲银行为代表的跨国银行表现最为突出。

表 3 - 4 2007 年全球 1000 家发达国家大银行前 10 位银行主要指标比较

排名	银　行	国别	一级资本（百万美元）	资产（百万美元）	税前利润（百万美元）	资本回报率 ROE （%） 2006	资本回报率 ROE （%） 2007	资产回报率% ROA	资本充足率%	不良资产率%
1	汇丰控股集团	英国	104967	2354266	24212	27.2	25.1	1.03	13.60	1.81
2	花旗集团	美国	89226	2187631	1704	34.8	1.9	0.08	10.70	1.02
3	苏格兰皇家银行	英国	88888	3807892	19836	31.5	26.6	0.52	11.20	1.28
4	JP 摩根大通	美国	88746	1562147	22805	25.9	26.9	1.46	12.60	0.16
5	美洲银行	美国	83372	1715746	20924	38.7	24.0	1.22	11.02	0.64

续表

排名	银　行	国别	一级资本（百万美元）	资产（百万美元）	税前利润（百万美元）	资本回报率 ROE （％） 2006	2007	资产回报率% ROA	资本充足率%	不良资产率%
6	三菱东京日联金融集团	日本	82859	1817571	10199	19.4	12.5	0.56	11.26	1.44
7	农业信贷银行	法国	68724	2268310	12110	27.3	18.9	0.53	9.60	2.70
8	西班牙桑坦德银行	西班牙	58479	1343905	16061	25.8	29.0	1.20	12.66	1.08
9	BNP 银行	法国	55353	2494412	16279	33.4	30.7	0.65	na	na
10	巴克莱银行	英国	54915	2459148	14178	34.1	28.1	0.58	12.10	2.76

资料来源：［英］《银行家》2008 年第 7 期。

3.2.5　发达国家跨国银行提高国际竞争力的借鉴与启示

（一）准确的市场定位与跨国银行选择条件

跨国银行发展可以根据自身特点和发展规划来确定其市场定位与跨国银行选择条件。如果跨国银行是全能性银行，资金实力雄厚，可定位于全球性和多元化市场，同时积极开拓新兴市场，这可扩大其业务发展规模，提高其效率和国际竞争力，如花旗银行和汇丰银行等。相反，如果跨国银行实力很强，但主要以国内或区域市场业务为主，则可以突出目标市场和核心业务，重点开拓成熟市场或新兴市场，提高核心竞争力，如苏格兰皇家银行等。通过合理的市场定位，才能准确地选择跨国银行进入途径与经营的方式。

（二）制定明确的发展战略模式

制定明确的发展战略是跨国银行发展的关键。跨国银行是注重外延式的发展还是靠自身实力发展，是主动出击还是保守性防御，由于模式选择不同，其发展战略也不同。因此，各国跨国银行应根据国际金融市场环境变化和国际资本流动特点制定出适合自身发展的战略模式，以尽快提高国际竞争力。

（三）实施跨国并购方式促其快速成长

从发达国家跨国银行成长的历程看出，并购尤其是跨国并购是促其快速发展和提升国际竞争力的重要途径。世界排名前 10 位的大跨国银行无不实行跨国并购尽快实现规模经济，增强自身实力，拓展业务领域，分散金融风险，以提高国际竞争力。正如前述，汇丰银行的发展主要通过外部跨国并购方式，走外延式发展道路，迅速扩大自身规模与实力，使其发展速度快速增长。而英国渣打银行曾经在十多年前与汇丰银行实力相当，但近年来却远落后于汇丰银行，其主要原因就是渣打银行主要靠自身力量来发展，走内涵式发展道路，使其发展速度较慢。因此，跨国并购方式是使其本国银行迅速走上国际化道路的有效途径。

（四）注重金融创新发展

金融创新是跨国银行业务发展的重要手段，金融创新也是跨国银行增加效益的重要途径，因此，跨国银行积极注重金融产品与服务创新，尤其是在银行业务向零售业务转化的今天，金融创新更显得至关重要。谁掌握了金融创新的手段和能力，谁就能在全球竞争中处于领先地位，谁就能获得较高的盈利，提高其跨国银行的效率。

（五）有健全的风险管理体系与监管

面对金融全球化与国际资本流动速度的加快，跨国银行遇到的风险远远大于国内银行，其系统性风险也在不断增加，金融脆弱性更明显，因此，跨国银行应注重运用各种管理手段与方法，加强跨国银行的全面风险管理和内部控制，并通过建立风险管理组织架构和风险管理体系来严格进行风险防控，注意运用资本管理与资本配置来有效提高银行资本充足比率。同时各国监管机构注重建立外资银行市场准入、市场运营和市场退出机制，加强对外资银行监管，并联手加强国际银行监管。通过内外两方面的有效手段来防范跨国银行风险及其国际金融危机传导，提高跨国银行国际竞争力。

（六）注重协调好金融创新与金融监管的关系

金融创新是一把双刃剑。金融创新虽然有利于金融效率的提高和金融资源的有效配置，有利于金融发展和金融稳定；但同时，金融创新对于跨国银行可能会产生严重的财务风险和流动性风险，对于整个金融体系则可能带来金融脆弱性，影响金融市场的资金融通功能，可能带来金融市场的系统性危机。因此，应该注重协调好金融创新与金融监管的关系，强化国际金融监管的作用，尤其是采用功能监管的模式，提高跨国银行金融创新的信息透明度，加强对跨国银行金融创新产品的风险管理，完善跨国银行金融创新的监管体系，从而防范金融创新导致的金融风险与金融危机。

（七）加强技术支持力度

跨国银行为了更好地实现其经营目标，提高其竞争力，需要其全球金融信息统一技术支持系统，因此跨国银行应注重加强其技术支持力度，加大资金投入，这对提高跨国银行运行时间、减少交易成本、提高运行效率非常重要。

第4章 发展中国家引进跨国银行
成因、效应及国际竞争力比较

4.1 金融全球化与发展中国家吸引跨国银行

随着金融全球化的不断发展，发展中国家投资环境的不断改善以及不断开放银行业，从 20 世纪 90 年代以来新兴市场国家的金融市场吸引了大量的外国资本。由于全球经济 2003 年开始复苏，2006 年全球实际 GDP 提高为 4%。其中发展中国家实际 GDP 增长较快，1999—2006 年年均实际 GDP 为 5.09%，高于这期间全球年均实际 GDP 2.99% 的 2.10 个百分点，更高于发达国家这期间年均实际 GDP 2.49% 的 2.60 个百分点。2008 年全球 GDP 增长将从 2007 年的 3.7% 放缓至 2.7%；发展中国家 GDP 的增长将由 7.8% 的超常速度放缓至 6.5%，但这一水平仍高于本世纪前 5 年 5.6% 的平均水平。由于发展中国家尤其是新兴市场国家实际 GDP 较高，1999—2006 年东亚和太平洋地区、南亚地区、欧洲和中亚地区、拉丁美洲地区年均实际 GDP 分别为 7.51%、6.45%、5.28% 和 2.63%，使外国资本近年来大量流入这些地区，尤其是中国、印度、俄罗斯、东欧、墨西哥等国家①。

从表 4 - 1 中看出，2006 年新兴市场国家净资本总流入（私人和官方资本流入）为 5710 亿美元，比 2005 年净增加 903 亿美元，增长 18.8%，创 1998 年以来新的最高纪录。净私人资本流入（私人借贷与净股权流入）2006 年为 6468 亿美元，创 1998 年以来历史新高，比上年净增加 954 亿美元，增长 17.3%。其中净 FDI 流入在外资净流入中占主要份额，2006 年净 FDI 流入额为 3247 亿美元，比上年增长 15.6%。净 FDI 流入到拉丁美洲、东亚以及欧洲

---

① 资料来源：《2005 全球发展金融》，世界银行，第 125 页；《2007 全球发展金融》，世界银行，第 9 页整理。

和中亚国家和地区的数额较大，2006 年东亚和太平洋地区、欧洲和中亚地区、拉丁美洲地区和南亚净 FDI 流入额分别为 883 亿美元、1164 亿美元、694 亿美元和 129 亿美元。2007 年，新兴市场国家的 FDI 净流入增加了 4710 亿美元，增加最多的是巴西为 160 亿美元和俄罗斯为 220 亿美元。中国仍是外国直接投资在发展中国家的首选目的地，但相对于其他国家其份额有所减少。同时，2006 年流向发展中国家的私人资本又创历史最高纪录，达到 6468 亿美元，所有地区都实现了增长。其中流向欧洲和中亚地区的私人资本由 2005 年的 2069 亿美元上升到 2006 年的 2714 亿美元，占发展中国家私人资本流入的 41.96%；流向东亚和太平洋地区的私人资本由 2005 年的 1697 亿美元上升到 2006 年的 1779 亿美元，占发展中国家私人资本流入的 27.5%；流向拉丁美洲地区的私人资本由 2005 年的 962 亿美元减少到 2006 年的 928 亿美元，占发展中国家私人资本流入的 19%。

2007 年亚洲新兴市场国家的净资本流入占 GDP 的比例上升了 2 个百分点以上，达到 3.5%；拉丁美洲上升了近 2.75 个百分点，达到 2.9%；中东欧上升了 0.75 个百分点，至 9%（见图 4 - 1）。从私人资本流入的规模看，虽然较前几年有所缓和，但 2007 年私人资本流入规模继续增大。在亚洲新兴市场国家，私人资本流入规模占 GDP 的平均比例约为 15%，接近亚洲金融危机之前的水平。在拉丁美洲，这一比例从 2002 年的 1% 上升到 2007 年近 6%，接近 20 世纪 90 年代初创出的历史最高水平。在中东欧经济体，加入欧盟为吸引私人资本流入创造了契机，平均比例接近 20%，为新兴经济体历史上的最高水平。2007 年，中东欧地区吸引的私人资本占整个新兴市场的 28% 左右；拉丁美洲占比约为 11%；亚洲新兴市场占比略低于 50%；其他新兴市场占比约为 11%。不过增长速度最快的还是流入银行和非银行私人行业的其他类型的投资基金，其占总规模的比例从 2002 年接近于零上升到 2007 年的约 40%[1]。

因此，金融全球化使国际资本大量流入发展中国家，尤其是新兴市场国家，从而使发展中国家吸引大量跨国银行进入。其中一个突出的特征是从 20 世纪 90 年代开始大量并购新兴市场国家的银行业。在 1991—1995 年间，发生在新兴市场国家的并购交易还仅占全球的 13%，但在 1996—2000 年间就增长到 28%，从 2001 年到 2005 年这一比例增长到了 35%。其实际金额也从 1991—1995 年的大约 25 亿美元，增加到 2005 年的 675 亿美元。在 1991—

---

① 国际清算银行：《国际清算银行》2008 年 6 月。

2005 年期间，拉丁美洲地区以银行为投资目标的交易总额达到了 580 亿美元，占到所有并购额的 48%；亚洲地区的金融交易额为 430 亿美元，占所有并购额的 36%；中东欧地区的金融交易额为 200 亿美元，占所有并购额的 17%。虽然拉丁美洲在大多数时间中都占据了绝大部分份额，但是至 2003 年以来在亚洲国家进行银行并购的外国资本投资快速增长。

表 4 - 1 1998—2006 年新兴市场国家净资本流入情况 单位：10 亿美元

	1998	1999	2000	2001	2002	2003	2004	2005	2006e
发展中国家									
净私人和官方资本流入	228.9	209.6	181.1	191.1	174.2	262.0	385.9	480.7	571.0
净私人资本流入	193.4	195.6	187.0	164.5	169.2	274.1	412.5	551.4	646.8
净股权流入	175.8	189.6	179.9	176.6	162.9	184.3	257.7	347.5	418.8
净 FDI 流入	170.0	178.0	166.5	171.0	157.1	160.0	217.8	280.8	324.7
净证券投资流入	5.8	11.6	13.4	5.6	5.8	24.3	39.9	66.7	94.1
净债务流入	53.1	20.0	1.2	14.5	11.3	77.7	128.2	133.2	152.2
私人借贷	17.6	6.0	7.1	-12.1	6.3	89.8	154.8	203.9	228.0
外汇总储备	-17.6	-32.4	-45.1	-80.8	-174.4	-294.7	-404.0	-391.7	-633.1
其中									
东亚和太平洋									
净私人和官方资本流入	21.2	40.0	35.4	41.4	47.3	67.9	120.4	167.2	167.6
净私人资本流入	6.5	27.5	28.8	38.2	55.2	75.1	125.7	169.7	179.9
净股权流入	54.7	51.7	51.7	49.5	60.8	66.0	85.1	123.0	136.7
净 FDI 流入	57.8	50.4	45.1	47.7	57.0	53.5	66.1	96.9	88.3
净证券投资流入	-3.1	1.3	6.6	1.8	3.8	12.5	19.0	26.1	48.4
净债务流入	-33.5	-11.7	-16.3	-8.1	-13.5	1.9	35.3	44.2	30.9
私人借贷	-48.2	-24.2	-22.9	-11.3	-5.6	9.1	40.6	46.7	43.2
外汇总储备	-21.9	-28.0	-8.4	-48.4	-89.2	-137.2	-236.6	-215.8	-289.6
欧洲和中亚									
净私人和官方资本流入	68.3	44.2	47.9	29.3	52.9	88.7	148.6	170.7	241.4
净私人资本流入	59.8	44.6	47.9	27.2	50.3	95.7	158.7	206.9	271.4
净股权流入	26.6	25.2	26.0	26.8	26.5	33.6	68.1	80.0	126.9
净 FDI 流入	23.7	23.4	25.4	27.2	26.4	34.2	62.8	73.7	116.4
净证券投资流入	2.9	1.8	0.6	0.4	0.1	0.6	5.3	6.3	10.5
净债务流入	41.7	19.0	21.9	2.5	26.4	55.1	80.5	90.7	114.5
私人借贷	33.2	19.4	21.8	0.4	23.8	62.1	90.6	126.9	144.5
外汇总储备	-4.8	-6.2	-18.6	-10.5	-43.9	-60.9	-78.6	-93.4	-175.0
拉丁美洲									
净私人和官方资本流入	109.8	101.2	75.4	95.2	50.4	63.8	58.0	65.0	68.2
净私人资本流入	98.7	99.6	86.5	74.9	37.7	59.1	68.3	96.2	92.8
净股权流入	71.9	85.0	79.4	73.1	53.2	47.4	61.9	82.4	80.5

续表

	1998	1999	2000	2001	2002	2003	2004	2005	2006e
净 FDI 流入	74.1	88.6	80.0	70.6	51.8	44.0	62.5	70.0	69.4
净证券投资流入	-2.2	-3.6	-0.6	2.5	1.4	3.4	-0.6	12.4	11.1
净债务流入	37.9	16.2	-4.0	22.1	-2.8	16.4	-3.9	-17.4	-12.3
私人借贷	26.8	14.6	7.1	1.8	-15.5	11.7	6.4	13.8	12.3
外汇总储备	9.0	7.3	-2.7	-1.9	-1.9	-34.6	-25.0	-34.8	-55.3
南亚									
净私人和官方资本流入	7.6	6.0	10.3	8.1	7.3	14.0	24.7	28.3	40.1
净私人资本流入	5.3	3.5	9.8	6.0	9.7	15.6	23.7	24.9	37.7
净股权流入	2.9	5.5	6.8	8.8	7.7	13.6	16.1	22.1	22.9
净 FDI 流入	3.5	3.1	4.4	6.1	6.7	5.6	7.3	9.9	12.9
净证券投资流入	-0.6	2.4	2.4	2.7	1.0	8.0	8.8	12.2	10.0
净债务流入	4.7	0.5	3.5	-0.7	-0.4	0.4	8.6	6.2	17.2
私人借贷	2.4	-2.0	3.0	-2.8	2.0	2.0	7.6	2.8	14.8
外汇总储备	-2.9	-5.3	-4.6	-10.2	-27.0	-35.9	-27.2	-5.7	-41.7

资料来源：《2007 全球发展金融》，世界银行，第 37、113—134 页整理。

注：e 为估计值。

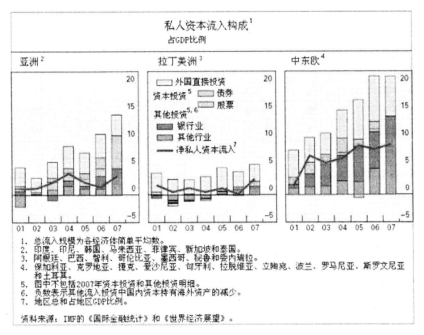

图 4-1　2007 年新兴市场经济体私人资本流入构成图①

———————————

① 转载自：国际清算银行：《国际清算银行》2008 年 6 月，国研网。

4.2 发展中国家吸引跨国银行进入的现状与成因

20 世纪 90 年代以来，随着金融全球化的不断发展，跨国银行进入发展中国家在不断增加。从表 4-2 来看，在新兴市场经济体的银行资产中，外资银行的持有比例从 1990 年以来已大幅上升。外国直接投资流量的地区差异也反映在不同地区和国家外资银行持有的资产比例上：拉丁美洲和中东欧银行业的外资持股比例大大高于亚洲。在一些国家，外资银行控制了银行总资产的 50% 以上。在墨西哥和匈牙利，外资银行拥有的银行资产比例高达 80%。在一些更小的经济体如波罗的海国家，外资银行几乎控制了该国银行系统。

表 4-2　新兴市场国家外资银行资产占银行总资产的比例（%）

	1990 年	2004 年 1	占 GDP 的百分比（%）	金额（十亿美元）
中东欧				
保加利亚	0	80	49	13
捷克共和国	10	96	92	99
爱沙尼亚	…	97	89	11
匈牙利	10	83	67	68
波兰	3	68	43	105
新兴亚洲				
中国	0	2	4	71
香港	89	72	344	570
印度	5	8	6	36
韩国	4	8	10	65
马来西亚	…	18	27	32
新加坡	89	76	148	159
泰国	5	18	20	32
拉丁美洲				
阿根廷	10	48	20	31
巴西	6	27	18	107
智利	19	42	37	35
墨西哥	2	82	51	342
秘鲁	4	46	14	11
委内瑞拉	1	34	9	9

资料来源：CGFS（2004）；ECB；各国中央银行；BIS 计算。

（一）跨国银行进入拉丁美洲国家的现状与成因

　　拉丁美洲国家在 20 世纪 90 年代末期经历了外资银行参与的急剧增加。从表 4 - 2 看出，在阿根廷，外资银行参与从 1990 年的 10% 增至 2004 年的 48%。在智利，外资银行参与从 1990 年的 19% 增至 2004 年的 42%。在秘鲁，外资银行参与从 1990 年的 4% 增至 2004 年的 46%。

　　在拉丁美洲国家中，墨西哥银行业以所有权变化迅速而引人关注。在经济发展进程中，自 1982 年债务危机开始，墨西哥政府对银行的改革分别采取了国有化、私有化和国际化 3 种完全不同的方式，银行的所有权也逐渐由国有化向私有化转变，进而由私有化向外资银行控股转变。1994—1995 年的金融危机促成了外资银行迅速进入墨西哥的银行体系。通过大规模的并购，外国银行得到了以较低价格购买墨西哥银行资产的机会，并彻底改变了墨西哥银行体系。美洲开发银行的一项研究显示，2000—2003 年进入墨西哥金融系统的外资达到 253 亿美元，相当于外国对墨西哥直接投资的 40%。到 2004 年年底，外资占墨西哥银行总资产的比重超过 82%。墨西哥成为银行业国际化程度最高的拉美国家。外资银行进入墨西哥银行业的原因：一是由于墨西哥的市场规模、增长潜力、一些具有竞争优势的产业以及在地理上邻近美国等诸多优势，许多外国银行早就希望进入墨西哥。1994 年北美自由贸易协定（NAFTA）的生效，使外资银行能够收购到更多的股权。二是墨西哥政府也希望恢复银行的信誉和作用，以降低国家风险，保持宏观经济的稳定，因而在政策上给予外资银行进入较多的支持。三是金融危机降低了银行的资产价值，以及银行部门长期低竞争而形成的落后，也为外国银行改进成本提高利润提供了机会。所有这些都使墨西哥的银行对外资银行具有较强的吸引力。随着墨西哥经济的逐渐恢复和投资环境的较大改善，早先进入的投资所得到的较大回报，也刺激了外国银行增加投资的愿望，并增加了对后来者的吸引力。

　　（二）跨国银行进入中东欧五国的现状与成因

　　同拉丁美洲国家金融自由化过程中外资银行大举进入其国内金融市场一样，中东欧五国在 20 世纪 90 年代中期以后也经历了类似的过程，但与拉丁美洲国家相比，外资对中东欧五国银行体系渗透的规模更大，影响也更为深远。从表 4 - 2 看出，至 2004 年年底，中东欧五国除波兰之外，其余四国银行总资产中外资银行资产所占比率均已超过 80%。其中爱沙尼亚为 97%，捷克为 96%，匈牙利为 83%，保加利亚为 80%。外资银行对中东欧五国银行业的控制比对世界其他国家银行的控制都强。外资银行进入中东欧五国的原因：一是地理优势效应明显。目前进入中东欧五国市场最大的 5 家外资银行分别是比利时的 KBC 银行、奥地利的 Erste　Bank、奥地利信贷银行、意大利联合信贷银行和奥地利赖发森银行等，这 5 家外资银行都是欧洲银行。可见地理优势具有明显效应。二是严重的银行危机迫使各国纷纷推出一系列银行业改革方案。由于 20 世纪 90 年代后期中东欧发生了几次较为严重的银行危机，迫使各国纷纷推出一系列银行业改革方案，其中国有商业银行产权私有化是其重要的改革，这大大加速了外资银行的进入，如匈牙利是较早且对外资开放最为彻底、成功地实现了转型的典型国家。三是东道国的经济增长速度、银行体系发展水平以及法律规章、税制情况等决定因素。有关研究表明，中东欧五国中，国家预期经济增长越快，发展前景越好，而国内银行体系的平均发展水平越不发达，外资银行进入的程度越高，其获利也越高。东道国法律法规和税制对外资进入的影响也是明显的。四是外资银行选择不同的进入模式。根据中东欧五国不同的政策，外资银行选择不同的进入模式：或设立代表机构，或作为其总行的分支机构，或作为一个独立的子公司，或参股或收购当地银行。其中通过并购当地银行来建立分支机构和子公司是中东欧转型国家外资银行最为普遍的进入形式。五是 FDI 是中东欧五国外资流入的主要形式。FDI 推动了中东欧五国银行改革和金融自由化，并成为中东欧五国引进外资的首选。六是发达国家金融服务业的激烈竞争。发达国家跨国银行利用并购战略尽可能获取规模经济与范围经济，并利用其在经营管理水平和新产品开发能力等比较优势以及东道国对开展离岸金融业务的特殊优惠，采取区域扩张战略，不断向新兴市场扩张，以提高其盈利水平。

（三）跨国银行进入新兴亚洲国家或地区的现状

从表 4-2 中看出，香港和新加坡外资银行资产占银行总资产的比例最高，2004 年分别为 72% 和 76%，外资银行资产占 GDP 的比例分别高达 344% 和 148%，说明外资银行对香港和新加坡经济金融增长发挥着重要作用，这与它们是国际金融中心、走国际化发展战略有关。但它们的外资银行占银行总资产的比例较 1990 年的 89% 有所下降，这主要是由于东南亚金融危机及其外资银行竞争力过强、利润空间有限的原因，使部分外资银行近些年将其业务转入亚洲其他国家。如像印度、韩国、泰国、马来西亚等国家外资银行资产占银行总资产的比例 2004 年比 1990 年有所提高，其中韩国和泰国外资银行增长幅度最快。而中国大陆在这些国家中外资银行资产占银行总资产的比例最小约为 2%，外资银行资产占 GDP 的比例也最小为 4%，这说明中国在吸引外资银行方面还有巨大的潜力和市场，这也是近年来为什么跨国银行纷纷进入中国市场、追逐利润的原因所在。

（四）跨国银行进入中国的现状及特点

外资银行进入中国的发展大体分为四个阶段：一是外资银行进入中国的起步阶段（1979—1990 年）。这一阶段进入大陆的外资银行主要是香港银行和少数日资银行和欧美银行。二是外资银行在华扩张阶段（1991—1997 年）。由于中国对外开放速度加快，尤其是上海浦东开发区的设立，使大量外资银行涌入上海，使上海成为外资银行最集中的地区。三是外资银行在华业务的收缩阶段（1997—2000 年）。由于 1997 年东南亚金融危机以及 1998 年中国经济开始出现的全面供大于求的状况，使外资银行在这几年里业务整体下降。四是外资银行发展的新阶段（2001 年至现在）。2001 年 12 月中国正式加入WTO，加大了向外资银行开放的力度。中国加入 WTO，标志着跨国银行在中国的发展进入了一个新的阶段。

截至 2007 年底，共有 47 个国家和地区的 193 家外国银行在中国设有 242 家代表处。其中，有外商独资银行 24 家（下设分行 119 家）、合资银行 2 家（下设分行 5 家，附属机构 1 家）和外商独资财务公司 3 家；另有 23 个国家和地区的 71 家外国银行在华设立了 117 家分行（见表 4 - 3）。外资金融机构的资产达到 1.25 万亿元，占我国银行业金融机构总资产的 2.4%，比上年增加 0.3 个百分点（见表 4 - 4）。获准经营人民币业务的外国银行分行为 57 家、外资法人银行为 25 家，获准从事金融衍生产品交易业务的外资银行机构数量为 50 家①。截至 2008 年 9 月底，在华外资银行资产总额为 13866.2 亿元，同比增长 25.4%；各项贷款余额 7865.2 亿元，同比增长 25.4%；各项存款5706.6 亿元，同比增长 58.8%。外资银行已成为我国金融体系的重要组成部分②。

表 4 - 3   2007 年在华外资银行机构情况

	外国银行	独资银行	合资银行	独资财务公司	合计
法人机构总行	—	24	2	3	29
法人机构分行及附属机构	—	119	6	—	125
外国银行分行	117	—	—	—	117
支行	9	152	8	—	169
总计	126	259	16	3	440

资料来源：《2007 中国银监会年报》，第 32 页。

---

① 《2007 年中国银监会年报》。
② 中国银监会网站，2008 年 10 月 29 日。

表 4 - 4   2003—2007 年在华外资银行营业机构数及资产表

项目/年份	2003	2004	2005	2006	2007
营业性机构数（家）	192	211	254	312	440
资产（亿元）	4159	5823	7155	9279	12525
占银行业金融机构总资产比（%）	1.5	1.84	1.91	2.11	2.38

资料来源：《2007 中国银监会年报》，第 32 页。

外资银行在华发展，尤其是中国加入 WTO 后，其发展变化的特点与发展趋势是：

1. 外资银行主要以亚洲和欧洲银行为主，近几年北美银行进入增加

从已设立的外国银行分行数量看，2002 年亚洲和欧洲银行的总资产分别占全部在华外资银行总资产的 61.33% 和 20.61%，而北美洲银行则占 16.6%。2005 年亚洲银行资产比 1999 年略有提高，欧洲银行资产比 1999 年下降了 8.3 个百分点，北美银行资产比 1999 年提高了 5.1 个百分点。可见，在华外资银行主要以亚洲和欧洲银行为主，近几年随着北美尤其是美国金融业国际化战略的调整，美国加快了在华投资的步伐，使美国银行在外资银行总数和总资产的比重不断提高。导致这些国家银行在华设立较多机构的主要原因是：一是这些国家和地区与中国经济金融发展有着较悠久的历史，与中国有着较密切的经贸往来关系；二是日本、美国、英国和香港等国或地区的银行业比较发达，其面向全球化发展的目标促使其跨国银行纷纷进入经济金融日益开放的中国，以实现其规模扩张和收益全球化的战略；三是由于中国政局稳定、加入 WTO 及经济持续高速发展的良好投资环境，吸引了大量外资银行来华投资设点，以寻求较高利润。

2. 外资银行机构网点主要分布在沿海地区，与对外贸易和直接投资发展呈正相关关系

从外资银行进入的地区分布看，外资银行主要集中在东部沿海地区。2007 年底，外资银行分行主要集中在上海、深圳、广州、北京、天津、大连、厦门等城市，这些城市外资银行分行数占在华外资银行分行总数的近 80%，其资产也占在华外资银行总资产的 80%。可见，外资银行分行主要集中在中国沿海地区和城市。其中，上海成为各跨国银行抢滩的首选。目前上海占在华外资银行资产总额的一半以上，在全国银行业对外开放中占有重要地位。其次外资银行比较集中的城市依次为深圳、北京、广州、天津、大连。外资银行比较集中的地区，不仅是我国最早对外开放的地区，也是外向型经济发

展较快的地区。外资银行在华分布数与各国（地区）对华进出口贸易和对华直接投资呈显著正相关。外资银行主要是为本国（或地区）在中国的直接投资服务，为本国（或地区）同中国的进出口贸易服务。随着我国银行业的进一步开放，外资银行的服务对象将逐步扩大。

3. 外资银行加强与中资银行的业务合作，积极参股中资银行业

外资银行与中资银行之间存在着既竞争又合作的关系。外资银行积极寻找在华业务的战略合作伙伴，积极参股中资银行业，以弥补其自身在业务网点、人民币资金、客户信息等方面的不足，增强其市场竞争能力。2003年12月1日，中国银监会规定将单个外资机构入股中资银行的比例由原来的15%提高到20%，多家外资银行参股中资银行比例不得超过25%，使外资银行参股中资银行业步伐加大。2004年以来，中国银行、中国建设银行和中国工商银行的股份制改造正式启动，这使外资银行正式参股中国最大最有影响力的国有商业银行。2007年底，中国银行业金融机构累计利用外资余额为823.2亿美元。其中，境外金融机构投资入股中资金融机构的投资完成额为220.7亿美元；境内外资金融机构实收资本和营运资金余额为147.5亿美元；中资银行海外上市（H股）引进资金455.1亿美元。至2007年底，我国共有25家中资商业银行引入33家境外机构投资者，投资总额212.5亿美元（见表4－5）[1]。随着中国银行业的进一步开放，外资银行参股中资银行的速度将会明显加快。

表4－5　1996—2007年中国银行业引进境外战略投资者外资额　　单位：百万美元

年份	1996	1998	2001	2002	2003	2004	2005	2006	2007
数额	20.00	25.61	137.21	67.53	23.50	2785.75	10081.20	19200.00	21250.00

资料来源：《中国银监会年报》各年统计数字。

4.3　跨国银行进入发展中国家的效应分析

（一）跨国银行进入发展中国家的经济金融效应分析

由于银行业在绝大多数发展中国家处于金融业的主导地位，又由于银行业的特殊性，因此发展中国家在引进外资银行时是以给本国金融业带来正面效应大于其负面效应作为前提条件。具体表现在：

1. 外资银行资产占GDP的的比重不断提高

国际资本大量流入发展中国家，这对发展中国家金融和经济发展起到积

---

① 《2007中国银监会年报》。

极作用（见表4－2）。从中东欧五国看，2004年捷克、爱沙尼亚、匈牙利三国的外资银行资产分别占 GDP 的 92%、89% 和 67%，亚洲的香港和新加坡的外资银行资产分别占 GDP 的 344% 和 148%，拉丁美洲的墨西哥和智利的外资银行资产分别占 GDP 的 51% 和 37%，比 1990 年快速增长，这说明近十几年来外资银行对这些发展中国家经济金融发展起到巨大的推动作用。

2. 外资银行进入实现了资源分配效应

发展中国家在有序有利的原则下开放本国银行业，这对有效分配本国资源以及有效利用外部资源起到积极作用，有利于内资银行与外资银行在竞争中实现资源的有效配置，从而有利于本国产业结构的调整和外向型经济的发展。发展中国家一些具有巨大潜在投资价值的产业领域，以其内资银行的资金实力、技术水平、风险分散能力可能无法使其投资成为现实，而拥有雄厚资金、信息和技术优势的外资银行，却能将那些潜在的有效率的产业变成现实有效率的产业，从而使外资银行在本国资源配置方面的潜能发挥出来，提高资源的使用效率。

3. 外资银行进入提高了本国金融服务竞争效应

Claessens 等人（2001）根据对 1988—1995 年间 80 个国家（包括发达国家和新兴市场国家）外资银行与本地银行样本数据进行分析表明，在发达国家，外资银行的利润、净利差通常比国内银行低，在发展中国家则相反。新兴市场国家的外资银行进入一段时间内，外资银行具有较高的盈利水平，而东道国银行盈利水平相对下滑。但从长期看，外资银行进入会改善东道国金融部门结构，提高其金融服务质量和效率，拓宽其金融服务范围，加快现代银行技术和技能运用，降低经常性管理费用水平，提高本地银行利润水平，使金融服务无论在广度和深度上得到进一步发展，从而提高了本国银行竞争能力，实现金融创造效应，将潜在利益转化为现实利益，加速本国银行的国际化进程。同时外资银行在银行业务方面具有先进的技术和丰富的经验，通过"溢出效应"，将使东道国更快地掌握先进的技术，有利于提高资金的使用效率。

Maria Soledad Martinez Peria 和 Ashoka Mody（2004）利用 20 世纪 90 年代拉美国家的数据对外资银行的参与和银行集中度对存贷利差的影响做了进一步研究。他们发现，在 20 世纪 90 年代末期，阿根廷、哥伦比亚和秘鲁的银行利差下降。对数据粗略的分析发现，当外资银行进入而集中度保持不变时，银行利差降低。从总体来看，大多数国家的外资银行能够以低利差经营，特别是新成立者尤以低利差经营，所以外资银行的进入普遍降低了银行体系的成本。这可能是示范效应和潜在的竞争以及来自客户源的竞争降低了银行总成本的原因从而使客户受益。因此，长期内外资银行参与很大程度上降低了银行业的总成本，提高了银行服务效率，有利于东道国金融业发展。

4. 外资银行进入会使本国实现一定的金融稳定效应

亚洲金融危机以来，很多文献研究国际资本流动对一国经济冲击加剧的影响。Glick and Hutchison（1999）考察了 90 个国家 1975—1990 年的大样本，研究表明：新兴市场对国际资本流动的开放及自由化金融结构，会使该国非常脆弱并易爆发银行危机和货币危机。Demirguc – Kunt and Detragiache（1998）考察了 53 个国家 1980—1995 年的银行危机与金融自由化的经验关系，发现如果存在一个强有力的制度环境，则金融自由化对银行脆弱性的影响解释微弱，因此应审慎推行金融自由化。Williamson and Mahar（1998）考察了 34 个国家 1973—1996 年推进金融自由化的经验，认为金融自由化有收益也有导致危机的风险，而资本账户自由化提高了这种可能性。Hellman，Murdock and Stiglitz（2000）建议，开始应该有一个宏观经济稳定政策，然后完善银行的监管，最后才使资本账户自由化。支持了资本账户自由化要有一个最有顺序的观点。Kaminsky and Schmukler（2002）指出，金融自由化会带来短痛，但长期来看是会带来收益。Tornell，Westermann，Martinez（2004）也指出，金融自由化会促进经济增长，但也会带来危机，即金融自由化与经济增长和危机都存在正相关。经济增长前沿课题组（2005）分析了国际资本流动（即大量非 FDI 流入）引起宏观不稳定的机制，认为 20 世纪 90 年代以来中国一直存在非 FDI 流出，今后中国非 FDI 形式而不是 FDI 形式将是资本流动新特点。非 FDI 是指外汇储备增加额减去贸易差额再减去 FDI 后的差额。而非 FDI 流动规模的增大、流动性增强将使流入国冲击增大，从而对宏观稳定产生冲击，对此政府采取对冲和资本管制政策。

从以上观点看出，金融自由化使国际资本流动加速，对一国经济有有利影响也有不利影响。金融自由化也使外资银行进入增加，但外资银行进入对本国银行体系稳定产生什么影响则取决于本国银行体系的应对能力和外资银行母国经济的波动状况。当东道国的经济出现停滞或危机时，外资银行的存在有利于本国银行体系的稳定。从东南亚国家情况看，外资银行进入与本国银行机构的脆弱性呈负相关关系。Levin（1999）认为，外资银行进入越多，本国银行开放程度越大，银行机构质量就越高，其脆弱性与金融危机发生概率的可能性就越小。例如，新加坡和香港的银行业开放程度较高，其银行机构质量较高，银行脆弱性也较小。相反，银行业开放度较低的银行，其银行机构质量也较差，银行脆弱性就较高。如马来西亚和泰国的银行业开放程度较低，其银行机构质量较差，银行脆弱性也较大。外资银行进入新兴市场经济体，使本国银行业不良资产率呈现下降趋势（张礼卿，2007）。Dages、Goldberg 和 Kinney（2000）通过分析墨西哥和阿根廷国家发现，在 1994—1999 年期间外资银行在信贷上比国内银行表现出更低的波动性和更高的增长率，因为外资银行具有更好的信贷风险定价技术，这将有助于提高银行体系的稳定性。同时外资银行进入也会提高本国银行金融监管水平，增加信息的透明度，加速本国实现银行监管效应。因此外资银行进入数量的增加将有利于提高东道国银行机构质量，降低银行脆弱性，减少发生银行危机的可能性，实现一定的金融稳定效应。

但同时外资银行进入也会给东道国带来一些不利影响：一是国内银行要与外资银行进行竞争，会产生风险成本和利润损失。二是外资银行会将资金投向国内市场最有利可图的业务，这会使国内银行承担更大的风险。三是外资银行倾向于与跨国公司进行业务往来，对国内中小企业金融服务可能会较少。四是外资银行的一些违规运作可能会增加国内银行体系的不稳定性。五是外资银行的母国风险会通过其设在东道国的外资银行分行迅速传导到东道国，容易引发东道国金融危机。美国次贷危机引发的全球金融危机就说明了这一点。

其不利影响具体表现在：

1. 全球金融环境的进一步紧缩，会使新兴经济体国家很难获得外部融资

从表 4 - 6 中看出，2007 年中东欧新兴经济体具有规模巨大的经常项目赤字，短期外债规模较大，占外汇储备平均比例为 120% ，并且其中有一半多资金是通过海外直接投资来弥补，并采用外部融资模式。此外，这些经济体的跨境贷款相当于国内信贷的 76% 。如果全球融资环境进一步紧缩，那么中东欧新兴经济体国家将感到很难获得外部融资。

2. 外资银行资本逆转会引起新兴经济体国家出现金融风险

从历史上来看，外资银行融资资本流动会发生周期性逆转，如 20 世纪 80 年代初的拉丁美洲金融危机和 1997 年的亚洲金融危机。如果发达国家银行和新兴经济体银行都出现问题，那么严重依赖于跨境银行借贷的新兴经济体国家很容易受到贷款回收的冲击。同时，这些外资银行无论是母国银行还是海外的分行，其面临的潜在问题都会使其资本流入减少甚至出现资本逆转的现象，这会使新兴经济体国家出现外部资金枯竭局面，增大其流动性风险和信用危机。如，中东欧新兴经济体国家中对外资银行开放最彻底的匈牙利，近年来由于负债太多，严重依赖外资流动和外币债务比重过大，当受到美国次贷危机的影响时，使其受到的外部冲击最大。为缓解其受金融危机的影响，2008 年 10 月 28 日，由国际货币基金组织、欧盟和世界银行同意联手向其提

供超过 250 亿美元的援助，以解决其资金困难局面。又如，拉丁美洲新兴经济体国家中对外资银行开放较彻底的墨西哥，也受美国次贷危机的影响，使其受到的外部冲击较大。因此，外资银行进入对东道国产生有利影响的同时，也会带来一定的金融风险。

表 4-6　2007 年新兴经济体国家部分经济指标

	经常项目余额 1	外商直接投资净资本流入额 1	投资资本净流入额 1	其他资本净流入额 1、2	短期外债 3	跨境贷款 5
中国	11.1	1.7	0.4	0.6	8.0	4.1
印度	-1.8	1.1	2.9	5.3	29.3	21.1
亚洲其他新兴经济体 5、6	8.6	1.7	-1.7	1.4	44.3	72.8
巴西	0.3	2.1	2.9	1.0	34.5	11.6
哥伦比亚	-3.8	5.0	0.2	1.3	49.3	17.7
墨西哥	-0.8	2.0	0.7	-0.4	38.4	27.2
拉丁美洲其他经济体 6、7	4.1	2.0	-2.0	-0.3	56.4	32.1
中欧 6、8	-4.4	2.3	-1.3	6.2	61.6	55.0
欧洲其他新兴经济体 6、9	-14.6	7.6	-0.9	11.8	119.2	75.8
俄罗斯	5.9	0.3	-0.2	7.0	20.5	55.0
中东 6、10	14.9	0.9	-3.8	-1.8	52.6	61.4
南非	-7.3	0.9	4.2	2.6	55.1	14.8

1. 占 GDP 比例。
2. 银行业和其他银行业。
3. 占外汇储备比例。
4. 未偿还信贷占内部债务比例。
5. 印尼、韩国、马来西亚、菲律宾和新加坡。
6. 所列经济体的简单平均数。
7. 阿根廷、智利、秘鲁和委内瑞拉。
8. 捷克、匈牙利、波兰、斯洛伐克和斯洛文尼亚。
9. 保加利亚、克罗地亚、爱沙尼亚、拉脱维亚、立陶宛、罗马尼亚和土耳其。
10. 以色列和沙特。

资料来源：IMF 以及国际清算银行地区银行和证券统计。转载自：国际清算银行：《国际清算银行》2008 年 6 月，国研网。

(二) 跨国银行进入中国的经济金融效应分析

1. 外资银行业务迅速发展，近期重点开拓人民币业务

中国入世以来，外资银行业务发展迅速（见表 4-7）。2007 年总资产规

模为 12390.7 亿元，比上年同期增长 51.2%，是 2002 年的 4.3 倍，其中对非金融机构贷款增长幅度也较快，2007 年为 6235.0 亿元，比上年同期增长 45.7%，是 2002 年的 4.5 倍。负债水平也在不断增长，2007 年为 12390.7 亿元，比上年同期增长 25.74%，其中对客户存款增长幅度较快。实收资本也有较大幅度提高，2007 年为 1077.2 亿元，比上年增长了 63.6%，是 2002 年的 3.1 倍。

表 4 - 7　2002—2007 年外资银行资产负债简表　　单位：亿元

项目	2002	2003	2004	2005	2006	2007
国外资产	919.3	1103.5	1478.4	1500.8	1693.4	1378.4
储备资产	109.1	171.0	244.5	364.9	388.3	1098.3
准备金	108.8	170.6	243.9	363.6	386.6	1094.0
库存现金	0.3	0.4	0.6	1.3	1.69	4.20
中央银行债券	0.0	0.0	0.0	0.0	0.0	0.0
对政府债权	18.6	51.9	98.0	101.8	252.2	618.1
对非金融机构债权	1374.3	1476.2	2548.1	3301.4	4279.2	6235.0
对特定存款债权	41.1	30.9	72.3	118.4	——	——
对其他金融机构债权	0.2	0.0	0.1	3.0	4.9	37.1
其他资产	418.5	496.9	695.6	962.7	212.1	824.4
总资产	2881.0	3330.5	5137.2	6352.9	8194.0	12390.7
国外负债	1246.0	1620.8	2728.4	2973.1	3288.9	3846.8
对非金融机构负债	692.3	906.7	1262.9	1695.5	——	——
活期存款	118.9	189.3	305.4	463.0	639.4	1186.2
定期存款	93.1	199.1	251.9	421.0	801.4	1317.8
储蓄存款	3.1	0.3	0.3	0.4	7.5	155.9
其他存款	——	——	——	333.6	418.3	598.7
外币存款	477.3	518.0	705.5	804.2	——	——
对中央银行负债	0.0	0.1	0.0	0.0	0.0	0.0
对特定存款负债	10.3	2.6	3.7	1.6	——	——
对其他金融机构负债	23.6	30.1	27.2	89.5	107.2	298.8
债券	5.0	4.7	11.6	21.1	12.2	1.7
实收资本	347.5	354.6	472.0	571.4	658.3	1077.2
其他负债	556.2	411.0	644.2	301.4	406.3	1068.1
总负债	2881.0	3330.5	5160.0	6353.0	8194.0	12390.7

资料来源：《中国人民银行统计季报》2006 年第 1 期，第 46—49 页。《中国人民银行统计季报》2008 年第 1 期，第 42—45 页。

同时，随着入世五年过渡期的结束，外资银行人民币业务将持续快速增长。2006 年底，在华外资银行的人民币资产比上年同期增长 71.7%，人民币盈利比上年增长 53.6%①。由于人民币业务利润较高，并且在华的三资企业与跨国公司对人民币资金的需求有增无减。因此，未来几年外资银行在华拓展业务的重点将是人民币业务。

2. 外资银行运用多种营销手段，大力拓展核心业务领域

随着我国银行业准入管制的放松，外资银行通过引进先进技术和高效率的金融服务产品，突出核心业务优势，以提高其在中国市场上的竞争力。其特点是：（1）大力发展网络银行业务；（2）重点拓展中间业务；（3）逐步推出零售银行业务；（4）成立个人理财服务中心，争夺个人高端客户；（5）积极争取成为 QFII 境内证券投资托管人；（6）开展金融衍生交易业务；（7）积极从事国际结算业务。目前外资银行国际结算业务已占在华国际结算业务的近 50%。因此，外资银行通过运用多种营销方式，大力开拓核心业务领域，其核心业务与新业务推出的速度正在加快，业务领域已经向深度扩展。

3. 外资银行盈利水平不断提高，资产质量很好

由于入世后我国经济发展速度较快，外资银行业务发展速度也较快，其非利息收入增长较快，使外资银行盈利水平不断提高。整体来看，在华外资银行的经营绩效高于国内银行。2005 年外资银行税后利润比上年增长 59.2%，是 2002 年的 2.42 倍。2007 年外资银行税后利润为 60.8 亿元，这说明外资银行近几年抓住中国入世后的大好时机，不断扩大其资产规模，以利于其在中国获得更大的发展和获得更高的收益。同时，外资银行资产质量很好，不良贷款率由 2005 年的 1.05% 下降到 2007 年的 0.5%。截至 2008 年 9 月底，在华外资银行 1—9 月实现利润 101.2 亿元，同比增长 112.7%。外资银行资本充足率为 17.5%，同比上升 0.2 个百分点；流动性比例为 66.6%，同比上升 9.8 个百分点②。在华外资银行继续保持稳健运行，盈利水平不断提高，资产质量很好。随着 2006 年底中国入世限制的完全取消，外资银行进入将会继续增加，并会继续发展其中国业务，以追逐高额利润。

① 参见《2008 年中国人民银行统计季报》第 1 期。
② 中国银监会网站，2008 年 10 月 29 日。

4.4 发展中国家引进跨国银行稳健性指标比较

表4-8 2000—2006年新兴市场国家银行体系稳健性指标（％）

项目		2000	2001	2002	2003	2004	2005	2006
资本充足率	拉丁美洲							
	阿根廷	10.6	13.3	13.9	11.7	11.2	—	—
	智利	13.3	12.7	14.0	14.1	13.6	13.0	12.5
	哥伦比亚	13.2	13.0	12.6	13.1	13.8	13.2	12.2
	墨西哥	13.8	14.7	15.7	14.4	14.1	14.5	16.3
	秘鲁	12.9	13.4	12.5	13.3	14.0	12.0	12.5
	中东欧							
	捷克	17.4	15.0	14.3	14.5	12.6	11.9	11.4
	匈牙利	13.7	13.9	13.0	11.8	12.4	11.6	11.3
	波兰	12.9	15.1	13.8	13.7	15.5	14.5	14.0
	斯洛伐克	12.5	19.8	21.3	22.4	18.7	14.8	13.0
	斯洛文尼亚	13.5	11.9	11.9	11.5	11.0	—	—
	亚洲							
	中国香港	17.8	16.5	15.8	15.3	15.4	15.3	15.0
	印度	11.1	11.4	12.0	12.7	12.9	12.8	12.4
	韩国	10.5	10.8	11.2	11.1	12.1	13.0	12.8
	新加坡	19.6	18.2	16.9	17.9	16.2	15.8	15.4
	泰国	11.3	13.3	13.0	13.4	12.4	13.2	13.8
不良贷款率	拉丁美洲							
	阿根廷	16.0	19.1	18.1	17.7	10.7	5.2	3.4
	智利	1.7	1.6	1.8	1.6	1.2	0.9	0.8
	哥伦比亚	11.0	9.7	8.7	6.8	3.3	3.2	2.6
	墨西哥	5.8	5.1	3.7	2.8	2.2	1.8	2.1
	秘鲁	－ －	17.0	7.6	5.8	3.7	2.1	1.6
	中东欧							
	捷克	29.3	13.7	8.1	4.9	4.1	4.3	4.1
	匈牙利	3.0	2.7	2.9	2.6	2.7	2.5	2.5
	波兰	15.5	18.6	21.1	21.2	14.9	11.0	9.4
	斯洛伐克	13.7	12.3	7.9	3.7	2.6	5.0	3.7
	斯洛文尼亚	6.5	7.0	7.0	6.5	5.7	—	—

续表

项目		2000	2001	2002	2003	2004	2005	2006
不良贷款率	亚洲							
	中国香港	7.3	6.5	5.0	3.9	2.3	1.4	1.1
	印度	12.8	11.4	10.4	8.8	7.2	5.2	3.5
	韩国	8.9	3.3	2.4	2.6	1.9	1.2	0.8
	新加坡	3.4	3.6	3.4	3.2	2.9	3.8	2.8
	泰国	17.7	10.5	15.7	12.9	10.9	8.3	7.5
资产回报率	拉丁美洲							
	阿根廷	0.0	0.0	-8.9	-3.0	-0.5	0.9	2.0
	智利	1.0	1.3	1.1	1.3	1.2	1.3	1.3
	哥伦比亚	－－	1.8	1.1	1.9	2.8	2.8	3.0
	墨西哥	0.9	0.8	0.7	1.6	1.8	2.7	3.1
	秘鲁	0.3	0.4	0.8	1.1	1.2	2.2	2.2
	中东欧							
	捷克	0.7	0.7	1.2	1.2	1.3	1.4	1.2
	匈牙利	1.3	1.4	1.4	1.5	2.0	2.0	1.9
	波兰	1.1	1.0	0.5	0.5	1.4	1.7	2.1
	斯洛伐克	0.5	1.0	1.2	1.2	1.2	1.2	1.3
	斯洛文尼亚	1.1	0.5	1.1	1.0	1.1	—	
	亚洲							
	中国香港	—	—	2.1	1.9	1.7	1.7	1.8
	印度	0.7	0.5	0.8	1.0	1.1	0.9	0.9
	韩国	-0.6	0.8	0.6	0.2	0.9	1.3	1.1
	新加坡	1.3	1.0	0.8	1.0	1.2	1.2	1.4
	泰国	-0.2	1.5	0.2	0.7	1.3	2.3	—

资料来源：《全球金融稳定报告——市场与发展问题（2005 年 9 月）》，中国金融出版社 2006 年版，第 188—197 页整理。《全球金融稳定报告——金融市场动荡起因、后果和政策（2007 年 10 月）》，中国金融出版社 2008 年版，第 148—156 页整理。

从表 4-8 中看出，外资银行进入较多的新兴市场国家，其本国银行体系稳健性指标也很好。拉丁美洲国家的墨西哥、智利、哥伦比亚和秘鲁，2000—2006 年年均资本充足比率分别为 14.79%、13.31%、13.01% 和12.94%，年均不良资产率分别为 3.36%、1.37%、6.47% 和 6.3%，年均资产回报率 1.66%、1.21%、2.23% 和 1.17%。其中墨西哥、智利和哥伦比亚银行各项指标非常好，其次为秘鲁，阿根廷指标最差，风险度较高。中东欧国家的匈牙利、斯洛伐克、捷克和波兰，2000—2006 年年均资本充足率分别为12.53%、17.50%、13.87%和14.21%，年均不良贷款率分别为2.70%、6.99%、9.79%和15.96%，年均资产回报率分别为1.64%、1.09%、1.1%和1.19%。其中匈牙利、斯洛伐克、捷克国家银行各项指标非常好，波兰除不良资产率超过10%以上外，其他指标也非常好，尤其是资本充足比率均超过14%。亚洲国家或地区的香港、新加坡、印度、韩国和泰国，2000—2006年年均资本充足率分别为15.87%、17.14%、12.19%、11.64%和12.91%，年均不良贷款率分别为3.93%、3.3%、8.47%、3.01%和11.93%，年均资产回报率分别为1.84%、1.13%、0.84%、0.36%和0.61%。其中香港、新加坡银行各项指标最好，其次为印度和韩国，泰国虽然不良资产率超过10%，但其资本充足比率较高为12.91%，以增强其抗风险能力。

2007年，新兴市场国家继续呈现经常项目盈余以及净资本流入态势。2007年亚洲新兴市场国家仍是主要的经常项目盈余地区，达到了5200亿美元；中东为2750亿美元；俄罗斯为800亿美元。由于新兴市场国家经济基本面的改善、充足的外汇储备以及较大规模的经常项目盈余，因而使其银行业稳健性指标基本保持在2006年的水平上。

4.5　发展中国家引进跨国银行的经验及启示

1. 外资银行进入对于发展中国家金融发展起到一定的积极作用

外资银行进入对于发展中国家，通过有选择的引进外资银行，成功地对本国银行体系进行重组，会增强本国金融系统的稳定性和抗风险的能力。因此，发展中国家在适当的时机适度引进外资银行，会对发展中国家金融稳定地到一定积极作用。

2. 外资银行进入会加速本国银行业提高竞争力和银行效率

外资银行进入发展中国家，虽然会给本国金融业带来一定冲击，但同时也会加速本国银行业体制创新与机制创新，不断提高经营管理水平与服务质量水平，注重加强本国银行内部控制与风险管理，提高资本充足率与降低不良资产率，不断进行金融业务与产品创新，从而加速本国银行业提高竞争力和银行效率。

3. 外资银行进入会加速提高本国银行业风险管理水平

外资银行进入发展中国家，总体会对东道国银行产生有利的影响，提高东道国银行体系的稳健性。但对于过度开放银行业，外资银行占绝大比重的国家，往往受外部因素影响较大。因此，为避免外资银行进入给本国银行带来风险，东道国往往会加大本国银行内部控制与风险管理力度，不断提高资本充足比率，降低不良资产，从而会加速本国银行业体制改革，提高本国银行业风险管理水平。

4. 外资银行进入会加速提高本国金融监管水平

外资银行进入发展中国家，虽然可能使本国金融监管的难度增加，但同时也会促使本国金融监管部门积极改革，注重监管手段与监管方式的改革，建立外资银行风险监控法律法规，完善外资银行风险监控机制，并注重与外资银行母国加强合作，从而会加速提高本国的金融监管水平，以防范国际金融危机。

5. 政府在外资银行参股并购本国银行中发挥着重要的主导作用

由于发展中国家金融体制不完善，信息透明度不高，金融监管水平薄弱，在强调发挥市场作用的同时，政府对银行重组的财力和政策上的支持是银行重组得以顺利进行的必要条件。由于发展中国家政府制定了适宜可行的政策和资金援助计划，在金融改革中有效地发挥了政府的导向作用，因此许多发展中国家的金融业重组都进展得很顺利，没有受到太大的冲击。

第5章 中国商业银行国际竞争力问题实证研究

5.1 中国商业银行国际竞争力发展的现状

中国于 1995 年首次参加了瑞士洛桑国际管理发展学院（IMD）的金融体系国际竞争力评价。从中国在世界竞争力排名看，中国的世界竞争力排名大体徘徊在 30 名左右见表 5 - 1。2002 年中国金融体系的竞争力排名世界第 44 位，比 2001 年下滑了 1 位。其中资本竞争力从 2001 年世界第 36 位提高到 2002 年的第 32 位，上升了 4 位。金融效率竞争力仍是最差的，世界排名为第 49 位，银行部门效率竞争力下降了 2 位为 42 名，股票市场竞争力下降了 9 位为 43 名，这说明中国金融体系整体国际竞争力水平不高，国际化程度不强[①]。中国金融体系国际竞争力处于较低水平，这对国家金融安全、经济社会的整体发展是不利的。近年来中国整体国际竞争力水平有较大提高。根据 IMD 公布的 2006、2007、2008 年世界竞争力排名，2006 年，中国在世界竞争力排名大幅上升，排名为 19 位，比 2004 年上升了 12 位。2007 年，中国在世界竞争力排名上升，排名为 16 位。2008 年，中国在世界竞争力排名略微下降，排名为 17 位。这说明中国近年来在世界竞争力水平不断提高。

---

① 中国人民大学竞争力与评价研究中心研究组：《中国国际竞争力发展研究报告（2003）》，中国人民大学出版社 2003 年版，第 36—38 页。

表 5 - 1　1998—2002 年中国竞争力在世界的排名表①

	1998	1999	2000	2001	2002
总排名	21	29	30	33	31
国内经济实力	5	6	18	16	14
国际化	20	18	35	36	33
政府管理	5	16	16	21	23
金融体系	42	36	42	43	44
基础设施	40	42	42	38	37
企业管理	30	36	37	36	44
科学技术	13	25	28	35	33
国民素质	24	27	29	40	37

资料来源：中国人民大学竞争力与评价研究中心研究组：《中国国际竞争力发展研究报告（2003）》，中国人民大学出版社 2003 年版，第 36 页。

　　从国内来看，2002 年以来中国银行业经营状况逐渐改善，资产占 GDP 的比重在逐步增加（见图 5 - 1）。2007 年末，中国商业银行总资产为 52.6 万亿元，比上年增长 19.7%；总负债为 49.6 万亿元，比上年增长 18.8%；实现利润 4467.3 亿元，比上年增加 1497.6 亿元②。截至 2008 年 9 月底中国商业银行本外币资产总额为 59.3 万亿，同比增长 17.2%；本外币负债总额为 55.8 亿元，同比增长 16.6%③。同时，中国银行业资产占 GDP 的比重近年来在逐步增加，2002 年为 196.62%，2007 年增加到 213.28%，增长了约 16.67 个百分点，六年年均占比为 204.13%。这说明中国银行业近年来竞争力有所增强，

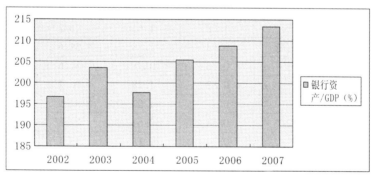

图 5 - 1　2002—2007 年中国银行业资产占 GDP 比重

---

　　① 2001 年 IMD 将八大要素即国内经济实力、国际化、政府管理、金融体系、基础设施、企业管理、科学技术和国民素质改为四大要素：即经济运行竞争力、政府效率竞争力、企业效率竞争力、基础设施和社会系统竞争力。本表将四大要素改为原来的八大要素。

　　② 资料来源：中国银监会网站，2006 年 3 月 12 日。

　　③ 资料来源：中国银监会网站，2008 年 10 月 29 日。

对经济增长的贡献度在逐渐增大。

本文以5家国有商业银行、9家股份制银行①和外资银行作为研究对象，分别从产权结构、市场结构、银行效率三个方面分析中国商业银行国际竞争力问题。

5.2 中国商业银行产权结构与银行竞争效率关系分析

中国商业银行目前有五种所有权类型的银行：国有商业银行、股份制商业银行、城市商业银行、农村商业银行、外资银行。由于城市商业银行和农村商业银行不在本文研究范围内，因此我们以其他三种类型所有权结构进行商业银行竞争力比较分析。同时运用财务指标资产利润率（ROA）和资本利润率（ROC）指标来反映不同商业银行的经营绩效（见表5－2）。

表5－2　中国不同所有权的商业银行效率指标（%）

银行		资产收益率		资本收益率	
		2006	2007	2006	2007
五大国有银行	中国工商银行	0.96	1.33	20.1	24.4
	中国银行	1.28	1.51	20.5	22.1
	中国建设银行	1.21	1.53	21.4	28.3
	中国农业银行	0.23	0.54	14.4	36.6
	交通银行	1.01	1.47	22.4	30.6
其他股份制银行	中信银行	0.99	1.30	26.7	37.5
	招商银行	1.08	1.61	26.2	36.2
	上海浦发银行	0.88	1.18	31.6	42.1
	民生银行	0.76	10.01	31.6	301.1
	兴业银行	0.82	1.28	36.1	41.3
	深发银行	0.77	1.07	34.9	39.6
	华夏银行	0.54	0.64	22.8	32.1
	光大银行	0.74	1.13	33.4	29.8

注：广发银行由于调整变化很大，故不列入其中。

资产收益率＝税前利润/资产；资本收益率＝税前利润/资本

资料来源：英国《银行家》2007年第7期、2008年第7期和个别银行年报整理。

---

① 五大国有商业银行包括中国银行、中国建设银行、中国工商银行、中国农业银行和交通银行，因这5家商业银行都已成为或将成为股份制商业银行，习惯上应称之为国有商业银行；9家股份制商业银行包括中信实业银行、中国光大银行、华夏银行、中国民生银行、广东发展银行、深圳发展银行、招商银行、上海浦东发展银行和兴业银行。

从资产利润率看，总体来看，2006 年五大国有商业银行平均资产利润率高于其他股份制商业银行平均资产利润率 0.12 个百分点，2007 年其他股份制商业银行平均资产利润率高于五大国有商业银行平均资产利润率 1 个百分点，主要是由于这年民生银行税前利润增长较快，使其资产利润率较高。2007 年国有商业银行和股份制商业银行资产利润率较 2006 年都有较大幅度提高。

从资本利润率看，总体来看，2006 年、2007 年五大国有商业银行平均资本利润率均低于股份制商业银行平均资本利润率，但五大国有商业银行资本利润率 2007 年较 2006 年有较大提高。

因此，无论从资产利润率还是从资本利润率看，近年来五大国有商业银行和其他股份制商业银行产权效率都有较大幅度提高，说明近年来中国商业银行竞争力有所增强。同时我们看出，产权结构与商业银行竞争效率确实有关，但是这种关系是非线性的，其他因素也影响商业银行效率。

5.3 中国商业银行市场结构与竞争效率关系分析

5.3.1 中国商业银行组织结构和市场份额分析

目前，中国商业银行组织结构是以五大国有商业银行为主体、其他股份制商业银行、城市商业银行、农村商业银行和外资银行为辅的多元化的金融体系。

表 5-3 2000—2007 年各类银行存款、贷款、资产占所有金融机构比重（%）

年度	五大国有银行			其他股份制银行			外资银行		
	存款	贷款	资产	存款	贷款	资产	存款	贷款	资产
2000	73.26	67.40	83.42	6.93	5.30	8.71	0.53	1.88	2.39
2001	70.35	65.51	76.93	8.43	5.78	10.27	0.54	1.65	2.70
2002	67.77	63.20	75.77	8.37	7.39	12.11	0.55	1.42	1.46
2003	61.49	58.26	59.22	8.59	8.82	11.03	0.66	1.36	1.79
2004	60.82	56.51	56.90	10.94	10.13	11.54	0.76	1.80	2.19
2005	59.99	53.46	56.53	12.34	12.76	11.75	0.89	2.17	2.34
2006	59.14	52.23	55.64	12.54	13.17	12.13	1.14	2.59	2.68
2007	56.54	50.45	54.06	13.02	13.68	13.55	1.30	2.78	2.80

资料来源：根据 2001—2007 年《中国金融年鉴》、《中国人民银行统计季报》2008 年第 2 期和 2007 年各家上市银行年报整理。

从表 5-3 中看出，由于长期以来国有商业银行一股独大，长期垄断中国银行业市场，所以国有商业银行无论在资产规模，还是存贷款规模上，其占比长期高估不下。2000 年五大国有商业银行资产额、存款、贷款占所有金融机构资产、存款和贷款的比重分别为83.42%、73.26%和67.40%，以后逐年下降，尤其2001 年中国入世后，加快了其他商业银行发展，使五大国有商业银行资产、存款和贷款规模占比在 2002 年后大幅下降，2007 年分别下降到54.06%、56.54%和50.45%，下降幅度达 17%以上。其中五大国有商业银行资产比例下降尤为突出，下降幅度达 29%以上。

从股份制商业银行看，其比例则有较大幅度上升，2000 年其他股份制商业银行资产额、存款、贷款占所有金融机构资产、存款和贷款的比重分别为8.71%、6.93%和 5.30%，以后逐年上升，2007 年分别上升到 13.55%、13.02%和13.68%，上升幅度达6%以上。其中贷款和存款比例上升突出，资产比例则是回复式上升。

从外资银行看，外资银行的资产、存款、贷款占所有金融机构资产、存款和贷款的比重总体呈上升趋势，2000 年分别为 2.39%、0.53%和1.88%，2007 年则分别为2.80%、1.30%和2.78%，外资银行贷款和资产比例波动剧烈，都曾在 2002 年严重下滑。

以上表明：近年来国有商业银行各项指标的大幅下降是由于中国金融体制改革的不断深入，随着国有商业银行组织结构与业务流程的重组或重塑，尤其是中行、建行和工行股份制改造的顺利进行，使其存、贷款、资产的占比比例下降。同时，在金融业对内开放过程中，由于逐步放松对股份制商业银行的政策管制，为其创造了良好的发展环境，并由于我国整体经济的不断发展以及中小企业的发展壮大，这也增加了对中小股份制商业银行的存、贷款需求，从而使国内股份制商业银行的经营能力增强，其存、贷款比例不断上升。而在金融业对外开放过程中，由于 2001 年入世，对外资银行的进入资格逐步放宽，使得更多的外资银行进入大陆，并由于对外资银行的营业范围逐步放宽尤其是允许外资银行经营人民币业务，使得外资银行的经营能力增强，从而使外资银行的存款比例不断增加。

因此，随着中国金融体制改革的不断深入，中国商业银行的组织结构和市场份额正在发生深刻变革。目前中国银行业是垄断竞争的银行体系。

5.3.2　中国商业银行市场集中度和赫芬达指数分析

（一）中国商业银行市场集中度分析

市场集中度是指某一特定市场中少数几个最大银行所占有的市场份额。一般来说，集中率越高，少数银行的市场权力就越大，市场的竞争程度就越低；反之相反。我国一般用 CRn 和 HHI 法来进行测定。

$$CR_n = \left(\sum_{i=1}^{n} X_i \Big/ \sum_{i=1}^{N} X_i \right) \times 100\% \qquad (5.1)$$

$$HHI = \sum_{i=1}^{n} \left(X_i \Big/ T \right)^2 \qquad (5.2)$$

其中，n，N 代表该行业的银行总数，Xi 代表各银行的有关数值，T 代表市场总规模。

CRn 指数是指某行业中前几家最大银行的有关数值的行业比重。一般来说，这一指标数值越高，表明行业垄断性也就越高，它综合反映了银行数目和规模两个决定市场结构的重要方面，具有较强的说服力。但它不能反映规模最大几家银行的个别情况，也难以说明市场份额和产品差异程度的变化情况。HHI 指数则较好地克服了 CRn 指数的不足，较好地反映了企业或银行数量及其相对规模，在产业组织理论的实证研究中用途十分广泛。

表 5-4　2000—2007 年中国商业银行的集中度 1

年份	排名前 14 家银行（CR14）			排名前 5 家银行（CR5）		
	存款	贷款	资产	存款	贷款	资产
2000	80.61	74.09	94.39	73.65	68.69	85.46
2001	79.21	72.49	89.62	70.73	66.61	79.07
2002	76.57	71.61	89.18	68.15	64.11	76.89
2003	70.55	68.01	71.53	61.90	59.07	60.30
2004	72.31	67.86	69.97	61.29	57.54	58.17
2005	72.98	67.69	69.91	60.53	54.64	57.88
2006	72.52	67.14	69.63	59.83	53.62	57.17
2007	70.47	66.14	69.84	57.28	52.03	55.84

注：本表为不包含外资银行的中国商业银行的集中度。前 14 家银行指本文中所指的银行，前 5 家银行指 5 大国有银行。

资料来源：根据 2001—2007 年《中国金融年鉴》、《中国人民银行统计季报》2008 年第 2 期和 2007 年各家上市银行年报整理。

表 5 - 5　2000—2007 年中国商业银行的集中度 2

年份	排名前 14 家银行 （CR14）			排名前 5 家银行 （CR5）		
	存款	贷款	资产	存款	贷款	资产
2000	80.19	72.70	92.13	73.26	67.40	83.42
2001	78.78	71.29	87.21	70.35	65.51	76.93
2002	76.14	70.59	87.88	67.77	63.20	75.77
2003	70.09	67.09	70.25	61.49	58.26	59.22
2004	71.76	66.63	68.44	60.82	56.51	56.90
2005	72.33	66.22	68.28	59.99	53.46	56.53
2006	71.69	65.40	67.77	59.14	52.23	55.64
2007	69.56	64.13	67.62	56.54	50.45	54.06

注：本表为包含外资银行的中国商业银行的集中度。

资料来源：根据 2001—2007 年《中国金融年鉴》、《中国人民银行统计季报》2008 年第 2 期和 2007 年各家上市银行年报整理。

从表 5 - 4 和表 5 - 5 中看出，不管是否包含外资银行，中国商业银行的集中度总体都呈下降趋势。2007 年五大国有商业银行的市场集中度降到约为 53% 左右，比 2000 年下降了约二十几个百分点，前 14 家银行的市场集中度降到约为 67% 左右，比 2000 年下降了约十五个百分点，这进一步印证了中国银行业市场结构是垄断竞争型银行体系，即随着中国金融制度改革的不断深入和整体金融环境的改善，中国中小股份制银行迅速增长。中小股份制银行不仅在资产规模上增加迅速，而且其经营能力也日渐提高，吸收存款和发放贷款数量增加，从而使银行业市场集中度下降。另外由于中国外资银行参股主要是在中小股份制商业银行间进行，因此这也是造成中国银行业市场集中度下降的原因。

结合表 5 - 3 我们进一步看出：第一，外资银行对中国商业银行的集中度有影响。无论是对五大国有商业银行还是前 14 家商业银行都有影响。第二，中国外资银行的发展主要体现在贷款和资产的增加上，虽然外资银行存款近几年增加较快，但在总体上来看其吸收存款方面的发展不太明显，具体表现在外资银行的存贷款和资产总量对 CR5、CR14 有影响。仅从前 14 家银行集中度来看，外资银行进入使存款的集中度差由 2000 年的 0.42 个百分点左右逐步上升到 2007 年的 0.91 个百分点左右；外资银行进入使贷款的集中度差由 2000 年的 1.39 个百分点左右逐步上升到 2007 年的 2.01 个百分点左右；外资银行进入使资产的集中度差由 2000 年的 2.26 个百分点左右逐步略降到到 2007 年的 2.22 个百分点左右。同样外资银行对 CR5 也有影响。因此前 5 家商业银行与前 14 家商业银行的存贷款和资产集中度与外资银行有关。第三，尽管外资银行的绝对规模在不断增加，但相对的增长速度低于全国水平，总体所占市场份额仍很小，不到 3%。

（二）中国商业银行赫芬达指数分析

美国司法部和联邦贸易委员会（1997）认为，当 HHI 指数小于 1000 时，市场处于充分竞争状态；当 HHI 指数介于 1000—1800 之间时，市场处于适度集中状态；当 HHI 指数大于 1800 时，市场处于高度集中状态。

表 5-6　2000—2007 年中国商业银行业的赫芬达（HHI）指数

年份	包含外资银行的赫芬达指数			不包含外资银行的赫芬达指数		
	存款	贷款	资产	存款	贷款	资产
2000	2094.094	2078.715	1886.734	2121.267	2180.737	1979.27
2001	1995.104	2053.113	1788.148	2021.964	2143.914	1890.84
2002	1962.038	1981.35	1738.749	1990.147	2057.659	1794.098
2003	1867.211	1795.223	1622.393	1901.405	1864.405	1699.737
2004	1697.523	1712.837	1554.753	1732.772	1799.333	1645.696
2005	1605.301	1457.036	1516.625	1643.552	1543.27	1610.596
2006	1569.765	1405.309	1482.38	1617.6	1503.211	1586.286
2007	1522.602	1346.793	1399.515	1576.422	1455.194	1511.979

从表 5-6 中看出，无论是否包括外资银行，目前中国商业银行的赫芬达指数（HHI 指数）均在适度集中市场状态中。2002 年以前，中国银行业的资产、存款和贷款市场的 HHI 指数均大于 1800，处于高度集中状态。2002 年以后中国商业银行从原来高度垄断的市场结构开始转变为适度集中的市场结构。2002 年中国商业银行的资产市场的 HHI 指数小于 1800，处于适度集中状态中，但存款和贷款市场的 HHI 指数均大于 1800，还处于高度集中状态。2004 年以后中国银行业的资产、存款和贷款市场的 HHI 指数均大于 1000 小于 1800，处于适度集中状态中。这进一步论证了我们前面所述的中国商业银行应实行适度集中的产权结构观点，也证明了目前中国银行业是垄断竞争的银行体系。

结合表 5-4 和 5-5 我们进一步看出，是否包含外资银行对银行业在资产、存款和贷款方面的 HHI 指数均有影响，并且其影响度略有增大。2000 年外资银行在资产、存款和贷款上 HHI 指数差分别为 92.54、27.17 和 102.02，2007 年外资银行在资产、存款和贷款上 HHI 指数差分别为 101.46、53.82 和 108.40。这表明，近几年外资银行在国内有所发展，对国内银行业的集中度影响在不断增大。

因此，无论是用银行集中度指标还是用 HHI 指数来分析，目前中国银行业是垄断竞争的银行体系，并且中国银行业处于适度集中的市场结构中，外资银行对中国银行业市场结构有影响。

5.4 中国商业银行效率及其影响因素结构分析

5.4.1 商业银行效率的评价方法—DEA 理论综述

目前国际上流行的商业银行效率的评价方法是前沿分析法。Berger 和 Humphrey（1997）在对金融机构效率的研究文献进行回顾时，将分析法分为非参数方法和参数方法两种。非参数方法（Non – Parametric Method）无需估计前沿生产函数的参数及函数具体形式；参数方法（Parametric Method）必须通过明确的生产函数来确定生产可能曲线。非参数包括包络分析（DEA）和自由可置壳分析（FDH）。参数分析包括随机边界法（SFA）、自由分布法（DFA）和厚边界法（TFA）。其中 DEA（Data Envelopment Analysis）方法是目前国内外分析银行效率广泛采用的方法。

DEA 作为一种线性规划方法，最初由 Charnes（1978）在 Farrell（1957）的生产效率基础上提出。Farrell（1957）在 Debreu 和 Koopmans 的成果上提出了对多种投入企业效率的测度方式，并将企业效率分为两部分：一是技术效率（technical effciency），反映在给定投入的情况下企业所获得的最大产出能力。技术效率又包括纯技术效率和规模效率。纯技术效率测度的是当规模报酬可变时，被考察企业与生产前沿之间的距离；规模效率衡量的是规模报酬不变的生产前沿与规模报酬变化的生产前沿之间的距离。二是配置效率（allocative effciency），反映给定投入价格时企业以适当比例使用各项投入的能力。三是综合效率（economic effciency），即上述两项测度的综合，也有的称之为经济效率或成本效率或 X 效率。

DEA 有两种基本模型：规模报酬不变模型（CRS）和规模报酬可变模型（VRS）。CRS 模型是 Charnes，Cooper 和 Rhodes（1978）提出的，用来测度决策单位的技术效率；VRS 模型是由 Banker，Charnes 和 Cooper（1984）在假定决策单位的规模报酬可变的情况下发展的，它测度的是纯技术效率，也允许它将技术效率分解成纯技术效率和规模效率。

Berger 和 Humphrey（1997）在用前沿分析方法研究 122 个存款金融机构时表明，有 69 项的研究使用非参数方法，其中 62 项采用 DEA 方法；60 项采用了参数分析法（有的研究采用两种以上的方法）。早期的研究者多采用 DEA 方法研究银行的技术效率和规模效率，近年来研究银行效率的方法则侧重 X 效率或成本效率。国内采用 DEA 方法的研究表明，多数研究的是技术效率（TE）、纯技术效率（PTE）和规模效率（SE），如张健华（2003）、陈敬学、李玲和杨文成（2004）、郑录军、曹廷求和郭妍（2005），而孙会国和李泽广（2004）则用 DEA 方法研究了我国商业银行的 X 效率。采用 DEA 方法的优点是：（1）它无需考虑前沿生产函数的具体形式。（2）可自由处置多投入和多产出的情况。但 DEA 方法也有缺陷：（1）没有考虑随机误差项。（2）对效率值的估计偏低，而且离散程度较大。但总体来看，采用 DEA 方法基本能反映我国银行业效率，因此本文采用 DEA 方法进行实证分析。

5.4.2 中国商业银行效率 DEA 方法的计量模型及其实证分析

（一）DEA 方法的基本计量模型和效率测算方法

1. 规模报酬不变模型（CRS）及技术效率的经济含义

CRS 模型是 Charnes，Cooper 和 Rhoder（CRS，1978）所提出的最基本的 DEA 模型，它测度的效率值是技术效率（TE），其经济含义是当第 I 家银行的产出水平保持不变时，如以样本中最佳表现（处于效率前沿面上）的银行为标准，实际所需要的投入比例。

2. 规模报酬可变模型（VRS）与规模效率的测算方法

规模报酬不变模型（CRS）的假设隐含着小银行可以通过增加投入等比例地扩大产出规模，即银行规模的大小不影响其效率。这将导致当被考察机构不是全部处于最佳规模时，会使技术效率与规模效率混在一起。为此，Banker，Charnes 和 Cooper（1984）提出了 CRS 模型的改进方案，以考虑规模报酬可变（VRS）的情况。VRS 模型通过技术效率除以规模效率，得出纯技术效率（PTE）。

各种效率的相互关系为：技术效率（TE $_{CRS}$）＝纯技术效率（PTE $_{VRS}$）×规模效率（SE）。利用 CRS 模型和 VRS 模型可以分别计算一家银行的技术效率和纯技术效率，并得出该银行的规模效率。其中 PTE $_{VRS}$ ≥ TE $_{CRS}$，这说明 VRS 模型比 CRS 模型得到的效率值大，其观察点更接近于效率边界。

（二）中国商业银行效率的实证分析

1. 样本的选取与分组

本文以 5 家国有商业银行和 9 家股份制商业银行为样本，分成国有银行组和股份制银行组两组，因为 2007 年这两组银行的资产合计占我国商业银行总资产的 80% 左右，并且是竞争力较好的银行，而且 2007 年这 14 家银行都进入全球 1000 家银行的排名中，足以代表我国商业银行国际竞争力状况。我们选取这些银行 1994—2007 年的数据，数据均来自 1995—2007 年《中国金融年鉴》和 2007 年各家银行年报及相关统计，运用 DEA 方法①的计量模型对 1994—2007 年间中国商业银行效率进行实证分析。

2. 中国商业银行 CRS 模型下的技术效率

从表 5 - 7 中看出，中国商业银行经营绩效总体有了较大提高，总体趋于上升趋势，尤其 2000 年以来表现更明显，2006 年其总效率均值比 1994 年高出 18 个百分点。其中 1994—2001 年期间五大国有商业银行和股份制商业银行效率都是上升的，且股份制商业银行效率比国有商业银行效率高，但 2002 年以来，五大国有商业银行效率和股份制商业银行效率都是波动性增长，并且 2004—2006 年股份制商业银行效率有所增长，高于全国平均水平，而五大国有商业银行效率这期间有所下降。这说明随着入世后外资银行的进入与国内银行业竞争的加剧，国内银行业竞争力水平和竞争效率受到影响。除交通银行外的四大国有商业银行由于股份制改造及核销不良资产而改善经营绩效，使其效率波动性增长。2007 年，中国商业银行效率总体有所回落，其原因：一是 2007 年中国股市达到 6000 多点，使商业银行居民储蓄存款大幅度减少，2007 年仅比上年增长 5.8%，商业银行资金流向股市。二是国家实行从紧的货币政策，五次上调贷款利率，使商业银行贷款大幅度减少，盈利水平受到一定影响。三是商业银行为降低不良贷款，资产减值准备金和拨备准备金大幅度增加。2007 年底，主要商业银行各项资产减值准备金余额 5375 亿元，比年初增加 759 亿元；拨备覆盖率为 39.2%，比年初提高 5.2 个百分点，使其盈利水平有所减少。四是正如前述受美国次贷危机的影响，全球银行业利润较上一年下滑，中国商业银行也不同程度受到美国次贷危机的影响，尤其有些大商业银行大量投资购买外国债券或并购、海外设立分支机构，使其产出效率有所下降。

2008 年上半年这 14 家商业银行利润普遍大幅度上升，主要是因为股市价格大幅度下跌及银行升息的影响，使市场资金又回流到商业银行，但 2008 年下半年由于美国金融危机愈演愈烈及国内经济增长速度放缓，使中国商业银行效率普遍有所降低。

---

① DEA 计量模型和方法参见张健华：《我国商业银行效率研究的 DEA 方法及 1997—2001 年效率的实证分析》，《金融研究》2003 年第 3 期，第 11—25 页。

表 5 - 7　1994—2007 年中国商业银行效率的变化情况

年份	五大国有银行均值	其他股份制银行均值	全国银行平均值
1994	0.5846	0.8645	0.7479
1995	0.5866	0.8035	0.7201
1996	0.6035	0.7512	0.6984
1997	0.7631	0.8466	0.8168
1998	0.8789	0.8864	0.8837
1999	0.8379	0.9046	0.8808
2000	0.9048	0.9071	0.9062
2001	0.9433	0.9291	0.9342
2002	0.9146	0.8407	0.8671
2003	0.8804	0.8809	0.8807
2004	0.9228	0.8177	0.8552
2005	0.8888	0.9231	0.9109
2006	0.8790	0.9486	0.9237
2007	0.6151	0.8171	0.7449

3. 中国商业银行效率的影响因素结构分析

为了说明中国商业银行效率的结构性影响因素，我们构造了如下的回归模型：

$$y=\alpha_0+\alpha_1*BC+\alpha_2*BASC+\alpha_3*INV+\alpha_4*COMP \qquad (5.3)$$

其中，BC 为预算约束变量，其值为权益/资产比例；INV 为金融创新程度，由非利息收入占总收入比例表征；COMP 为竞争程度，由单个银行资产占所有金融机构资产刻画；BASC 为基础业务能力，取贷款/存款比例。

在具体估算过程汇总中，由于效率值在 0 和 1 之间，因此对每类样本分别进行删减回归（Censored Regression），即 $y=\begin{cases} 0 & y^* < 0 \\ y^* & 0 \leq y^* \leq 1 \\ 1 & y^* > 1 \end{cases}$ 其中，y 为测算出来的效率值，$y*$ 为真实但未观测的效率值，然后再对上述方程在 Eviews5.0 中进行最大似然估计。估计过程中，由于时间序列样本量不够，因此我们将每类银行各个年度的数据放在一起形成一类样本，总共两类样本。

1994—2007 年的全样本估计结果在表 5 - 8 中列出。首先，预算约束对五大国有商业银行具有很强的正面影响，系数都在 3 以上，而且都显著。相比之下，预算约束对股份制商业银行的影响不是很明显，系数相对比较小，而且不显著。由于五大国有商业银行在股权结构方面的国有特征以及股份制商业银行的非国有特征，这说明产权结构对商业银行效率的影响是重要的。这个结论与姚树洁等人（2004）的结论基本一致。

基础业务能力对五大国有商业银行的纯技术效率具有很强的正面影响，并且是显著的，但对五大国有商业银行的规模效率具有负面影响，总体综合效率有正面影响，但不显著。对股份制商业银行的各种效率指标都是负面影响，但这些影响程度都不大，而且不显著。这说明五大国有商业银行主要以传统业务为主，并将业务重点集中在存贷款市场上，不能进行业务创新，这样一方面造成资金成本高，市场筹资能力差，资产流动性低，使传统的存贷款业务增幅有所下降，国有商业银行利息性收入增长幅度有限，边际收益递减；另一方面由于国有商业银行经营理念与营销手段相对落后，业务开拓创新能力不强，造成中间业务发展缓慢，盈利较低。而股份制商业银行由于金融创新能力较强，使其经营传统存贷款业务能力相对弱于国有商业银行。因此，预算约束和基础业务能力两个因素说明产权结构对商业银行效率的的影响相对要比市场结构的影响大。

竞争程度对中国商业银行各种效率的影响是负的，规模越大，商业银行效率并没有相应增加，这在五大国有商业银行中表现尤为明显。其中，竞争程度对股份制商业银行的综合技术效率的负面影响最大并且是显著的，对五大国有商业银行的纯技术效率影响也是显著的，但对股份制商业银行的其他效率指标的负面影响不显著。这说明中国商业银行总体竞争程度不高，究其原因主要是商业银行在规模扩张的同时，其经营管理水平相对滞后，影响了商业银行竞争效率的提高。因此，提高中国商业银行竞争效率尤其提高其管理水平竞争效率尤为重要。

表5-8 1994—2007年中国商业银行效率影响因素分析

	技术效率 TE（CRS）		纯技术效率 PTE（VRS）		规模效率 SE	
	五大国有银行	其他股份银行	五大国有银行	其他股份银行	五大国有银行	其他股份银行
常数	0.72 ***	1.09 ***	0.61 ***	1.25 ***	0.89 ***	1.03 ***
BC	4.46 **	−0.38	3.18 *	−0.57	3.48 **	0.04
BASC	0.1	−0.08	1.03 ***	−0.02	−0.16	−0.05
INV	−0.1	8.68 **	2.03 ***	8.47	−0.72 *	3.89
COMP	−0.12	−0.34 **	−0.13 *	−0.34	−0.05	−0.15
LogL	−14.11	−21.32	−12.12	−44.11	−9.01	15.36

注：TE（CRS）——技术效率；SE——规模效率；PTE（VRS）——纯技术效率。

***代表在1%水平显著，**代表在5%水平显著，*代表在10%水平显著。

LogL为极大似然估计的对数似然指。

出于稳健性考虑，表5－9和5－10分时间段考虑了各因素对中国商业银行效率的影响，从动态角度分析各因素影响模式的变化。预算约束在全样本期间对五大国有商业银行的较强影响主要体现在2004年除交通银行外的四大国有商业银行股份制改革以前，其股份制改革之后预算约束的影响和其他股份制商业银行一样不再明显。预算约束对五大国有商业银行的纯技术效率的影响在其股份制改革以前是不明显的，甚至不显著为负。它的影响是在其股份制改革以后才不显著变为正的。预算约束对其他股份制商业银行效率的动态影响与全样本结论大致相同，但后期对规模效率的影响由全样本的不显著正面影响变为显著负面影响。因此，除交通银行外的四大国有商业银行股份制改革后，产权结构对国有商业银行效率影响与对其他股份制商业银行效率影响一样不太明显。

基础业务能力对商业银行效率的影响在整个样本期间变化较大。基础业务能力在全样本期间对五大国有商业银行效率的影响与其股份制改革后的影响模式大致相同，但在其股份制改革前对综合效率的影响与全样本期间不同。2004年前，基础业务能力对五大国有商业银行综合效率的影响不显著为负，而2004年后全样本的影响则为正。基础业务能力对其他股份制商业银行的影响模式要复杂的多，2004年前和2004年后的影响不同，并且全样本期间的影响与各个自样本期间的影响也有较大出入。总体而言，基础业务能力对五大国有商业银行效率影响较大，对其他股份制商业银行的效率影响比较小。

创新能力在全样本期间对五大国有商业银行的效率影响与其股份制改革以前的影响相似，但其股份制改革后的影响有所变化：对其技术效率和规模的影响不再显著，但对综合效率的影响显著为正。创新能力对其他股份制银行的影响在全本期间以及各个自样本期间的表现相同，都具有比较大的正面影响，而且在两个子样本期间对规模效率的影响是显著的。总体上，金融创新对五大国有商业银行的动态影响不太明显，但对其他股份制商业银行的影响却一直为正，而且影响力比较大，股份制商业银行比五大国有商业银行在金融创新方面的表现更加突出。这说明金融创新是提高股份制商业银行效率的主要途径，而五大国有商业银行只有提高金融创新能力，积极发展中间业务，才能加速提高其自身盈利能力与水平。

竞争程度在各个阶段和前面分析一致，表现不太显著，总体中国商业银行竞争效率较低。

表 5 - 9　1994—2003 年中国商业银行效率影响因素分析

	技术效率 TE（CRS）		纯技术效率 PTE（VRS）		规模效率 SE	
	五大国有银行	其他股份制银行	五大国有银行	其他股份制银行	五大国有银行	其他股份制银行
常数	0.83 ***	1.07 ***	0.67 ***	1.35 ***	0.94 ***	0.98 ***
BC	6.97 ***	- 0.12	- 0.44	- 0.68	6.58 ***	0.33
BASC	- 0.65	0	1.69 **	0.11	- 0.87 *	- 0.01
INV	- 0.85	11.96 *	2.18 ***	5.33	- 1.32 ***	7.31 *
COMP	- 0.15	- 0.36 *	- 0.1	- 0.47 *	- 0.08	- 0.12
LogL	- 7.16	- 20.74	- 10.31	- 32.66	- 2.73	8.82

注：TE（CRS）——技术效率；SE——规模效率；PTE（VRS）——纯技术效率。
　　*** 代表在 1% 水平显著，** 代表在 5% 水平显著，* 代表在 10% 水平显著。
　　LogL 为极大似然估计的对数似然指。

表 5 - 10　2004—2007 年中国商业银行效率影响因素分析

	技术效率 TE（CRS）		纯技术效率 PTE（VRS）		规模效率 SE	
	五大国有银行	其他股份制银行	五大国有银行	其他股份制银行	五大国有银行	其他股份制银行
常数	0.6	0.88 ***	1.14	0.17	0.77	0.85 ***
BC	3.57	- 0.05	3.38	- 3.65	1.8	- 4.73 **
BASC	0.17	0.01	0.61	- 0.44	- 0.21	- 0.29 *
INV	2.38 **	10.18 **	2.89	7.42	1.11	11.27 **
COMP	- 0.31	- 0.13	- 1.1	1.42 **	- 0.03	0.21
LogL	- 2.85	- 3.5	5.27	0.24	- 2.81	12.73

注：TE（CRS）——技术效率；SE——规模效率；PTE（VRS）——纯技术效率。
　　*** 代表在 1% 水平显著，** 代表在 5% 水平显著，* 代表在 10% 水平显著。
　　LogL 为极大似然估计的对数似然指。

4. 结论

通过利用 DEA 方法对 1994—2007 年中国两类商业银行的技术效率和规模效率的初步分析，我们发现：（1）总体而言，中国商业银行效率 2001 年入世以来变化较大，呈现波动性增长趋势。（2）五大国有商业银行规模效率较低，这就需要国有商业银行加强内部管理水平，提高资源配置效率，从而提高其竞争能力。（3）通过对中国商业银行效率的结构性影响因素分析，发现预算约束、基础业务能力、竞争程度和金融创新对中国商业银行效率都有影响，其中预算约束和基础业务能力对股份制商业银行效率不显著，金融创新对五大国有商业银行效率的影响不显著。因此，中国商业银行提高效率的途径是注重产权结构和公司治理改革，加速体制创新和机制创新，加大金融产品与服务创新力度，不断提高商业银行经营管理水平，以提高中国商业银行效率或竞争力。

（4）产权结构和市场结构共同决定中国商业银行的竞争力或竞争效率。

第6章　提升中国商业银行国际
竞争力途径之一
——完善产权结构与公司治理

探讨中国商业银行的产权结构与公司治理问题，是提高中国商业银行国际竞争力核心问题之一。我们将以中国国有商业银行和股份制商业银行作为重点研究对象进行分析。

6.1　中国商业银行产权结构与公司治理结构分析

一定的产权制度总是与一定的产权结构相对应。产权结构是比股权结构更宽泛的概念，它是指产权的集中程度及产权在各种出资者中的分布状态，对股份制银行而言，产权结构就等同于股权结构。公司治理从某种意义上可以看作是对应于股权结构的一种组织形式，公司采用怎样的治理结构，既不是单纯由技术特征所决定的自然结果，也不是完全由当事人意志所决定的主观选择，而是基于特定所有权安排而产生的一种客观的社会规定性。股权结构从根本上决定着公司治理的社会属性，它从一开始就影响到公司治理的主体、目标以及方式。可见，产权主体在公司治理中居于支配地位并发挥主导作用，无论是从公司治理的产生、存在还是性质来看，都是以一定的股权结构为基础和核心的。

6.1.1　中国商业银行股权结构分析

中国股份制商业银行具有如下特征：

表6-1　我国股份制商业银行的股权结构

银行名称	第一大股东持股比例（%）	第二大股东持股比例（%）	第三大股东持股比例（%）	第四大股东持股比例（%）	第五大股东持股比例（%）	股权制衡度	第一大股东性质
中国工商银行	46	46	5.6	2	0.1	－	国有法人股
中国银行	79.9	9.61	4.8	3.91	1.55	0.248	国有法人股
中国建设银行	61.49	9.21	1.34	1.34	0.89	0.208	国有法人股
招商银行	17.78	8.53	5.64	3.16	2.50	1.115	国有法人股
浦发银行	7.01	4.87	4.85	4.73	4.62	2.72	国有法人股
中国光大银行	24.16	21.39	3.24	2.14	1.9	1.9	国有法人股
华夏银行	14.29	11.43	10.00	8.57	4.29	2.400	国有法人股
兴业银行	25.51	15.98	5.00	4.25	4.00	1.15	国家股
交通银行	21.78	19.90	12.13	11.32	6.55	2.291	国有股
浙商银行	10.34	10.34	10.34	9.54	9.54	3.845	法人股
民生银行	5.99	5.64	5.00	4.71	4.64	3.337	法人股
深发展	17.89	3.20	1.74	1.29	0.80	0.39	外资股

数据来源于各银行2005年年报。

1. 在股权制衡度方面存在较大差异

从表6-1中数据看出，用第二至第五大股东的持股比例，与第一大股东的持股比例相比，所得数值可以反映出第二至第五大股东与第一大股东之间的力量对比关系。民生、浦发、浙商等银行的股权制衡度较高；深发展、招商银行、兴业银行、光大银行等银行的股权制衡度较小。这里需要说明的是，此处设计的指标很难全面地反映某一特定股份制银行的股权制衡状况，还应综合考虑第一大股东的持股比例，以及股东之间是否属于一致行动人等因素进行更全面的分析。

2. 多元化的股东性质

中国股份制商业银行第一大股东几乎都是国有性质（国有股包括国家股和国有法人股），只有深发展的第一大股东是外资股，民生银行、浙商银行的第一大股东是非国有的法人股。2003年12月，国有独资商业银行的股份制改革做出了重大举措。中央汇金投资公司代表国家向中国建设银行、中国银行注资，成为两家银行的控股股东，此后，这两家银行又经过引进境外战略投资者，由原来的国有独资银行成功转型为国有控股的、多元持股的股份制商业银行。2005年10月，中国建设银行在香港联交所上市，成为首家在境外上市的、国有控股的公众公司。2005年8月，中央汇金公司又向中国工商银行进行注资，原四大国有独资商业银行，已有三家完成了股份制改造。

尽管从法律上看，原国有独资银行属全民所有，但全民无法直接经营国有银行，必须经政府及一定的中间层次委托给银行经理人员来经营。但目前的状况是，政府委托代理人（董事会、经理）经营，以产权主体的名义实施转委托，却无须对代理人选任和经营结果向所有者承担责任。由于作为所有者的全体人民不知道自己所有权的具体载体，因此真正的所有者也不可能要求政府承担责任这就变相等于他们并没有所有权，从而导致产权主体"虚位"。如果行政对国有商业银行非理性干预过多，将产生由"所有者虚位"导致"代理人缺位"，最终导致无人为国有商业银行负责的问题。

汇金模式在一定程度上解决了原国有独资商业银行的所有者缺位问题，它是中国建设行、中国银行、中国工商银行的大股东，对三家银行行使出资义务，同时享有股东的分红权利、参与经营管理权利、取得剩余索取权权利。汇金公司按照《公司法》和银行各自《章程》的规定，出席股东大会，并向银行派出董事，对于银行的重大事项，如《章程》修改、银行的预算、决算、经营计划、一定金额以上的固定资产投资、债券投资等，均需在股东大会上审议，汇金公司与其他股东均可通过行表决维护作为股的利益。

除此以外值得一提的是，外资也开始入股中国银行业，1997年亚洲开发银行入股中国光大银行；1998年9月，国际金融公司取得上海银行5%的股权；2004年4月，汇丰入股交通19.9%的股份，成为交行第二大股东，自此以后，外资银行入股城市商业银行的消息屡屡传来。原来国家规定外资单股比例不能超过15%，合计不能超过20%，2003年改为合计不超过25%。国家对外资银行入股中资银行的政策正在松动。

3. 差异较大的股权集中度

我国股份制商业银行的股权集中度可分为三种类型：①股权高度集中型，如建行、中行、工行；②股权相对集中型，如光大银行、兴业银行；③股权分散型，如民生银行、浦发银行。

相关研究表明，国际著名大银行经过长期发展，尤其是多次、多地的公开发行，股权结构呈现分散化趋势，而且分散的股权主要由机构法人持有。

银行已经不再受哪一个或哪几个大股东的绝对控制。通过购买股票可以方便地成为银行的股东，像汇丰、德意志等大银行更是不断淡化其国籍身份，努力成为世界的本地银行（the World Local Bank）。原先国有化程度较高的发达国家的银行股权，其国有股权也随着股权分散而逐渐降低。法国里昂信贷银行的国有股份从原来的90%下降到10%左右，意大利的国民劳动银行，国有股份也只占3%。法国、意大利和葡萄牙政府都在通过出售国有股份给国内外的投资者，降低商业银行的国有股份，尽管国家持股的比例明显降低，但国家持有银行部分股份的现象仍然广泛存在。此外，国家持股的目的也发生了很大变化，不再是作为所有者去控制银行体系、决定银行的人事任免和经营决策，而是仅作为股东获取投资分红，这显然有利于消除政府干预，使公司治理得以正常开展。

6.1.2　中国商业银行公司治理存在的问题

公司治理结构是在一定产权制度下形成的一组联结并规范所有者（股东）、经营者（董事会、经理人）、劳动者（职员）相互权力与利益关系的制度安排，并由此解决公司内部不同产权主体之间的监督、激励和风险管理等问题。此外，根据古典经济学的基本理论，一个有效的资本市场结构是确保良好的产权制度发挥效力的必要条件，因为要使包括银行在内的任何企业改善自身治理机制，其基本方法是引入竞争的市场所具有的资源配置效用，达到完善公司治理机制和提高竞争力的目标。因此商业银行公司治理是内外因素双重影响的结果，自身股权结构的特点与外在法律环境、资本市场发展程度等条件共同作用，其复合效果决定了公司治理的有效性与商业银行的竞争力。国有股份制商业银行是我国商业银行体系的主体，此处以其为主进行分析。

1. 金融股产权"人格化"虚置，委托—代理机制效率低下

我国国有股份制商业银行公司治理所面临的根本性问题在于，如何确保国有股份制商业银行出资人责任到位、如何完善出资人的激励约束机制。对于国有股份制商业银行而言，由于只有负责任的出资人，才能选出负责任的代理人，因此，其公司治理问题，既是代理人问题，更是出资人问题。

我国现有的国有股份制商业银行的产权主体虽已改变一元化特征，但仍然是国有股一股独大，国家派出高级管理人员对银行进行经营管理，国有产权缺乏一个人格化的产权主体，于是存在着所有者主体不明确，即"所有者缺位"的问题。由于国有银行缺乏一个人格化的产权主体来行使完全意义上的所有权，就难以有足够的激励根据市场化赢利的要求来进行合格经理层的

选择、监督和评估；由于缺乏人格化的产权主体，经理层和员工事实上获得了对国有银行庞大资源的控制权和支配权。一方面是出资人"缺位"，另一方面又是出资人"越位"，政府历来有干涉国有银行人事安排和信贷流向的"传统"，在现行金融体制下，地方政府争夺国有金融机构的金融资源事实上是一种高收益、低成本的理性选择。地方政府官员的政绩以地方 GDP 的增长为考评，决定政府官员的升迁，所以地方政府官员的竞争主要表现为经济增长竞争，经济增长的竞争最终演化为替企业争夺银行信贷资源，这样，国有股份制商业银行是很难摆脱地方政府的干预的。根据统计数据，只有不到 20% 的不良贷款是由于银行内部管理不善造成的，其余大部分是在我国经济转型中历史和制度因素造成的转型社会成本。

现在虽然根据《公司法》设立了中央汇金公司，由财政全额出资，作为三家国有股份制商业银行的股东向其派出董事是改制后的国有银行的主要出资人。然而，汇金公司仍然无法从根本上解决所有人缺位问题。首先，中央汇金公司股改注资时，已经被明确是改制后的国有股份制商业银行的主要出资人但是，并没有明确出资人的责权利，也没有建立对出资人的市场化的考评机制，将银行的经营业绩作为考评汇金公司负责人的主要指标，也没有给予汇金公司充分的选择代理人的权力和足够的激励和约束，在"出资人"人格化的问题上还没有到位。其次，汇金公司的出资人是财政部，本身就是国有的，所以以前存在于国有银行的问题依然有可能存在于汇金公司。比如，不具有对高管人员的任免权；官本位的激励机制；自身利益最大化而牺牲委托人利益的现象。最后，由于所有战略投资者的股份加在一起也左右不了国家股股东的决定，一旦在决策中出现冲突，他们唯一的方法可能就是"用脚投票"。

由于脱胎于国有银行所有者虚位的历史状况，股改后的国有股份制银行内部管理结构仍具有行政性关系，没有形成真正的股份制公司相互制衡的治理结构，这使得国有银行委托代理关系依然模糊，无法形成有效的激励约束机制。这种格局的一个重要缺陷是，容易出现"共谋"现象，这个问题也联系到腐败问题。从代理人角度看，一方面因为多层安排导致决策难以及时有效，造成约束成本增大；一方面助长了代理人侵蚀国家利益的贪欲，造成经济损失，从而使代理问题严重和代理成本过大；从委托人来讲，因为信息不对称、不充分，造成监控失效、监督成本扩大，这也增大了代理成本。这与众所周知的公司治理机制的建立和运行的目标是降低代理成本这一观点是相悖的。由此而衍生的委托—代理显然也具有行政控制的特征。

2. 公司治理的组织框架不健全，内部人控制问题严重

从目前国有银行公司治理结构改革情况看，上市国有银行都设立董事会，

均已初步建立了公司治理的组织框架，实现了"形似"。但实际上却普遍缺乏良好公司治理的基本要素，在国有银行渐进式改革中，不少问题被温和地搁置，或被权宜之计所淡化。国有商业银行股改初期设立的"拼盘式"公司治理结构，到目前已经出现董事会、监事会和管理层轮番扯皮的现象。这种不健全的组织结构很难保证其功能的正常发挥。

在国有股份制银行转轨时期，由于新旧体制的交替，国有银行缺乏产权刚性约束的利益驱动力，产权主体缺位，权责利关系不对称，导致财产界定不清，利益约束机制软化，责任不明，经理人员对银行的控制权加大，甚至主导（推进或阻碍）变革进程。当产权所有者利益和控制人利益发生冲突时，掌握企业控制权的经理人员更容易与职工发生"共谋"，出现"内部人控制"，会加快国有资产流失。导致代理成本增大的重要原因主要为三方面：一是缺乏银行经理市场的竞争，银行行长主要由上级任命，无法保证其来源的合理性和经营能力的可靠性，职位级别的能上不能下导致更换代理人困难。二是政府在放权的同时未能建立起有效的监督约束机制，从而使激励机制与约束机制失衡。三是职工代表大会和工会的内部监督职能严重弱化。

3. 经营者绩效考核体系不科学，激励约束机制难以发挥效用

由于国家在国有股份制银行中占有最大的股份，那么银行的经营管理目标应该是股东的利益最大化，也就是所有者主体，国家利益的最大化。但是，由于我国是发展中国家，国家的财力有限，现在正处于向社会主义市场经济转轨时期，国家作为社会经济的管理者要处理一系列的问题，如就业问题、社会稳定问题、新规则的建立问题，旧体制的残余问题、经济发展的问题，银行转制的问题。因此，在银行的经营管理活动中，国家作为国有股份制银行所有者主体的目标与国家作为社会经济的管理者的目标常会发生冲突，因为有许多利益需要平衡。这就会出现发展的目标让位于稳定的目标，长期目标让位于短期目标，经济目标让位于政治目标。

国有银行具有多重目标约束，尤其是国有银行承担着相当多的国家政策职能和社会性职能，商业性业务与政策性业务混在一起，这使得利润目标具有不可观察性，导致对国有股份制银行的经营者难以进行清晰有效的考核和评估。即使不以利润最大化为唯一目标，而以"利润"、"成本费用"、"不良资产"、"资金周转"、"案件"等指标进行综合评价，也会因这些指标受到某些外生变量如国企改革、政府干预等影响而不能与历史同期比较。在当前的体制下，还没有设计出一套科学的指标体系作为考核国有银行业绩的标准，这对经营者的绩效考评极为不利。

此外，国有股份制银行内部体现着"官本位"的组织制度，极其讲究级

别、干部能上不能下，无法根据业绩评价拉开收入差距，激励效应得不到体现。国有股份制银行内部激励机制方面存在的问题主要表现在四个方面：平均主义的分配格局与个人付出差别之间的明显矛盾；暗补的分配调节"黑箱"，没有实际的利益驱动力量；"官本位"体系的独木桥，弱化了企业职工的商业意识和对技术权威的尊重，进而转化为商业竞争与技术进步的严重滞后；国有银行管理者掌握着庞大的资源，但十分缺乏追求盈利的动机。

4. 信息披露机制不健全，风险管理水平较低

金融信息的正确、及时披露，是强化市场约束、增强商业银行经营透明度、保护客户权益的重要手段。成功的公司治理越来越将开放和透明的信息披露作为实施有效投资关系战略和宣传公司优势的重要方式。由于国有股份制银行长期作为国家直接管理的金融机构，缺乏信息披露的法律规定，而国有股份制银行本身也缺乏关于进行充分的信息披露的意识。在传统的意识中，国有股份制银行经营状况信息，还不时地被作为内部的秘密来看待，人为地将商业活动中必要和必须的信息披露，提升到了一个商业秘密甚至于国家秘密的高度，导致其信息披露一直没有制度化，其信息披露的方式，部分通过年报，部分通过银行管理层的谈话，部分通过相关研究人员不经意的研究报告泄露等方式向外披露。银监会成立后，已明确要求商业银行做好信息披露工作。随着国有股份制银行的股份制改革的实行和公开上市，国有股份制银行在信息披露方面有了很大的进步，但信息披露的及时性与准确性与国际标准仍存在一定的差距，需要进一步的规范。

目前，风险管理已经成为现代商业银行的核心职能，成为商业银行的生命线。银行的风险性主要源于两个方面：银行合约的信息不对称与现代金融经济的复杂性。目前，国有股份制银行的管理者"监守自盗"的问题比较严重，银行业的大案要案频发；另一方面，风险管理制度、风险工具、风险技术以及风险管理人才和风险文化都不够，不良贷款率很高。而且，国有股份制银行"内部人控制"现象严重。同时，国有股份制银行经理人员还有可能利用委托人缺位和信息不对称推脱责任，把经营性亏损和政策性亏损混为一体，将经营性的亏损推脱为政策性亏损，由此转嫁自己的责任。

5. 市场机制并未发挥应有的效能

良好的市场环境是现代公司治理结构发挥其正常作用的必要前提，但是，目前在我国银行业领域中并未形成良好的市场竞争环境。

第一，市场结构不完善。资本市场和经理人市场是对银行公司治理结构产生重要影响的两个基础市场。由于体制上的缺陷和发展上的滞后，对国有股份制商业银行经营管理的约束与激励作用微乎其微。虽然股份分置改革的

推行，使中国的股票市场向正规化发展迈出了关键的一步，但是由于股份制商业银行国有股权绝对控股的特点，股市对其改善公司治理结构的作用仍然非常有限。同时，到目前为之，我们基本上没有一个真正意义上的银行经理人市场，要想通过经理人市场这个外部激励和约束机制来加强国有银行经理层的监控与激励还存在很多现实约束。

第二，难以发挥产品市场的监督作用。由于历史原因，国有股份制银行内部冗员现象严重，社会负担很重，国有股份制银行和其他银行业竞争主体的市场地位并不平等。这些经济转轨过程中附加的社会职能和国有股份制银行在国内银行业市场的绝对垄断地位，使得银行经营者的经营能力和努力程度无法有效的反映在银行的市场盈利指标上，这使得产品市场很难达到规范和公平竞争的要求，产品市场对银行经营者的约束也就相应弱化了。

第三，缺乏健全的独立审计制度。目前的会计事务所、律师事务所、资产评估机构等中介机构缺乏行业约束和管理，一些中介机构违背职业道德，常常与上市公司或机构大户勾结，提供虚假信息，欺骗投资者，参与或协助内幕交易，牟取非法暴力。

第四，没有形成公司控制权市场。来自国家政策的保护和市场的垄断地位，使得国有股份制银行并不容易感受到市场的竞争压力，同时国有银行也没有足够大的激励约束机制及时对市场压力作出灵敏的反映。即使在经营管理不善产生后果的事后，银行经理层和员工也并不容易受到外部市场的替代、控制的压力，而是主要接受上级行政主管部门的行政压力；再加上由于国有银行的巨大的资产规模以及并购所引致的巨大成本，国有银行的经营者根本不用考虑来自兼并收购或敌意接管等方面的压力，公司控制权市场发挥不了作用。

6.2　中国商业银行产权结构与公司治理结构的改革策略

现代金融企业制度包括产权制度、法人治理制度、经营制度、管理制度（陈景萍，2004）。这四者构成了一个有机联系的统一体，要建立现代金融企业制度，提升中国商业银行的竞争力，必须四者并重。而在这四方面中，股份制产权制度处于最为基础的地位，它是实现后三方面的前提、基础和必要条件。只有理顺产权关系，才能形成强有力的产权约束，使所有者切实关心资本投资的收益最大化，经营者切实为实现所有者目标或契约规定而努力工作；才能实现政企分开，形成科学的管理，从而保证银行内部激励机制和约束机制的有效性。同时，仅仅依靠产权制度改革并不能解决所有问题，商业银行的运作效率主要取决于法人治理制度的安排。完善的法人治理制度可以激励董事会和经理层去实现那些符合股东、经营者和其他利益相关者利益的奋斗目标，也可以提供有效的监督，激励银行更有效地利用资本。在资产所有权与经营权相分离的情况下，建立起既能保障多元主体利益，又能对经营者施以有效激励与约束从而适应市场经济的金融需求的法人治理制度和内部治理结构，这是中国商业银行制度建立与运作的核心和载体。

6.2.1 中国商业银行产权结构改革策略

由于各国经济文化发展的具体情况不同，商业银行的产权制度安排有较大的区别。根据股权的密集程度，可以分成产权分散型股权结构，集中型股权结构和分散型股权结构三个基本类型。表6-2对不同产权制度安排下的商业银行治理状况进行了比较。

表6-2　不同产权制度安排下的商业银行治理比较

产权制度类型	分散型股权结构	集中型股权结构	垄断型股权结构
代表性国家	美国、英国	德国、日本	中国
产权结构特征	股权分散，大股东主要是机构投资者且持股比例较高	股权相对集中，交叉持股，有法人大股东且持股比率高	股权高度集中，绝对控股
主要治理机制	主要依靠外部机制，依赖发达的资本市场	主要依靠内部机制，股东直接治理	国家行政治理
股东参与治理的程度和方式	直接监督程度较低，用脚投票	直接控制程度较高	国有股东（国家）直接控制，外部治理机制作用较弱
董事会的作用	由于外部董事的存在，董事会对管理层的监督作用比较强	（德）董事会对管理层的监督作用较强；（日）董事会的监督作用较弱	董事会成员基本和管理层成员重叠，制衡作用较弱
监督和制衡机制	由于外部董事的存在，董事会对管理层的监督作用较强	（德）监事会对管理层的监督作用较强；（日）董事会监督作用较弱	董事会成员和管理层成员重叠较多，制衡作用较弱
内部激励和约束机制	报酬制度所引导出的激励机制左右着经理人的行为，股权激励占有非常重要的地位	强调团队精神，首先通过事业型激励，其次通过物质激励，股权激励的作用有限，但有增强趋势	官本位激励为主，物质激励为辅

续表

产权制度类型	分散型股权结构	集中型股权结构	垄断型股权结构
代表性国家	美国、英国	德国、日本	中国
经理层报酬与银行业绩的关系	报酬由董事会决定，与经营业绩紧密挂钩，董事报酬情况需要公布	（德）报酬由监事会决定，与银行业绩关系大；（日）报酬由章程或股东大会决定，与银行业绩关系小	可见部分的货币收益执行国家统一的等级工资制度，不可见的控制权收益难以衡量，报酬与银行业绩关系小
经营者的遴选和任用	由董事会完成，董事长可以兼任总经理，有发达的经理人市场	（德）由监事会选择（日）由控股股东选择，经理人主要依赖内部选拔和晋升	政府直接任命和选派银行经理人，董事和监事
控制权转移	可能性大	可能性小	可能性小
银行家市场	内部银行家市场外部银行家市场	内部银行家市场	内部银行家市场
信息披露透明度	高	较高	较低

现代经济学已经证明，产权单一会形成产权配置的低效率。理论和实践都已证明，股份制是公有制重要的实现形式。商业银行成为上市公司有其内在的逻辑合理性，这符合其涉及公众利益并对社会稳定具有重大影响的自身特征需要广泛社会监督的内在要求。大型金融（银行）集团均为上市公司这一普遍性的世界现象有力的佐证了这一观点的合理性。通过股权多元化，不仅有利于实现以公有制为主体，多种所有制经济共同发展的方针，而且还能够使国家通过出资人到位的方式，解决企业过度依赖政府、政府对企业负无限责任的问题。股权多元化不仅可以避免因"一股独大"而造成的种种问题，特别是国有商业银行的"内部人控制"问题，也有助于改善国有商业银行的公司治理和内部控制。银监会主席刘明康在 2007 年提出，深化国有银行股份制改革，重点是要抓好已改制上市银行的改革深化和农业银行股份制改造。

1. 进一步深化股份制改革

在中国商业银行改革实践中，建立一个效率高、能实施的保障银行资产保值增值的产权结构，是首要问题。所以，如何使国有股份制银行的出资人代表"人格化"，有自然人来对国有资产的保值增值负责，是改革设计中的最根本问题。

建立在产权多元化基础上的科学的治理结构以及有效的内部治理机制是

公司治理的核心内容，是决定公司治理效率的重要因素。产权多元化、进行股份制改革进而上市成为公众公司，是建立现代金融企业的制度基础。只有在产权多元化的基础上，才能真正建立权责明确、规范科学、有效制衡的公司法人治理结构，才能真正形成由股东、监管机构、公众及其他利益相关者构成的监督架构和机制，才能在资本约束、外部监管和市场纪律的共同约束下，形成提升公司治理水平的压力机制和动力机制。从目前情况来看，实行股份制改造，推进股权多元化，对国有银行增强经营活力和市场竞争力有显著的成效。英国《银行家》杂志每年公布的"世界1000家大银行"排名，一贯被视为评估各家银行综合实力的标尺。2006年末，英国《银行家》杂志及中国商业银行竞争力研究中心对外公布了2006年度世界商业银行竞争力排行榜，实行股份制改革后，工商银行、建设银行和中国银行综合竞争力明显跃升。在国有银行中，工商银行获市场影响竞争力单项排名第一。这些都为国有银行实现股权多元化提供了来自实践的佐证。

2. 确定出资者的法律地位

2003年12月16日成立的汇金公司是经国务院批准组建的国有独资投资公司，代表国家对中国银行、建设银行、工商银行等重点金融企业行使出资人的权利和义务。对于汇金公司的定位，国家和理论界有两种解释：其一是汇金公司是金融稳定局的"窗口"——有关金融稳定的行政性措施是由金融稳定局制定并执行的，而市场化的措施则是由中央汇金公司来操作，汇金公司是国务院维护金融稳定、防范和化解金融风险的一个"工具性"公司。其二是国家外汇管理局新闻发言人对它的职责阐述即用外汇储备向试点银行注资不是财政拨款，而是一种资本金投入。中央汇金投资公司作为出资人，将督促银行落实各项改革措施，完善公司治理结构，力争使股权资产获得有竞争力的投资回报和分红收益。那么，究竟是维护金融稳定、具有政府性质的机构还是对外汇储备保值增值负责、高效运用外汇储备的投资机构？对于汇金的定位，决策部门和学界还没有达成共识，汇金公司正在这两个完全不同的方向上左右摇摆。

借鉴新加坡淡马锡公司的经验，我们可以考虑把汇金公司办成外汇储备进行投资的，高度市场化的纯粹金融控股公司，对所投资的金融机构行使东权力。汇金公司可以作为国有银行的控股股东，代表国家行使出资人的职能，主极地制定公司发展规划。在制度设计上，明确界定权力和责任，加强权力和责任的关系，以保证公司治理机制有效运作和实现股东长远价值增值。作为国有控股银行股东，可以在董事提名、职业培训、交流沟通等方面积极管理，为董事会更好地行能提供各方面支持。对各参股公司的业绩评价引入价值管理分析技术，关注价值增价值创造。人员选聘机制走向市场化、规范化，建立和经营绩效挂钩的薪酬激励制提高公司的信息披露制度，公司运作实现市场化、规范化。

需要指出的是，汇金公司不论采取何种定位，都首先确立其必要的法律地位。作为一家有限责任公司，其主要领导都具有公务员身份，这就违反了现行《公司法》中第 58 条中关于"国家公务员不得兼任公司的董事、监事、经理"的规定。至于说它是一个非营利机构，更是和现行《公司法》中第 5 条中关于"公司以其全部法人财产，依法自主经营，自负盈亏"的规定相抵触。总之，如果过于强调汇金公司的宏观功能，就会与我国金融体系改革的方向背道而驰。目前的汇金公司，只是经过了行政授权而没有立法授权，因此，也就不能够对其公司职能进行清楚界定，更不能够理清国家与汇金公司之间的委托代理关系。"淡马锡模式"的精髓在于按市场化标准设立，不享有政府任何特殊优惠政策，投资活动也不受政府干预；在公司的整个经营过程中，"不与民争利"。这是"类淡马锡"公司最基本原则。但是目前的情况来看，汇金公司与"淡马锡模式"相差太远。

3. 不过分依赖于机构投资者

对于国有股份制银行而言，由于规模过于庞大，仅仅依靠外资、扩大个人股权，实现股权分散化仍不现实，比较可行的办法是借鉴美国经验即在吸收个人资本的同时，通过引入机构投资者使企业法人相互持股，推进股权分散化。在美国股票市场的投资者中，机构投资者占绝大多数，占股票总值的80%—85%。美国股票市场的重要投资者依次是：养老基金、人寿保险基金、财产保险基金、共同基金、信托基金、对冲基金、商业银行信托部、投资银行、慈善基金等。这些机构投资者都是以证券作为主要的投资业务，他们素质高，经营丰富，通过投标方式来参与新股发行的定价，制定出的价格通常能反映发行公司的价值。一方面他们可以通过证券市场的公开收购压力，促使被投资公司的经营者致力于经营绩效的提高；另一方面，由于机构投资者投资策略较为理性，并且重视意向投资公司基本面的分析研究，可以为资本市场带来较安定的环境。

机构投资者有参与被投资公司的管理的权利，其参与公司治理的途径主要依靠提交股东议案，通过议案向董事会或经理层施加影响，比如可以针对信息披露的真实性、可靠性向经理层质疑，对聘用审计师发表意见，从而加大来自股东的监督与约束；在潜在危机较明显的情况下，机构投资者可能会联合其他股东，共同提出更换管理层甚至改组董事会的议案。机构投资者积极行为成功与否表现在所提议案的表决结果上，根据 Gillna 和 Starks（2001）

的研究，机构投资者提出的议案所获得的支持票数平均是个人投资者的175％，即使没有通过，许多议案也会在下一年的股东大会中再次被提出来。Hawkins（1999）通过对美国 5 个活动最积极的养老金（CREF，CAlPERS，CAlSTRS，SWIB，NYC）的研究发现，机构投资者提交股东议案后，目标公司会显著地增加公司治理活动并且公司会发生较大的变化，例如资产拍卖或重组。他们同时发现有证据表明股东议案对其他治理机制起到了很好的补充作用。除了提交股东议案外，现在机构投资者通常使用的方法还包括发布所谓的"黑名单"，通过媒体的力量来惩戒那些"问题"管理者。例如，20 世纪 80 年代后期，CAlPERS 每年出版一本关于业绩不佳公司的目录，旨在督促他们提出公司治理改革方案。1993 年，机构投资者委员会也出版了类似的目录，并明确其旨在促使投资委员会的成员对那些业绩差的公司考虑采取共同行动'。Mnoks 和 NenMniow 认为，股票普遍的可转让性极大地改变了股东同公司关系的性质。增加的股票数量和更强的可转让性共同使得用"声音"影响公司的能力受到削弱，使"退出"成了唯一选择。机构投资者的成长，则在无意之间发挥了重新引入股票所有权稳定性的作用。

从我国目前的情况来看，机构投资者还很难发挥实质性的公司治理作用。一方面，国内机构投资者由于出现时间并不长，资金实力、规范运作等方面尚不尽如人意。据统计，作为我国目前主要机构投资者的证券投资基金，其资产换手率均在 4 倍以上，远远高于国外机构投资者。较高的换手率意味着机构投资者在"发言"和"退出"之间更偏向于后者，反映出我国机构投资者未积极参预到上市公司治理中去。另一方面，我国机构投资者很难成为银行有影响力的大股东。这不仅是因为银行股本金额巨大、股权不够分散，而且证券投资基金的持股比例目前还受到"双10％"的限制，即一只基金持有一家上市公司的股票，其市值不得超过基金资产净值的百分之十；同一基金管理人管理的全部基金持有一家公司发行的证券，不得超过该证券总数的百分之十。由于上述原因，现阶段我国的机构投资者还较难在银行治理中发挥突出作用。

4. 客观审视外资战略投资者

境外战略投资者最大的作用在于，有助于银行按照国际规范的要求进行公司治理，大幅度减少各级政府和党委对银行的行政干预，尽可能使银行管理层按国际标准来处理拨备、管理风险、激励机制及产权交易等问题，以最大限度保护银行自身利益并间接保护股东利益。境外战略投资者必然要求按国际规范组建新的董事会和管理层，这将有力推进银行的规范运作，可以不同程度地加强审计体系、风险管理体系的独立性，建立以绩效而不是官本位为基础的薪酬激励机制，以及制订能保护小股东利益的其他行为准则等，而这些均构成公司治理新的内容。除此以外，引入国际知名的外资银行还可以促使中资银行更加严格地遵守国内外监管部门所制订的游戏规则，引入先进的经营理念、完善的规章制度和科学的业务流程，并且境外大银行一般都经过充分市场竞争的洗礼，经历过外部监管从疏漏到完善、内部控制从松到严的进化过程，有助于发挥我国商业银行的"后发优势"。比如美国银行入股建行后，在未来7年将会派出50多名专家，帮助建行完善风险管理和零售银行业务的发展策略。建行的另一战略投资者淡马锡，则是国有资产监管模式的典范，非常值得中国借鉴，其控股的新加坡发展银行原先只是一家小银行，经过六七年的改造和并购，目前已经成为亚洲乃至全球最先进的银行之一。当然，引入境外战略投资者的效果如何，关键是国有银行还要真正去学一些东西，消化吸收外方的成熟经验，并结合国情做相应调整。

在引进境外战略投资者过程中，需要注意以下问题：

首先，要明确选择国外战略投资者的具体要求。必须是资本雄厚、管理先进、注重长远利益，具有优秀的国际声誉、良好的资本充足率、良好的外部融资能力的知名金融机构。而且，必须具有我国银行不具备的竞争优势，并愿意转让先进技术和管理经验。双方合作能够实现"优势互补"。同时，两者不能存在直接竞争，以确保能建立长期的"互赢合作"关系。

其次，深化认识引进国外战略投资的重点。引进境外资本实现股权多元化，提高资本充足率，固然重要，但引入外资的最根本目的是完善国有银行的公司治理机制，使其转变成现代金融企业。因此，引入外资后应重点引进国外战略投资者的产品、技术和管理经验，全面提高国有银行的综合素质和竞争能力。

最后，切实做好各项谈判工作。根据自身实际选定几家境外金融机构作为战略投资者的候选人，双方高层可进行深层次谈判，重点就投资方式、入股价格、人事安排和战略合作以及与国外战略投资者的合作期限等方面进行磋商。

总之，引入国外战略投资者需要经历一个从资本结合到文化融合的过程，只有妥善处理好这个过程的合作事项，双方才能成为紧密的共同体，才能达到引进境外战略投资者的真正目的，最终与境外战略投资者建立一种平等合作、相互信任、共谋长远发展的战略合作伙伴关系。

需要特别注意的是，战略投资者不能从根本上改变中国银行的公司治理状况。中国的金融生态环境中最主要的问题是金融基础性制度的缺失。基础金融制度生成的最有效方式，是一个利益相关者进行讨价还价的博弈过程，并以各方的妥协和让步实现均衡，从而对制度的安排达到最终同意的过程。中国银行业改革，通过引进战略投资者和架设"三会"机构，这些都是一些工具性的制度，能否与目前的金融生态环境相兼容，仍是个问题。要重构我国的金融生态环境，必须改进中国的基础性金融制度的生成方式，增加良性制度的供给。

5. 适当引入民间资本

在公司治理结构改革的不同阶段里，国有银行对民间资本的态度是不同的，根据 2001 年 12 月 11 日国家发改委《关于促进和引导民间投资的若干意见》和同年 12 月 3 日国务院办公厅转发国家发改委《"十五"期间加快发展服务业若干政策措施的意见》，"凡是鼓励和允许外商投资进入的领域，均应鼓励和允许民间投资进入"；国有经济比重比较高的金融、保险等行业也要逐步放宽对非国有经济的准入限制和扩大对外开放，使它们得到与国有经济同等待遇，在更广泛的领域参与金融业的发展。因此，国有银行引进民间资本无政策性障碍。然而，由于中国正处于经济体制转型阶段，法制不健全，社会信用机制薄弱，经济中的短期行为普遍存在，银行业的风险很大。国有银行如果对民间投资者开放，因道德风险（圈钱、关系贷款和恶意经营等）和制度不完善等因素，银行的风险非但不能减少，还可能增大，所以目前，国有银行并没有引入民间资本。

但是，我们必须认识到，引入民间资本是国有银行的股权多元化发展客观要求。2007 年，在第十届全国人民代表大会第五次会议上温家宝提出，"要鼓励、支持和引导个体私营等非公有制经济发展。要认真落实中央制定的各项政策措施。鼓励非公有制经济参与国有企业改革，进入公用事业、基础设施、金融服务以及社会事业等领域。完善金融、税收、技术创新等政策，改进对非公有制企业的服务。依法保护非公有制企业合法权益。加强对非公有制企业的引导和管理，促进企业依法经营。"可见，国有银行的现代化企业发展方向，意味着民间资本无论在政策上和实践中都可以被正式引入国有股份制银行的股权多元化的发展格局中。

国有股份制银行在引进民间资本时应慎重并要保持合理的引入比例，而且，政府在法律、法规、制度等一系列配套政策建设方面也要相应的完善。

6.2.2　中国商业银行的公司治理改革策略

西方国家的公司治理理论将完整的公司治理结构分为内部结构和外部结构。内部结构是用来规范投资者、董事、管理层和雇员之间的关系的，而外部结构是公司协调和处理产品市场、管理层劳动力市场、资本市场、敌意收购和代理权争夺等问题的对策和措施。目前，国际上将商业银行的治理结构主要分为两种类型：一是以外部控制为主的市场型银行治理模式以英美等国为代表，又称为英美模式；二是以内部人监督为主的关系型治理模式日本和一些欧洲国家比较盛行，也被称为日欧模式。

从总体上说，完善的国有银行公司治理结构的选择不但要充分借鉴国际经验，分析市场型模式和关系型模式中的合理成分，同时还要考虑国有银行的现状和具体的经济环境，充分结合中国的文化传统、经济环境、政治环境等各种因素。中国商业银行要在构建的基础上逐步完善治理结构，降低委托代理成本，保持相关利益主体的利益均衡，并促使自身尽可能的提高运行效率。

1. 完善股东大会、董事会、监事会与管理层的制衡机制

由股东大会、董事会、监事会和经理层共同构成主体治理系统，由党组织和工会构成辅助治理系统。前者在整个治理活动中发挥主导作用。后者起辅助作用，是我国商业银行治理体系中特有的一个辅助系统。两者客观统一，彼此跨系统发生相互联系与作用，具有互动与制衡的复合治理功能。在辅助系统中，党组织对治理结构主体系统要有建议、评价与影响权。党委会成员依据法定程序进入董事会、监事会和高级管理层，人员比例与三会人员比例一致，参与银行重大问题的决策，以保持其决策目标的一致性。主体系统中，必须要明确界定股东大会、董事会、监事会"三会"及高级管理层的职责边界，形成决策、监督、执行权分离的制衡机制。总的来说，股东大会是最高的权力机构，董事会在整个治理结构中处于核心地位，属于监督管理层，但要对股东大会负责。监事会既要监督董事会是否履行职责，又要监督管理层是否完成任务，但也要受股东大会的监督。

需要注意的是，党委会作为中国股份制商业银行特殊的机构设置，在企业中所发挥的主要是"政治核心作用"、思想领导作用，是在重大问题上的把关定向。但是，从有关规定所赋予党委的"重大问题决策权"和"选聘干部权"上看，党委会发挥的作用同董事会发挥的作用又存在着交叉。近年来，中国银行、中国建设银行和工商银行在股份制改造中对党委的问题进行了一些积极的探索，如将董事长与党委书记两职位集于一人之身，党委副书记由行长和监事长担任，比较充分地体现了"双向进入、交叉任职"的干部管理思路。但是，目前的结构设计与公司治理的基本原则仍然存在着很多相悖之处：如，在公司治理架构中，董事长、行长、监事长三者之间是决策机构、执行机构、监督审计机构之间的关系，不存在领导与被领导的关系；而三者在党内职务是书记和副书记，事实上存在领导与被领导的关系。再比如，其

二，董事长、行长、监事长由中组部任命的方式使高管人员的目标导向发生了偏差。鉴于这种情况，我们应尽快建立银行家职业经理人市场，努力采用纯市场化的用人机制，同时考虑从制度上对党委在公司治理结构中的职能边界作出明确的界定。

从国有股份制商业银行公司治理实践来看，目前党委会与经营管理层矛盾的焦点在于人力资源管理权问题。在国有股份制商业银行中，由党委书记直接分管人力资源部的情况并不少见，这与公司治理的基本原则明显相悖。人力资源管理权应该属于经营管理层。经营管理层以董事会授权为基础进行日常经营管理，组织实施董事会决议，组织实施公司年度经营计划和投资方案，拟订公司内部管理机构设置方案，拟订公司的基本管理制度，制定公司的具体规章。因此，必须充分发挥经营管理层的主动性，赋予其进行经营管理活动所必需的权力，包括人力资源管理权，直至高级管理人员的提名权。公司内部所有行政部门均在行长的领导下，需要向董事会、监事会报告工作的行政部门（包括人力资源部），其第一报告路线也应该是行长。行长是全行经营管理的第一负责人。行长办公会是对日常的经营管理活动进行决策的会议；党委会对经营活动和重要人事决策应当是"参与"，把党委会的主张通过法定程序变为董事会的决策（如按照有关规定组织讨论，形成相应的意见和结论，通过党委会中的董事会成员，反映到董事会决议），而不能介入公司的日常经营事务，更不能干预经营管理层的活动。否则，就会把党的领导和政治核心作用庸俗化，就会导致关系不顺、权责不清、效率低下、无人负责。

2. 进一步强化薪酬激励的作用

健全和完善薪酬激励机制，有助于国有股份制银行破除"官本位"激励机制，抑制"廉价投票权"，缩小剩余索取权和剩余控制权的错位。同时可以充分发挥普通员工在公司治理中作用的需要。

第一，应建立以绩效薪酬为主，基本薪酬和福利保障为辅的员工薪酬激励约束机制。银行员工的薪酬是其为银行提高劳动和服务而获得的经济保障。各种形式的薪酬作用形式各不相同。基本薪酬和福利保障为员工提供基本生活保障，对于稳定员工队伍具有重要作用。因此，国有商业银行薪酬激励约束机制必须以与绩效紧密联系的绩效薪酬为主，与工作岗位相联系的基本薪酬和福利保障为辅。以绩效薪酬为主，一方面必须进一步提高绩效薪酬的比重：另一方面，绩效薪酬必须真正与工作绩效挂钩，有奖有罚，而不是只增不减。为使国有股份制银行的薪酬激励机制真正建立，应该考虑彻底取消国有股份制银行的行政级别。在取消"三长"行政级别的同时，减少副行长的职数，多设首席官和业务总监，并对其职责边界作出明确规定，以提高管理的专业化程度，确定更为有效的考核机制。

第二，调整薪酬结构，注重长期激励。不同的薪酬结构产生不同的激励作用。以现金支付为主的薪酬结构注重的是短期激励，可能导致被激励者的行为短期化。而限制性股票、股票期权等业绩薪酬形式既鼓励其追求长期利益，又将被激励者的利益与所有者的利益紧密联系在一起，以激励其为增加所有股东利益而增加自己的收益。目前，可以从以下几个方面构建多元化的激励资源体系：一是尽快制定并实施员工持股计划，使企业员工通过持有本企业一部分特殊股权来参与企业经营管理和剩余利润分配。二是在高管层实施经理股票期权。这是西方企业普遍采用的对高管激励的措施。三是实施"限制性股票"计划。这是目前美国比较流行的一种长期激励手段。它是公司拿出一部分股票，直接奖励给公司高层管理人员，但是这些股票的售出有时间和业绩的限制，从而激励公司高管将更多的精力和时间投入到公司长远发展计划中去，促使公司业绩持续增长。

第三，构建科学的考核体系，形成合理的激励机制。在以绩效薪酬为主的薪酬绩效体系中，必须确定合理的综合业绩考核指标体系。考核体系既要有定性指标，也要有定量指标。定性指标的设计机要细化、全面，又要有可操作性；定量指标的设计要突出银行业的经营特点和我国国有股份制商业银行的实际情况，并基于广泛的因素而非单一的标准，指标要有主有次；应特别注意指标之间的关联性，要从源头上防止银行经理人员和普通员工利用指标之间的关联性人为调整指标，弄虚作假。在指标的设计上，应区分不同岗位和工作性质，分别合理制定对机构、部门和员工的考核指标。考核指标既要"纵向到底"，从总行到最基层，又要横向到边，各层级的每个部门、每个岗位、每个员工的考核都要纳入到考核体系中来。指标含义和传达的信息要明确，而且能够准确地与考核目标挂起钩来，使人们可以据以判断什么样的绩效考核结果是组织所期望的。应合理设定短期指标和中长指标，短、中、长期指标既要保持一定的增长和连续性，又要避免"棘轮效应"，影响员工的积极性。重视并加快银行中、后台员工考核指标体系的建立与完善。同时，薪酬水平必须综合考虑市场竞争因素和业绩因素。员工费用增幅应低于人均净资产利润率的增幅，员工费用占营业费用的比例应控制在一个合理的水平。国有股份制商业银行薪酬委员会应经常评价市场竞争性薪酬状况，包括同类公司的薪酬水平，为董事会制定银行薪酬方案提供依据。应进一步变"灰色收入"为公开收入，还原薪酬水平的真实状态，平衡员工收入攀比心理，调动员工的工作积极性和创造性。同时，国有股份制银行的薪酬水平必须坚持与业绩紧密挂钩，注重提高人力资本成本使用效率。通过银行业绩的不断提高，为员工薪酬水平的进一步提高拓宽空间。

第四，确保激励实施的公开、公正和公平。一是在职位设置上真正做到按需设岗，精兵简政；在职务晋升上引入竞争机制，实行公开竞聘，双向选聘，做到"能上能下"，并突出"群众公议"。二是既要强调激励到人，又要防止在机构、部门人为制造不和谐。激励到人需要完善的内部定价系统和资金内部转移成本分析系统，考核过程需要完善的信息管理系统。因此，银行应加快信息系统建设。重视对机构、部门的考核和激励，重视员工团队意识的培养和团队战斗力。三是既要重视对高中层管理人员的激励，也要重视对基层特别是最低层员工的激励。四是合理设定考核周期。要把短期考核和中长期考核有机结合起来，有效防范银行员工特别是中高层管理人员的道德风险和逆向选择，有效克服银行经营的短期行为。五是培训要按业务需求和每个人的需求合理安排进行，要充分了解员工的个人需求、职业发展意愿以及自我目标，调和矛盾，并为其提供富有挑战性的发展机会，创造开拓发挥的最大空间，充分挖掘其潜力，使员工真正安心于银行工作并发挥最大潜能。六是把物质激励与精神激励有机结合起来。既要防止过去过分重视精神激励而忽视物质激励，又要避免矫正过度的倾向，忽视甚至取消精神激励的倾向。同时，应加大薪酬分配的透明度。应按照《公司法》及上市地的监管要求，披露董事、监事及高管的个人薪酬。各银行股东应充分行使股东权利，向社会传递其对参股、控股银行的公司治理、盈利状况、资产质量、费用支出情况等的评价及看法，积极引导舆论宣传，并通过舆论工具加大对其控股银行的监督力度。通过建立有效的监督约束机制，降低委托代理成本，确保国有金融资产的保值增值。高管人员是接受股东的委托经营管理银行，其薪酬水平、为股东创造的财富，以及薪酬与业绩的联系方式，都是投资者应该知情的。此外，应逐步规范银行高管的职务消费，提高其透明度，这不仅有助于平衡收入攀比心理，还有利于调动员工的工作积极性和创造性，对抑制其犯罪动机也具有积极作用。

3. 完善信息披露制度

信息披露制度在资本市场中的功能主要有三个，即执行功能、公众反应功能与告知功能。良好的信息披露制度有助于法律的执行并有利于对抗内部人的内幕交易行为，公众反应的功能有助于管理层履行责任，依靠强制性信息披露制度可以使市场本身良性地运转，增强投资者、中介机构与上市公司管理层对市场的理解与信心。规范并强化商业银行的对外信息披露，提高信息披露的透明度，以满足不同利益相关者的信息需求，这不仅是与国际惯例接轨的需要，而且有利于商业银行防范风险和规范经营，使我国的商业银行能够在激烈的国内外市场竞争中立于不败之地。2000 年以来，中国证监会、中国人民银行及中国银监会陆续发布了一系列关于信息披露的文件，商业银行只有依法披露信息才能走上规范经营的轨道。

商业银行的信息披露制度作为国际银行业监管的惯例，目前许多国家已经建立起商业银行信息披露制度。巴塞尔银行委员会在一系列文件中对商业银行的信息披露提出了具体的原则与规范。在《新巴塞尔资本协议》的第三支柱市场约束中，委员会提出了商业银行信息披露的六个建议，主要涉及资本结构、风险敞口和资本充足率的衡量三个方面。中国商业银行由于会计信息不完备、真实性有待提高等因素，在信息披露的质量和数量方面都远远不能适应市场的要求，更何谈达到国际上对信息披露的要求。因此，在强化信息披露方面，既要确定银行业需要定期及时披露的资料，也要引导市场强化对于银行信息的分析，逐步提高市场约束的力量。进一步完善中国银行业信息披露的内容应该包括：经营业绩、流动性资本充足状况、资产质量与风险管理情况、遵循的会计准则与原则、公司治理结构等。

为保证国有股份制商业银行信息披露的质量，首先，要完善会计标准与披露标准，实现二者的对接。会计标准是信息披露的质量生成标准，而披露标准则是信息披露的质量实施标准，两者缺一不可。我国国有商业银行可以借鉴国际会计惯例，尽早完善有利于防范商业银行经营风险、适应现代商业银行制度的银行会计准则；其次，要加大对虚假和延迟信息披露的惩罚力度。必须建立信息披露监管制度，通过商业银行内部稽核制度和外部审计制度，规范信息披露行为，避免虚假信息传播。监管部门应该对虚假和故意延迟信息披露的行为建立可置信的惩罚机制，对信息造假产生威慑力，这样建立起来的信息披露制度才具有实际意义，才不会走进形式主义的怪圈。

4. 培养良性的外部环境

目前中国商业银行公司治理的建立是由政府力量推动的，这在改革初期阶段是可以的。然而，公司治理的优化，不能没有市场力量的参与，而且，最终必须以市场力量为主导。基于政府与市场关系，可以从以下几个方面来优化公司治理的外部环境：

第一，提供有效的市场竞争。银行新吸纳存款额的大小、提供的服务所占市场份额等是市场竞争力的直接指标。只有通过充分的竞争，银行才会采取各种途径降低成本、提升服务、提高经营效率。而这些目标的实现必须借助公司治理来实现，从而也推动了公司治理的优化。

第二，创造公平的竞争环境。目前国有商业银行具体业务中还存在政府行政干预现象，政府必须切实转换职能，不再干预银行的具体经营性业务，落实银行的经营自主权。公平的竞争环境还表现在对国有商业银行的考核、领导人的选拔和任用建立科学的、可操作的标准。

第三，强化银监会的监管。银监会可以通过道义规劝、强制命令等方式对银行建立良好的治理结构施加影响；通过对董事的培训使他们对岗位的职责、董事会的运作、银行的运营、公司治理的政策及金融法规有较好的理解；通过细化相关的监管法律、法规，对不同银行治理结构存在不同问题采取相应的纠正措施。

第四，完善相关法律。获得诺贝尔经济学奖的 Duoglass C. North 教授认为："制度是一系列被制定出来的规则、守法程序和行为的道德伦理规范。"法律就是上述制度中最具有代表性的部分，并被视作"制度的内核"。作为正式且重要的外部制度安排，法律对公司治理的有效运作发挥着配置权利、协调利益冲突、减少摩擦、促成合作、解决纷争、外部性内在化、激励约束主体行为、对某种行为形成稳定预期等多重功能。

第7章　提升中国商业银行国际
竞争力途径之二
——组织架构与业务流程再造

商业银行的组织架构和业务流程是支撑银行竞争力的重要构成要素，是衡量银行竞争力高低的重要指标。20世纪80年代以来，随着金融自由化、金融信息化和金融证券化的蓬勃发展，跨国银行纷纷以变求生，对其组织结构、业务流程、人力资源乃至企业文化进行了再造。通过再造，使银行获取了潜在的巨大利益，并形成了核心竞争力。银行再造的理念已经成为跨国银行界普遍的战略思维。我们将通过系统地审视跨国银行业的再造运动，探索其中关键性的经营思维和管理技术，结合中国银行业的运行特征，提出了中国商业银行组织结构和业务流程再造的路径选择[①]。

7.1　中国商业银行组织结构再造

商业银行组织结构包括机构的种类和构成、机构之间的相互关系以及机构内部的领导体制和组织形式等内容，是银行形态结构、权力关系和指挥方式三位一体的反映。商业银行的组织结构，既是实现商业银行经营管理目标的基本物质条件，也是商业银行决策的执行系统。建立一个高效率的组织管理系统是商业银行经营管理不可或缺的条件，也是提高商业银行核心竞争力的制度保障。

7.1.1　商业银行组织结构演变与最新发展动态[②]

（一）商业银行组织结构的类型

[①]　夏秋、吴敌、明洋：《我国银行再造及其路径选择》，《经济体制改革》，2004年第4期，第119—122页。

[②]　王玉珍：《我国商业银行组织结构改革模式的选择》，《湖北经济学院学报》，2007年3月。

商业银行组织结构实际上是商业银行管理体制的一种体现，它在实践中不断变化，形成了多种模式。

1. 直线型组织

在工业革命时代，业主制企业规模小，产品单一，组织结构表现为直线型。其特点是组织的各级行政单位，从上到下进行垂直领导，各级主管负责人对所属单位的一切问题负责，组织中的每个人只能向一个直接上级报告。这种结构的优点是结构简单，权力集中，责任明确、命令统一。但其缺点也很突出：一是主管权力过于集中，对管理人员的知识和能力要求高；二是容易形成部门利益，整体协调能力差。直线型组织结构一般仅适合于那些结构简单、没有按职能实现专业化管理的小型组织或者现场作业管理。

2. 职能型

职能型组织结构是指在直线垂直管理的基础上设立各职能部门，分担一些职能管理的任务。其特点是设置了两套系统：一套是按命令统一原则组织的指挥系统，另一套是按专业化原则组织的管理系统。这种组织结构非常适合稳定环境下大规模的生产和销售，各职能部门专业化程度很高，人们分工协作，产生巨大的规模效应。其不足之处是：①职能部门与直线部门目标不一致时，容易导致冲突；②整个组织形式呈现金字塔状，下级部门参与决策的积极性和主动性受到限制；③部门之间信息交流少；④随着组织规模的扩张，层级不断增加，会使层级间信息损耗严重，同时机构不够灵活，系统适用性差。职能型组织结构决策权高度集中、分工明确、成本较低，适用于小型银行，对于规模很大、决策时需要考虑许多因素的组织则不太适用。我国商业银行传统上都采取这一模式。

3. 事业部制

事业部制是为了解决直线职能型组织不能完全适应多变的市场环境和跨地区的大规模经营问题，而采取集中决策指导下分散经营的一种组织结构。这一组织结构最早在20世纪20年代由美国通用汽车公司创立。事业部制一般在总公司领导下按产品或地区设立多个事业部，每个事业部实行独立核算、自负盈亏，统一管理本部门的产品、业务等全部活动。它的突出特点是"集中决策、分散经营"，即总公司集中决策，事业部独立经营，是组织领导方式由集权向分权的一种转化。

事业部制组织机构的优点是：①组织的高层管理部门摆脱了日常例行管理事务，有利于集中精力做好战略决策和长远规划；②各事业部职权分明，拥有相当的自主权，提高了管理的灵活性和适用性。事业部制组织结构的不足体现在：①事业部权力过大，不利于公司的统一决策和指挥；②事业部独立性较强，相互之间协调和支援较差，容易形成部门利益。事业部制组织结构适用于规模较大的企业，在国外已经相当普及。这里我们以荷兰银行为例，考察国外商业银行事业部制的组织架构。①

荷兰银行于2002年实行了纯粹的事业单元制（SBU）模式。荷兰银行SBU组织结构和管理模式是以客户为对象组成三个最高层次的SBU，然后在其下根据客户的特点形成产品和地域子SBU，由此在整个集团内部形成三维，即客户、产品和地域SBU结构。荷兰银行的SBU组织结构如图7-1所示。

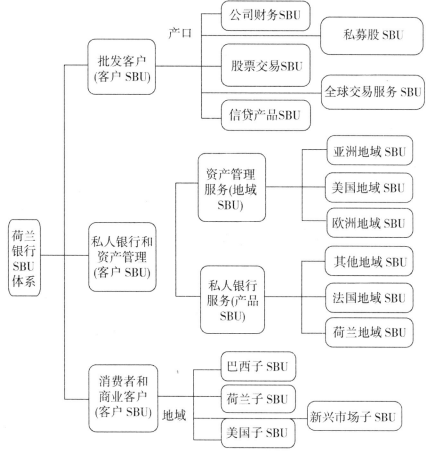

图7-1 荷兰银行SBU组织结构

① 吴成良：《SBU模式在商业银行组织结构创新中的应用研究》，《国际金融研究》，2005年第2期。

第一，批发客户SBU。该SBU为公司、金融机构和公共部门客户提供公司和投资银行业务，其核心客户是欧洲大型跨国机构和有跨国业务的大型地方机构。该SBU的战略是以客户为导向，将银行的核心竞争力，包括广泛的产品系列、全球和跨国连接、行业专长等资源整合成为一个产品组合，有效地满足客户的需求。由于该SBU的跨国业务性质，因此，它注重的是在客户SBU之下按照产品和服务组合而非地域市场安排子SBU。

第二，私人客户和资产管理SBU。该SBU对富裕个人（投资额在100万欧元以上）提供私人银行服务，并对机构和公司客户提供资产管理服务。这一类客户不同于消费者和商业客户，它们需要的不是标准化、批量化的一般产品，而是高度定制、个性化、能够带来增值的高端产品。因此，该SBU的战略是集中在有选择的发达市场，根据客户的个别需求，提供全面的产品组合，通过投资专家的个人服务，为个人和机构客户提供一流的资产管理服务。

第三，消费者和商业客户SBU。该SBU的客户对象是个人消费者和中小型公司客户，类似于通常银行客户分类中的零售客户，其特点是市场分布广泛，客户数量众多，达1500万，而产品的标准化程度较高。对这种类型的客户提供服务，地域市场的作用更加突出，所以该SBU重视通过高技术手段和多种经销渠道，提供全系列产品的全天候服务，客户可以在任何地方、任何时间使用银行的服务，并按主要服务市场设立了地域子SBU，其战略是在三个地域市场——荷兰、美国和巴西获取并维持持续的市场地位，同时在有前景的市场开发更多的地域子SBU。

荷兰银行的客户SBU结构强化了每一个客户SBU的自主权，能够对客户的需求迅速做出反应，同时因地制宜地设置客户子SBU、产品子SBU以及地域子SBU，使得在最大限度地贴近客户的前提下，能够兼顾产品营销的需要和各地域市场的差异性。

4. 矩阵组织

矩阵型组织，又称为规划目标结构，把职能部门和按项目（或产品、服务等）划分的部门结合起来组成一个矩阵，使同一名员工既与原职能部门保持组织和业务上的联系，又参加产品或项目小组的工作。它是由纵横两套管理系列组成的结构，一套是职能系列，另一套是完成某一任务而组成的项目系列，纵横两个系统交叉重叠组成一个矩阵。这种组织结构的特点是打破了传统的"一个员工只有一个头儿"的模式和命令统一原则，使一个员工从属于两个甚至两个以上的部门。这种双重式的结构，说明组织结构受双重压力，部门存在双重的分工。这一结构的主要优点是：①有利于应对复杂的形势，满足企业产品多样化、市场多样化、技术多样化的要求；②推动信息和观念在纵向和横向的迅速交换，在一定程度上克服了传统"金字塔"式结构的信息漏损问题；③为员工根据自身兴趣培养技术专长或综合管理能力提供机会；④每个员工都由多个上司来评估其业绩，提高了内部绩效考核的全面性和公正性。矩阵型组织也存在不足之处，主要包括：①员工对自己的决策、地位和权利的概念较为模糊，可能难以处理；②由于受到双重领导，矩阵型结构往往需要在不同部门之间进行信息和权力共享，部门间协调要求高。③矩阵型组织是一种约束性很强的组织结构，在具体实施时组织关系复杂，容易造成工作中的扯皮和矛盾，产生权责不明的现象。

国外很多商业银行所用的组织架构，就是矩阵式组织结构。如图 7 - 2 所示。①

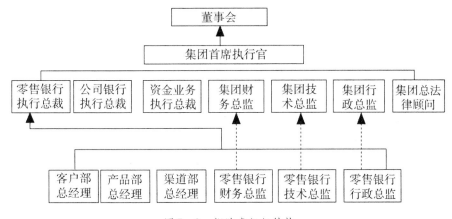

图 7 - 2　矩阵式组织结构

随着商业银行业务单位规模的增长以及业务性质的逐渐复杂化，每个业务单位就好比一家独立的、但又不削弱公司整体管理并且与其他部门配合的公司。如 7 - 2 图所示，单元结构（包含地区性总部、分区、分行以及个别业务板块等）与集团总部结构相对应，这样便于全行统一管理，更能有效地针对各业务单元在人员、配置及功能各方面的不同需要而做出相应的调整。同时，这样的矩阵式组织架构也便于双线式报告的执行。以零售银行为例，图中零售银行各部门负责人除了要向其在集团层面的零售银行总裁做"实线报告"，还要向其相对应部门的集团总监做"虚线报告"。

5. 网络型组织

① 　高静文：《国际商业银行组织结构研究：基于信息技术的视角》，《中央财经大学学报》，2005年第 8 期。

网络型组织是指一种只有很小中心的组织，依靠其他组织以合同为基础进行制造、分销、营销或其他关键业务的经营活动的结构。这种结构使企业在组织上突破了有形的边界，中心组织不再完全执行传统企业所要求的研发、生产、财务、营销等企业运行所必须的职能，因而也可以称作虚拟组织。网络型组织如图7-3所示。

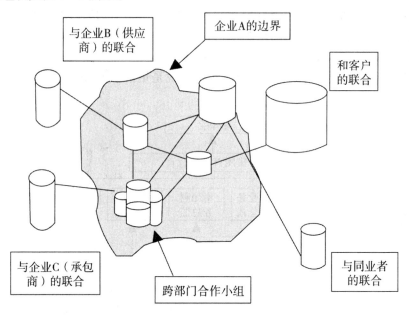

图 7-3 网络型组织结构

网络组织具有以下几个特点：①有一个中心组织作为协调枢纽。在网络组织中，各参与方都围绕着占支配地位的战略伙伴进行。②网络组织各参与主体地位相对平等。网络组织的维系和发展依靠参与各方的平等合作，各方之间经营行为相互影响。一旦出现问题和矛盾，需要提供各方协调解决。③网络结构具有较强的流动性。

网络型组织结构属于一种松散型结构，员工之间的合作更多借助于人际纽带来进行，其最大优点是它能够对外界环境的激烈变化做出及时迅速的反应。一些大的银行集团，正在采用或准备采用网络型组织形式。

（二）商业银行组织扁平化变革

1. 扁平化组织结构理论[①]

---

① 马英：《商业银行组织结构扁平化改革与 SUB 模式创新》，河北金融，2006 年第 1 期。

现代组织理论认为，组织结构是对外界环境的反映。在静态变化相对较小的环境中，组织结构是僵化的、等级森严的；而在动态、不确定的环境中，组织结构通常是灵活的、扁平的。在新的环境下，信息不再垂直传递，不同部门的人员可以通过网络通讯和共享数据库直接交换信息。事实上，流程本身才是组织运作的中心。组织应从顾客需求出发来设计流程，并围绕流程来设计组织结构，构建以流程为中心的新型组织。

扁平化结构理论由组织管理理论中新古典组织理论的代表人物斯科特于20世纪90年代提出。该理论的主要特点是：减少管理层次，形成一条最短的管理指挥链；加大管理幅度，管理者直接指挥和监督下属；在组织结构上推行分权，分层负责；强调组织内部门和部门之间、员工和员工之间的相互合作，相互影响；组织内部成员之间由于个性不同容易在组织内部产生各种矛盾和冲突，因此需要一种协调机制，协调成员内部关系。

扁平化管理模式突出了两个方面：一是重新界定分工原理。传统理论认为，社会分工越细化，就越能达到规模效应。而分工越细，必然加大管理难度，降低管理效率。而扁平化模式围绕工作流程而不是部门职能来建立组织结构，以任务为导向的工作小组成为基本的构成单位，具有充分的自主权；二是重新界定管理跨度理论。在传统理论下，管理跨度小，管理层次多。而扁平化模式的信息管理层次不断减少，信息传递速度快，便于高层领导和基层人员直接沟通，及时掌握市场和生产经营情况，快速决策。

2. 商业银行实施扁平化管理的内涵和意义

20世纪90年代以后，伴随着高科技的日益发展，特别是计算机和信息网络技术的突飞猛进，银行强调以客户为导向，对传统的组织结构和业务流程进行全新设计，组织结构扁平化在西方金融服务业得到了广泛地应用。西方商业银行普遍采用总行——（地区性管理中心）——分行——网点的管理模式。地区性管理中心是总行职能的延伸，帮助总行承担一部分审批和审计工作，总行一般直接管理数百家分行。业务经营全球化、一体化和电脑化是当今西方商业银行经营的主要特征。各商业银行为了更有效地在全球范围内开展业务，同时为增强银行内部相互之间的制衡机制，在全球各主要中心城市设立分支网络的基础上，分别按客户所分布的主要经济行业，从总行到分行自上而下地设立各个具体业务发展部门（关系经理），按银行经营业务种类，在各个业务区域设立各种产品服务中心（产品经理），为客户提供各类银行服务，形成关系、产品、区域三轮联动的运作架构。以美国商业银行为例，其数量在过去25年减少了50%，由1980年的15000余家减少到2005年末的7533家，但网点数量却不断增加，平均每家银行拥有的网点数目由1980年

3.8 加猛增到 2005 年末的 11.6 家（如表 7 - 1 所示）。

表 7 - 1　美国银行网点变化表

年份	网点数量	银行数量	每家银行拥有的网点数目
1980	58550	15208	3.85
2003	79914	9357	8.54
2005	87591	7538	11.62

资料来源：转引自宋效军：《商业银行扁平化管理是趋势》，《商业银行》，2007 年第 3 期。

德意志银行在组织扁平化设计上进行了积极地探索，该行组织体系的层次是：①管理中心或总部。该行在法兰克福、纽约、伦敦、新加坡分别设有四个管理中心。这四个中心的管理权限是一样的，每天全系统的经营情况都要汇集到管理中心。这个管理中心的工作结束，那个管理中心的工作开始，以保证 24 小时内对全球分支机构在营业时间内都有管理。②18 个管理行（相当于地区性管理中心）。它们在管理中心的直接领导下，对分行的业务进行管理，审批分行权限以上的贷款，18 个管理行还经营大额的贷款和私人银行业务等。③分行。它们是在 18 个管理行的领导下开办各项业务，其业务权限、业务范围和服务的客户更少。

商业银行实行扁平化管理模式的优点主要体现在：一是管理层次少，有利于信息迅速透明地传递，减少了信息传递的损耗和变形，使得高层决策周期缩短，决策质量提高。二是可以推动信息和观念在纵向和横向的迅速交换，解决"金字塔"式组织结构中的信息堵塞问题，增进部门间的交流。三是中间管理层被大量精简，人力资源得到合理配置，使用效率得到提高。四是组织内部利益冲突减少，命令统一、指挥一致。信息流的畅通使企业能灵敏、快捷地对顾客需求做出反应，增强了组织的灵活性和适应性。五是打破了传统"金字塔"式等级结构，同时按多重管理目标建立管理和汇报关系，分支机构的负责人并不统管所在地的业务经营，仅以地区负责人的身份起协调和后台支持作用，克服了单一管理带来的风险。六是有助于降低经营成本，提高管理效率和市场竞争力。

7.1.2　中国商业银行组织结构及其问题分析

近年来，随着交通银行、建设银行、中国银行和工商银行等大型商业银行相继成功上市，围绕着"财务重组——股份制改革——资本市场上市"三部曲的中国商业银行改革初见成效。四家银行通过引入政府外汇注资增强资本金实力，并充分利用市场化原则剥离和处置不良资产，弥补财务缺口，彻底解决了长期以来困扰商业银行发展的历史包袱问题。在此基础上，四家商业银行借鉴国际先进经验，顺利实施了机构改组，建立了相对规范的公司治理架构，引入境内外战略投资者，银行内部组织机构之间独立运作、有效制衡的机制初步形成。

（一）中国商业银行组织结构的改革

进入 20 世纪 90 年代末期，作为独立法人，商业银行经营的自主性日益增强。在充分意识到现有组织结构存在的种种弊端后，商业银行纷纷采取了以机构扁平化、加强一级法人监控能力为主要内容的组织结构改革。主要采取了以下措施：

1. 加大网点的撤销、合并和置换力度

以盈利性为准则，将大量县级支行或非盈利分支机构撤销。如中国工商银行在 1999 年撤销了 190 个县支行，2000 年则撤销了 300 个县支行，2 年内县级机构减少了 1/3。建设银行、中国银行也对其县级支行进行相当规模的缩减。同时，对发达地区的盈利分行则采取置换的方式，撤销办事处、分理处，将其全面升级为支行，以加大管理跨度，缩短管理层次，如建设银行深圳分行将 106 个网点一次性全部升级为支行，取消办事处或分理处，支行由分行统一管辖和授权。

2. 改善信息沟通渠道和内部监控手段

对分支机构的管理服务于一级法人体制，特别是解决好一级法人对作为基本经营核算单位对二级分行的监控问题。如中国工商银行提出了"下管一级，监控一级"的管理模式，实现总行对二级分行的直接监控、一级分行对县级支行的直接监控，从而弥补组织体系变革方式的不足，在不改变组织体系的原则下加强内部控制、提高管理水平。

3. 实行领导岗位竞争上岗

工、农、中、建四大商业银行主管部门充分意识到中层领导干部的低下素质已严重影响其管理效率，因此，在领导岗位上强力推出竞争上岗，如中国银行规定，从 2000 年开始所有副科级以上领导岗位必须经公开竞聘产生，其他商业银行也对职位竞聘做出了严格的规定。近几年，我国商业银行补充了大量年轻、学历高的人员入行，使员工年龄结构、学历结构趋于合理。

4. 主要商业银行近几年均进行了事业部制的试点

工商银行于 2001 年组建了独立的票据业务部和七个分部，采用事业部制的运作模式，建立了全行从上至下的票据业务运作体系。工行上海分行也按照资产、零售和新兴业务三大条块实行垂直管理，建立"准事业部制"的银行组织架构模式。交行、招行、中信等均组建了独立于传统架构之外的信用卡中心，即信用卡事业部。2006年下半年，建设银行设立了批发业务部、零售业务部和投资理财部三大业务条线，推行类事业部管理，强化了条线内部的整体联动。在各大商业银行中，推行事业部制最为彻底的是民生银行。继信用卡与零售银行业务实行事业部制改革试点后，该行于2007年9月成立了首批公司金融事业部——贸易金融部、金融市场部、投行部和工商企业部。随后还将建立机构金融部、能源金融部、房地产金融部、交通金融部、冶金金融部和电子电信金融部等六大公司金融事业部。该行还规划在2008—2009年间，将对组建的十大公司金融事业部进行拓展提升，逐步完善中后台系统支持，全面实现事业部制。

（二）中国商业银行现行组织结构存在的问题

长期以来，中国商业银行的组织结构一直属于直线—职能型，实际上与中国政府的组织形式相似，总行各职能部门相当于中央部委，地区分行相对于各省区、支行相对于县区级部门。其成因在于国有商业银行原来就相当于政府部门，组织结构自然按政府组织形式设置，而股份制银行基本上是模仿国有商业银行的组织结构，只是不按省区而是按省会城市设置分行。在这种组织结构中，总行职能部门只是管理中心，各地区分行成为利润中心，其职能部门的设置与总行基本雷同。

根据对中国商业银行组织结构的考察，我们认为现行组织结构的典型弊端主要体现在以下几个方面[①]：

1. 工农中建四大商业银行行政色彩浓厚

其组织结构仍按行政区划设置，尤其是在总行和省分行层次上，国有银行组织指挥系统的行政化抑制了其市场反应能力、资源配置能力和金融创新能力。从纵向层级上，省分行的设置增加了信息漏损、降低了效率，由于二级分行（有的银行的省会城市分行已经改为省分行营业部，但基本上只是名字而无实质改变）才是利润中心，省分行成为行政管理机构，主要任务是传达总行文件及监控省内分行。同时国有商业银行的行政区划设置人为分割了资源，使总行无法优化配置资源，提高运行效率。

2. 横向部门设置过多，职能重叠

中国商业银行无论是国有银行、股份制银行还是城市银行，部门设置普遍过多，国有银行中工商银行设23个部门，其余基本类似。主要股份制银行

---

① 吴志峰：《我国商业银行改革中的组织结构问题》，《上海金融》，2005年第7期。

中，招商银行设置 28 个部室、华夏银行 22 个、浦东发展银行 21 个、兴业银行 19 个、民生银行 17 个。民生银行设置的部室最少，职能配置比较合理。过多的部门造成职能重叠、机构臃肿，其中突出表现在后勤支持部门的设置，工会、党委纪委部门多，办公室、人力资源、行政、保卫部等部门存在严重的重叠，人员配置过多，银行将审贷和贷后管理、财务、会计分开设置，也加剧了部门数量的增长。部门职能的重叠是造成国内商业银行普遍后勤支持人员多、一线业务人员紧现象的重要原因。

3. 纵向链条过长，信息漏损严重、分支行参与决策程度低

在市场第一线的支行及客户经理与总行领导相距遥远，需要较长的信息传递链条。目前的商业银行，从总行行长到基层的客户经理之间有层级 7—9 层以上，总行管理部门到基层客户经理的层级则在 5—7 层以上，再加上总行管理部门与分行之间的隔离更加剧了信息漏损。因此，无论是从上到下的政策执行还是从下到上的市场反馈，都不是非常顺畅的，都有一个"时滞"。

4. 总行业务部门与各分行存在利益冲突和互动障碍

总行业务部门如公司金融部、零售银行部一般只是管理中心，而分行及其支行才是利润中心，管理部门的政策更多强调风险控制，而分支行有很大的经营利润压力，市场拓展是其理性选择，所以，总行管理部门与分支行之间存在利益冲突。另一方面，即使公司金融、零售银行等管理部门加强市场拓展力度，在现行分行彼此分割（地区事业部）的组织架构中，也很难做到在全国范围内统一调度和部署资源。由于总行管理部门不是利润中心，政策制定者很难成为市场推广的组织者，而作为利润中心的分支行虽然有组织力量，但只能是区域政策，不能从全行的高度来看待问题，由此造成政策和市场组织者的不统一，市场推广的协同效应不够。

5. 分支行的定位错乱

现行组织架构中，总行考核分行利润，分行考核支行利润，因此最终的利润中心在支行，支行承受了过重的业务开拓压力，这种重压虽然提供了足够的激励，但同时也容易导致风险和隐患。分行也是管理中心，机构臃肿，将经营压力转嫁到支行，使金字塔的层级进一步提高，对底层的压力进一步加重。另外，同一城市的各支行在经营压力下各自为战、互相竞争，限制一个支行的贷款企业到离自己更近的另一支行办理业务，严重削弱了银行的整体竞争力。

6. 现行金字塔结构下，人力处于压抑状况，积极性得不到发挥

由于人员在金字塔结构中按照行政级别升迁，越到上层职位越少，使大批人才受到压制。同时商业银行各项业务尤其是混合经营的开展又需要多方

面的人才，由此形成银行业务发展与人才激励的矛盾。

7.1.3 中国商业银行组织结构再造策略

中国商业银行组织结构再造要以市场和客户为中心，对庞大、分散的分支网络进行撤并，对过多的管理层次进行扁平化改造，对内部职能部门进行整合，加强业务系统的垂直管理，建立面向市场、面向客户、"一线为客户服务、二线为一线服务"、前后台联动、上下行协同的整体组织体系和运行机制，为客户提供高质量的、快捷的、规范的银行服务，全面提供商业银行的营销能力、创利能力、新产品开发能力和后台保障能力。这个组织结构再造的过程，概括地讲就是"纵向压缩、横向拉伸"的立体的过程，将一个"金字塔"结构改造成为一个"立体矩阵"结构（见图 7-4)①。

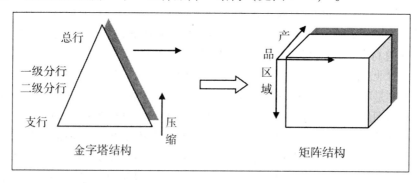

图 7-4　商业银行组织结构再造示意图

1. 对分支机构进行扁平化再造

对于中国商业银行而言，当前组织结构再造的首要任务就是要实现组织结构的扁平化，对原有的 5—7 层的组织体系进行改革。具体做法是：取消省级分行，将职能下放到二级分行，使现在的二级分行成为利润中心和经营实体，并管理区、县支行，这样就形成了省会中心城市分行和地区城市分行直属总行的局面，中心城市分行在业务开拓上起着骨干作用，但也并不管理地区分行。在此基础上再按经济区域设置若干地区管理中心，履行总行的委托管理职能。这样，商业银行的地区纵向结构就转化为总行——（区域管理中心）——城市分行——支行网点三级组织架构。

---

① 魏春旗、朱枫：《商业银行竞争力》，中国金融出版社 2005 年版，第 161 页。

2. 对职能部门进行优化设置

对于前台业务部门，应突出"以客户为中心"的思想，按照客户类别设置三大事业部，即公司客户部、机构客户部和个人客户部。公司客户部负责公司客户的营销和客户关系管理，机构客户部负责政府部门、金融机构客户的营销和客户关系管理工作，个人客户部负责个人金融产品的开发、营销和管理。国际结算、信用卡中心和基金托管等部门作为二级部门分别并入三大事业部。各个事业部独立核算业绩，使之具有利润中心职能，在全国市场统一配置资源以及展开市场推广。

产品开发、会计财务、风险管理等中台部门主要完成银行一些综合性的、全局性的管理和控制工作，如资金管理、财务管理和风险管理等，这些部门集应中式管理，其职能由总行统一直接行使。同时可以视具体情况，在下一级单位设立分中心。

清算中心、会计处理中心、外汇单证管理中心、客户服务中心等银行作业部门应集中处理，可以设立后台业务处理中心，为营销部门提供"工厂化"或"流水线"的操作和服务。这种部门靠规模经济来降低成本，并可以借助信息技术在人工成本较低的地区建立。

3. 进一步推进事业部制改革，探索矩阵式结构

作为一种新型的组织架构模式，事业部制相对于传统的总分行块结构模式有明显的优势：有利于组织专业化经营和实现银行内部市场化；有利于资源的合理配置并保持业务的稳定性和灵活性等。因此，国内许多商业银行将推行事业部制作为当前和未来工作的重点之一。但是事业部制的实施不是一蹴而就的，需要各商业银行积极采取措施，为事业部制能够顺利实施提供条件。

（1）要有清晰的发展战略。多元化战略是商业银行推行事业部制的根本动力，因为推行事业部制在一定程度上要以牺牲职能专业化和规模经济为代价，只有商业银行处于经营扩张期，具备较好的盈利前景、业务涉及多种产品、覆盖多个领域，事业部制对职能型管理模式的替代才是可取的。而且，事业部制的发展战略必须清晰明了，不仅要与全行的整体战略相一致，而且事业部之间的利益分配、内部转移价格的确定也要明晰，以减少事业部之间可能产生的矛盾与冲突。

（2）要有高效的管理控制体系。事业部模式的成败取决于能否对事业部进行有效的管理，并确保事业部的发展与全行整体利益保持一致。因此，建立一套有效的管理控制体系非常必要。管理控制体系应当包括三方面内容：一是保证及时反馈事业部的经营管理数据、及时进行事业部财务和信息的统

计分析；二是具备有效约束事业部经营管理的制度体系，包括风险管理制度、考核奖惩制度、操作规范、高管人员管理制度等；三是有支持事业部管理制度的信息技术系统。

（3）要有高素质的管理团队。事业部负责所辖业务的研发、管理、营销等工作，还要承担人员管理、行政综合等职能，因此对管理团队的综合素质提出较高要求。另外，由于总行对事业部的经营业务干预较少，事业部经理具有较大的经营决策和行政管理权限，其专业素质和职业操守直接影响事业部的发展甚至全行的整体利益。

7.2 中国商业银行业务流程再造

7.2.1 商业银行业务流程再造的内涵和机理

（一）业务流程概念的界定

《牛津英语大辞典》将流程定义为：一个或一系列连续有规律的行动，这些行动以确定的方式发生或执行，导致特定结果的出现。麦肯锡顾问公司的管理资讯师达文·波特和肯特将流程定义为"为特定顾客或市场提供特定产品或服务而实施的一系列精心设计的活动"[1]。他们认为流程强调的是工作、任务在组织中得以完成，并指出了流程的两个重要特征：一是面向顾客，包括组织外部和内部的顾客；二是跨越职能部门、分支机构的边界。一般而言，流程是由一系列单独的任务组成的，是一个投入经流程变成产出的全过程。J·佩帕德和P·罗兰在《业务流程再造精要》一书中认为，可以按照流程的范围和规模将流程分为三大类：第一，战略流程，用于规划和开拓组织未来的流程，包括战略规划、产品研发、新流程开发；第二，经营流程，用于实现组织日常功能的流程，如"赢得"客户、满足客户、客户支持、收付款；第三，保障流程，是为前两方面的流程提供保障的流程，如人力资源管理、会计统计、财务管理、信息系统等。

业务流程是指直接或间接为顾客创造价值的一系列相关逻辑活动的有序集合，业务流程设计是企业绩效和组织结构的基础。业务流程是一个外来语，对应的英文表述有"Workflow"及"Work Flow"，前者侧重的是新技术的探讨，强调的是业务与业务之间的传递或转移的动态过程；后者侧重于思想上

---

① 朱枫：《国有商业银行业务流程再造》，《国际金融研究》，2001年第9期。

的研究。

根据美国经济学家的实证分析结论，企业效益不好，并不是技术、人员方面的原因，而是管理业务流程方式的原因。据统计，客户因为糟糕的业务流程而离开的可能性是因为低质量而离开的可能性的 5 倍。银行作为一个服务性行业，业务流程的重要性显得尤为重要。业务流程的改善可以使组织能够面向客户；能够预测和控制变化；可以提高对已有资源的利用，加强组织的竞争力；使得复杂作业变得快速有效；帮助组织有效地处理内部关系；提供组织内部各种作业的系统观点；帮助管理者了解如何将投入转化为产出等等。

（二）商业银行业务流程再造的内涵

美国麻省理工学院的迈克尔·哈默教授最早提出"业务流程再造"（Business Process Reengineering，BPR）并将它引入到西方管理领域。1993 年，他与杰姆·钱皮共同出版了《企业再造》一书，这本书是再造理论的奠基之作，迅速在全球企业管理界掀起了再造的热潮，并在上个世纪 90 年代发展成为一种具有广泛影响的管理思想。根据该书，业务流程再造就是要针对企业竞争环境和顾客需要的变化，对业务流程进行"根本性的重新思考"和"彻底的重新设计"，再造新的业务流程，以求在速度、质量、成本、服务等各项绩效考核的关键指标上取得显著的改善。我国学者对业务流程再造给出的定义是：业务流程再造是以企业发展战略为目标，充分运用信息技术和现代管理方法，对企业的业务流程进行重新设计，将不增值和低效率的业务流程转变为增值和高效率业务的一系列管理活动[①]。

商业银行本质上是经营货币与信用的企业，因此，业务流程再造的概念也同样适用于商业银行。参照业务流程再造的定义和基本理解，银行业务流程再造至少具有以下三个方面的基本内涵：一是银行业务流程再造是一项战略性的系统过程。二是银行业务流程再造的核心是构建面向顾客满意的业务流程。三是银行业务流程再造成功的关键是要实现技术和人的有机结合。

所以，银行业务流程再造就是从银行长期战略需要出发，以价值增值的在设计为中心，打破传统的职能部门界限，通过组织改进、员工授权、顾客导向及正确运用信息技术，建立合理的业务流程，使银行能够动态适应竞争加剧和环境变化的一系列管理活动。银行业务流程再造强调以"流程导向"替代原有的"职能导向"，为银行经营管理提出了全新的思路[②]。

---

① 魏春旗、朱枫：《商业银行竞争力》，中国金融出版社 2005 年版，第 103 页。
② 桂泽发，《中国商业银行再造研究》，福建师范大学博士论文，2004 年。

（三）商业银行业务流程再造的机理

业务流程再造是银行再造的核心领域，选择哪些环节启动业务流程再造是关键。对流程的不同理解会形成不同的要素分析方法，从而可以从不同的角度弄清流程再造的关键环节。目前，理论界主要有二要素分析法和四要素分析法，二要素分析法认为流程再造可以从两个方面着手，一是改变客体或客体的载体；二是改变主体。四要素分析法是在二要素分析法的基础上对业务流程的进一步细分，旨在获取更新的流程再造技术性逻辑理论。四要素分析法典型代表是（芮明杰、钱平凡，2001）①，根据他们的研究，流程是为了完成某一目标（或任务）而进行的一系列相关活动的有序集合，其中活动、活动之间的连结方式、活动的承担者以及完成的方式构成了流程的四个基本要素。为了更细致地分析商业银行业务流程再造的基本原理和逻辑关系，我们采用四分法，从流程的基本要素着手来探讨银行业务流程再造、提高流程运行效率的关键环节。

1. 改变银行业务活动本身

流程的基本构成单位是活动，活动细分程度的不同、细分方式的变化都会形成不同的流程。因此改变活动划分是银行流程再造中较常见，也是比较容易实施的方式。改变业务活动本身具体包括：一是重整业务活动。就是对复杂的业务流程进行活动归并，使其简单化，从而提高流程运作效率。具体来说就是把分散在不同职能部分和分工环节、由不同专业人员完成的几种活动压缩成一个任务，由一个人来完成；对于不得以由多个人合作完成的任务，也要保证流程与客户之间的单点接触，从客户递交业务申请的那一刻起，就由办案专员对客户负责，直到业务完成。二是分散业务活动。就是通过将某一专业职能的工作分散到相关专业中，取消原有的专业流程，从而提高效率。例如，将集中于柜台办理的业务分散到自动取款机、自助银行等电子渠道办理。三是删除业务活动。就是尽量删除不创造价值的复制活动，而将主要资源集中到创造价值的业务活动中。例如，把数据录入、资料录入集中于一个部门进行，消除不必要的重复录入，不仅可以节约时间，而且可以避免多次输入数据产生的误差和不匹配。

2. 改变活动间关系

改变活动间关系包括改变活动的次序和改变活动间的逻辑关系，两者均能提高流程效率。传统的银行流程多采用作业的串行方法，而流程再造强调

---

① 芮明杰、钱平凡：《再造流程》，浙江人民出版社 2001 年版，第 321 页。

把流程中有关的串行活动改为并行活动，同时推进，从而改善银行业务的反应速度。这就要求把一项流程的诸多环节进行最大可能的并行交叉。例如，某银行在处理贷款申请时，一份申请的数字化图像可以由几个员工进行处理。当一个员工检查文件时，另一个员工可以进行资信评价。需要强调的是，银行再造强调各种活动并行交叉，并不是也不可能违反业务流程必要的逻辑顺序和规律，不能取消或跃过任何一个必经的阶段。另外，可以在充分细分各种活动的基础上，找出各个子活动之间的逻辑关系，将可以并行交叉的尽量并行交叉。因而，银行再造并不完全追求单个部门局部流程和单个人的最优，而是追求将整个组织视为一个流程的整体最优。要达到这样的目的，就必须依托网络及数据库，善用信息技术，再辅以授权，并加强作业环节的信息沟通和交流，以保证有条不紊地运作①。

3. 改变业务活动承担者

主要包括：第一，改变业务活动界限。传统银行业务内部分工主要依据产品或职能进行，这使得员工思考问题的出发点不是流程的运作对象——客户，而是自己所处的部门，这往往导致对顾客的价值认知度很低。因此，在寻求活动承担者的突破时，要把客户的利益放在第一位，主要依据客户类别在银行内进行分工，把不同类别的客户所需要的流程集成起来，真正满足客户的需求。第二，改变权力关系。在对活动承担者进行突破性思考时，对其中的权力关系应予以高度重视，要使得决定与执行决定，在某种程度上达到有机统一。为此，要通过授权除去对单一流程活动的管理，而强化对流程整体的管理。第三，改变人力运用。传统上流程活动的承担者主要是重复抄写、统计等例行工作，随着银行信息化步伐加快，计算机取代了相当一部分人工，银行应将人力资源花在客户身上，从事与客户高接触的工作和分析性的工作，了解客户需求，充分发掘商机。

4. 改变活动的实现方式

活动实现方式的变革主要就是探索信息技术更有效地利用。银行本质上是一个处理信息的系统，随着信息技术的发展和应用，组织中的信息处理方式发生了翻天覆地的变化。网络经济时代，银行服务的整体实力将集中体现在前台业务受理和后台数据处理的一体化综合服务能力及其整合技能上。网络技术对银行业务的整合不仅仅是利用互联网作为银行递送产品和服务的渠道，更重要的是利用互联网优化后台的产品和服务的创造：将无结构的流程

---

① 田晓军：《银行再造》，上海财经大学出版社2002年版。

程序化，减少不确定性；为流程运作提供详实信息，提高决策科学性；在银行内部实行知识管理，获取流程中的专门知识，形成专家体系，提供决策支持；并用共享数据代替中间人来联系两个部门，减少业务交接数据，进而减低内部交易成本等①。

银行业务流程再造的机理说明，银行流程再造工作就是要善于从这四个方面进行科学而细致的分析，寻找挖掘业务流程各个环节在效能和效率方面存在的问题，并着手进行解决。

7.2.2 西方国家银行业务流程再造的借鉴与启示

银行再造首先从美国开始，并迅速传递到了欧洲、亚洲的不少国家和地区，成为 20 世纪 90 年代以来银行经营改革的标杆。花旗银行等美国大银行是银行再造运动的先行者，据美国银行再造专家保罗·H·艾伦统计，在 1980—1996 年这段时间，美国平均每年有 13 家银行进行再造，追随的热度高温不降。银行再造之后的平均资产收益率和资本收益率分别从原来的 1% 和 14% 上升到 1.5% 和 20%，而平均的成本与收益比则从 63% 下降到了 50%—55%②。欧洲掀起银行再造运动时间虽然比美国晚，但其推动的速度却并不逊色。英国的银行率先推动再造活动，然后是德国、荷兰、斯堪的那维亚地区。到上世纪 90 年代中期，世界排名前 1000 家的大多数欧洲银行都开展了银行再造运动，例如，德国有 85 家、瑞士有 32 家、奥地利有 20 家、法国有 24 家、西班牙有 45 家银行开展了银行再造活动。虽然西方国家银行实施再造后各自有其具体情况和各自特色，但成功再造后的银行业务流程具有以下特点：

1. 突出以客户为中心的理念

再造后的业务流程以客户为中心，强化了营销职能。一方面，前台的业务部门根据不同的客户群体设置，实施有针对性和量体裁衣的营销，使客户可以得到全方位、一站式的金融服务。另一方面，服务实现标准化，使同一客户在该银行的全球所有分支机构都能享受到同质、高效的服务。以客户为中心的经营理念还体现在理顺了前台与中台、后台之间的关系。通过流程再造，前台业务部门处在各部门的核心位置，确立了在银行各部门中的重要地位；同时明确中后台部门是为前台部门提供服务的，前台就是中后台的客户。

2. 强化了以利润为导向、集约化经营的思路

通过实施管理会计，实现了对各层面的产品、客户、业务部门的收入、

---

① 李志强：《传统银行走新路 银行业务流程再造》，《海脉网络经济周刊》，2002 年 9 月。

② Paul H. Allen. Reengineering the bank，New York，McGraw－Hill，1994.

成本和效益的分析和计算，使管理层及时掌握各项产品、各类客户及各个部门的收益与亏损情况，从而做出有关产品及业务扩张、收缩或退出的决策。同时，通过制定经营目标、经营方案和预算计划，把成本控制应用于日程的经营管理活动中。另外，总行通过计算机平台的建立，将全球范围内所有客户资料信息、单据处理、账务处理等后台工作进行集中。分行不再分散进行电脑系统的开发和建立，总行将全行的 IT 系统统一配置，并选择在劳动力成本较低的地区建立全行集中的沟通处理中心。据统计，集中处理后，商业银行的经营成本降低了30%。

3. 推行科学管理，提高业务运行的效率和质量，强化风险管控

实施新流程后，西方商业银行不但前台业务实行专业化和标准化管理，而且风险、财务、人事、后勤等中后台也相应实行专业化和标准化的管理方式，从而提高了决策的科学性和准确性，使得业务质量和管理质量都得到了很好地提升。近年来随着经营环境的巨大变化，西方商业银行面临的风险日趋多样和复杂化，它们更加注重风险管理，实施财务风险管理与保险风险融合，提出了整体化风险管理的新理念和更有效的解决方案。

7.2.3 中国商业银行业务流程现状分析

商业银行的业务流程是一组以客户信息与银行内部资源信息为加工对象，共同为客户创造价值而又相互关联的活动按照一定顺序的组合。在一个完整的业务流程中，同时包括内部客户和外部客户，它们共同构成了从始至终为客户完整提供某种或几种金融服务的功能。流程的运作需要人员、数据、技术资源和信息系统的合理组合。事实上，由于银行经营的货币、信用具有同质性，银行与银行的差别实际源于各自的业务流程，业务流程由此成为构成竞争优势的最重要的因素。

中国商业银行现有业务流程可以细分为信贷业务流程、零售业务流程、表外业务流程、资金业务流程、结算业务流程、咨询业务流程、代理业务流程、综合管理流程、计划财务流程、风险管理流程、员工培训流程以及后勤服务流程等。根据与终端客户的关系，商业银行业务流程可以被划分为最接近客户、直接创造价值的客户服务流程；对业务实施计划调控、风险管理和成本管理等控制流程；为业务活动和管理系统提供各类服务的保障支持流程。通常，按照与客户接触情况和对利润贡献的关系，依次称为前台、中台和后台业务流程。商业银行的业务流程如图 7-5 所示。

近年来，随着商业银行改革地不断深入，其业务流程经过不断地调整，已经取得了很大进步，但是仔细分析业务流程的设计与运行，也存在着一些

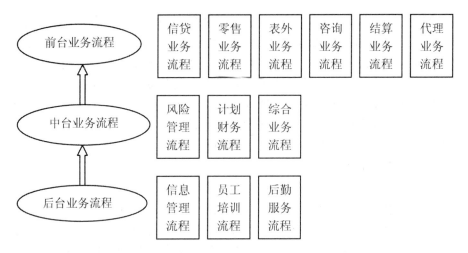

图7-5　商业银行前、中、后台业务流程

问题，主要的积弊体现在以下几个方面①：

1. 传统业务流程设计理念没有完全体现"以客户为中心"的思想。商业银行与客户之间并没有建立对等的关系，不少商业银行还存在等客户上门的现象，由此所设计的业务流程没有完全体现"客户至上"的原则。

2. 传统业务流程中重复作业多，造成业务处理效率低、成本高，业务流程完成周期长。商业银行原有业务流程主要适应职能化部门，一项任务需要由多个部门分头领导并监督各个环节的运作，从而导致重视局部均衡并强调职能部门的重要性，而很难确定哪种产品、哪些机构和哪些客户给银行带来可观的利润，哪些不能获利。

3. 业务流程的设计过于讲究统一性、标准化、覆盖面，缺乏差异性、多样化和灵活性。商业银行业务流程突出"流程为组织而定"，笼统地按照活动的相似性将从事相同或类似活动的人合在一起，形成职能群体，没有根据不同客户、不同业务风险设计不同的业务流程，结果造成越是优质的大客户，其审批环节越多，业务流程越复杂。

4. 有的业务流程生搬硬套别人经验，并不适应自身实际需要。商业银行在经营实践中，有的业务流程是在实践中摸索出来的，而相当一部分是直接从国外或竞争对手那里照搬形成的。业务流程的设计背景和操作程序并没有结合自身或国内的发展实际，而且没有考虑到业务拓展和创新的需要，导致一些业务流程在运用实施过程中并不完全适应实际需要。

---

① 王晓蕾：《商业银行业务流程再造机理研究》，武汉理工大学硕士论文，2003年。

7.2.4 中国商业银行业务流程再造的实现途径

中国商业银行从制度上的改革来看，经历了依次为银行机构多元化、业务专业化、经营企业化、制度公司化以及股份化的改革路径。从银行内部经营机制和管理方式的改革过程看，经历过实贷实存、差额包干、资产负债比例管理、风险管理乃至全面风险管理等管理模式。为了进一步提高中国商业银行的竞争力，目前关于商业银行经营改革的热点集中在如何对其业务流程进行再造。我们从商业银行围绕流程再造实施制度创新的角度，从目标模式和核心环节来分析我国商业银行业务流程系统再造的切入点和基本思路。

（一）中国商业银行流程再造的目标模式与实现条件

对于"流程再造"的模式，可以从"流程再造"基本目标出发，勾画出"流程再造"的标准模式。"流程再造"建设的基本目标体现在如下几个层次：一是有最短的业务决策流程、最短的决策时间、最短的执行时滞和最快的市场响应速度；二是能够用最小的投入、最少的人员、最少的场地占用等资源耗费为客户提供优质和多品种的产品和服务；三是营销一线和后台支持形成密切配合的有机整体，一线人员能够得到最快捷的、全方位的支持与保障；四是能够对客户信息、新业务方式方法、业务经验教训等价值信息以最快的速度在全行范围共享；五是能够实现内部管理及产品设计、推广及全过程的零缺陷管理[1]。

根据"流程再造"基本目标定位要求，构建"流程再造"应具备一定的基本条件，主要包括以下几点。

1. 银行系统内要形成流程管理的理念共识

流程再造是一种先进的管理方法，它是对传统银行系统性的再造，而不是条条块块的再造或修补。全行上下都应明确流程再造的目标和适应流程再造的操作规范标准，个人行为和团队行为都是围绕管理水平和管理质量的提高而形成合力。

2. 业务流程规划设计合理准确

经过仔细的流程研究论证，对目前业务流程和管理方式作整体规划，综合考虑新流程对资源配置的最优方案，如何达到客户服务、产品及支持的模块化，各模块如何进行有效组合，实现对市场的快速反应和风险控制制衡效率等。流程方案规划和设计的准确性是流程再造运行的核心所在。它决定管

---

① 丁俊峰：《从"部门银行"到"流程银行"的转型》，《农业金融研究》，2006 年第 11 期。

理缺陷率的降低和周期缩短，从而实现最大限度的管理质量和经营效率的提高。如花旗银行利用跨职能流程图（CFPM）成功缩短周期取得了重大成效。CFPM 分为 5 个步骤：

第一阶段是规划。规划时间用 2—4 周，规划办法是挑选一个需要改进的关键业务流程，确定一位高级领导者、一个指导委员会、一个团队组长和若干协调人员成立一个团队，该团队由来自各主要部门的优秀员工组成，来协助业务流程的重新设计工作。

第二阶段是"现状"会议。时间在 2—5 天，给出当前的流程状态图，对当前流程状态进行评议，提出存在什么问题、哪里出现中断、哪些是无用的工作，找出这些既浪费时间又造成客户不满的地方。

第三阶段是让他人参与进来。时间在 3—5 周，主要是向同事进行广泛咨询；评估所绘流程图的准确度；确定解决方案，并认同变革需求。

第四阶段是"预期"会议。时间 3—5 天，任务是绘制一个"预期"状态模型并与现状状态相比较，"预期"状态无需增加人力和资金就可以更快、更好的工作；在团队成员的指导下制定实现"预期"目标所需要的行动措施。

第五阶段是详细设计和实施。时间 5—10 个月。成立多个实施行动措施的小组，小组成员从整个组织的不同部门挑选；制定项目计划，团队组长以月度会议的方式管理各小组，对取得的成绩予以表彰和认可。通过周期缩短管理策略的流程规划设计并实施，花旗银行在业务流程时间、现金管理、客户忠诚度以及满意度等方面都得到了显著的提高，获得了具有可持续性的竞争优势。

3. 具备胜任流程管理的人才队伍

"流程再造"需要大批责任心强、知识面广、业务技能高的高素质人才。由于业务流程整合要求各模块之间衔接和协调性非常高，管理及业务人员仅仅熟悉其中某一局部业务知识的现状必然满足不了"流程再造"的管理要求。因此，要经过不断的增强培训投入来打造适应"流程再造"经营变革后的业务管理需求，既要重点培训骨干力量，也要重视全员业务素质技能的提高。

4. 采用必备的高新技术

"流程再造"的流程化管理必须充分利用现代计算机和信息技术，才能实现业务流程的根本性再造。由于"流程再造"业务的模块化，组织和管理流程虚拟化特质的要求，缺乏 IT 技术则无法实现其流程化管理方式，"流程"只能停留在概念上的模糊想象。所以，模块化、集约化、虚拟化必须在高端 IT 技术下运行。

5. 确保前台与后台的密切衔接合作

应该说，除了直接面对市场的客户经理，其他均视同为后台人员。所谓前台与后台的衔接，就是全员成为一个整体而不会因为地域、工种、职务而分割，相互都是合作与支持的关系，无论是营销、审批和决策，上线和下线、个人与关键决策人都应实现网络化链接，一线人员可以得到快捷的决策支持，决策层能极大限度地贴近市场做出对客户和市场最为贴切和实用的决策。

6. 内部监督与激励的统一

"流程再造"要求前后台密切衔接，各模块密切协作，是一个维持高效运行的机制。但是任何机制或模式都需要有效到位的监督机制，在"流程再造"中，内部考核、监督机制必不可少，对员工乃至管理者业务能力和绩效评价有充分监控约束。同时，由于对员工的工作强度和要求提高，激励措施也应紧随而上，对管理者和员工的激励对于银行绩效具有积极的正向影响。对于"流程再造"来讲，提高激励是对员工高强度、高水平工作的高回报，是"流程再造"机制的重要组成部分。

明确"流程再造"的基本目标和条件后，构建"流程再造"的方法不外乎集中在以下三个步骤及层次。第一是构造扁平化机构。消除重复的中间管理层次、缩短业务传递路线、总部业务管理中心尽可能贴近一线业务平台。第二是对业务进行垂直化的流程设计和运行，避免业务在部门之间交叉重复进行。第三是添置先进的 IT 设施和技术，确保业务的电子化、网络化处理。同时在各部门、岗位配置"多面手"式的管理及业务人员，要求所有人员合规运作。

（二）银行业务流程再造的核心环节

在辨识、评价业务流程时，要从根本上压缩臃肿、冗余的业务活动，大幅改善业务运作效率。在这一前提下，要重新审视业务流程是否设计得合理，有无改进的余地。这时候，最需要的是打破常规思维，从零开始，设想其应有的流程。在银行再造中，信息技术的应用是以银行的业务流程为中心，涉及银行内部所有的活动，而非仅限于某个单位，这样打破了长期以来奉为圭臬的分工概念。银行业务流程再造的几个核心环节是：

1. 以顾客为导向，构造增值型业务流程

首先从价值链分析法来看，银行应着眼于活动和流程对顾客价值的大小。对一个银行来说，任何一个对产品和服务没有贡献的活动都是不增殖的活动，对一个业务流程来说，任何一个提高成本而对流程输出没有贡献的流程都是不增殖的流程。这些不增殖的活动和流程多是不必要的审核与监督，以及折衷协调等环节。这些活动对银行来讲并无任何价值附加，可全部删除，以减少不必要的人力和时间浪费。

其次，业务流程设计不应局限于原有的组织范围内，原则上应超越组织界限，以最自然的方法加以灵活调整。在任用通才而非专业人员的情况下，许多跨部门的作业可以整合为一体。比如，一些银行在消费贷款申请的受理上，借助于一套精密的软件系统——专家系统的成功开发，把原来的信用审核员、估价员等专才的活动压缩为交易员一人的工作，减少了活动的传递和重复，提高了流程的效率。

如前所述，业务流程的设计应尽量采用并行而非顺序方式，这可以通过网络以及数据库技术，使许多需要共享的活动如新产品的开发和信用的评估等转为同步方式。

2. 以金融创新为中心，创建多样化业务流程

在设计业务流程时，应区分不同的客户群以及不同的场合设计不同的流程版本，而不必事无巨细，以繁驭简。以标准化的流程来应付多样化的消费者，往往无法满足顾客在质量与时间方面的要求，银行再造强调银行在业务处理上应该具有灵活性。例如在贷款申请的受理上，可以设计出低、中、高三个风险类别的流程。经过信用初次审核后，对低风险客户可交由低风险流程小组以更为简化、迅速的办法处理；对于中度风险的客户则按例行的标准化程序加以办理；对于高风险客户，则须由高风险流程小组附加特殊的处理机制来分析和研究。

3. 提供银行与客户之间的单点接触

由于金融产品纷繁复杂，很少有客户能用组合的眼光来进行理财，而通常的柜面业务人员囿于自己的职能分工，不可能跨越部门为客户出谋划策、来回奔波。通过设立专职销售人员，使客户不在面临众多的业务柜台，只须与单人接触即可，提高了客户的便利程度，有利于银行实现交叉销售。新流程的设计，要能够为顾客提供全面了解金融信息的客户经理人，即使流程非常复杂分散，顾客仍能获得完整且迅速的服务。

通过流程再造改革以后，新的业务流程应该具有如下特点：第一，工作单位发生变化，即从职能部门变为流程执行小组，业务流程柔性化；第二，工作性质发生变化，即从简单的任务变为多方面的工作，工作性质多元化；第三，员工价值观发生变化，即从维护型变为开拓型，工作态度积极化。

第8章　提升中国商业银行国际竞争力途径之三

——全球统一技术支持系统的发展

20世纪中叶以来，随着信息技术和通讯技术的迅猛发展，银行业开始向电子化和网络化方向发展。从最初的业务处理自动化和办公自动化，到后期的信息管理乃至管理决策的高度集成化、网络化，银行业开始利用管理信息系统充分积累、挖掘和利用信息资源。而随着1995年10月世界第一家纯粹网络银行——美国安全第一网络银行的出现，网络银行在世界各国迅速发展起来，各国银行开始纷纷抓住契机，开展跨国业务，扩大国际市场。随着越来越多的传统银行可以借助信息技术开展跨国业务时，信息技术带给银行业的就不仅仅是机遇，而更多的是挑战，即看谁能更高效的利用信息技术占领国际市场。

全球统一技术支持系统就是在此背景之下的产物。它是跨国银行为实现全球化市场整体盈利的最大化而建立的各区域市场统一一致的分别基于业务、管理和决策层的银行管理信息系统。它以信息技术和通讯技术为支持平台，以系统工程方法论为总体规划理论指导，实现跨国银行的各区域管理层和决策层实时拥有基于全球化市场范围的信息资源，有效消除信息传递缓慢、信息不对称和信息孤岛等现象，提高银行内部控制和市场决策的前瞻性、全局性和智能性，从而大大增强跨国银行的竞争力。

8.1　全球统一技术支持系统的体系结构

信息技术应用于银行业，主要从以下五个方面对传统商业银行的经营管理进行改革和提升，并由此构成银行技术支持系统的基本框架。

（1）信息技术应用能够为商业银行创建灵活的、多渠道的分销系统，并将触角延伸至广大的、不同层次的客户，从而扩大销售、降低营销成本。

（2）信息技术应用可以整合商业银行内部的数据并快速做出响应。

（3）信息技术应用能够为商业银行建立强大的客户信息数据库，通过智能的分析判断客户的个性化需求，从而实现主动为客户推荐金融产品的效果。

（4）信息技术应用可以有力地促进商业银行经营转型，进而加速商业银行产品的开发速度，加快产品的市场化步伐，通过加速开发新的销售渠道，获得更大的市场份额，通过为客户定制多样性的服务，提高客户的满意度和商业银行的市场竞争能力。

（5）信息技术应用可以整合并有效利用商业银行内外资源，为商业银行经营、市场开拓、战略规划等决策科学化提供依据，促进商业银行经营转型。

信息技术的这五方面影响在全球统一技术支持系统中具体体现为集成客户服务系统、集成服务通道、集成业务处理系统、集成数据管理系统和集成决策支持系统，如图 8-1 所示。

1. 集成客户服务系统

该系统又称前台处理系统，由柜员前台系统、网上银行前台系统、呼叫中心前台系统、自助银行前台系统、手机银行前台系统等多种营销渠道系统构成。它主要依靠强大的信息技术、通讯技术支持来建立银行与客户多渠道的畅通的沟通，为客户提供全天候、全方位、个性化的银行服务，进而将众多的银行潜在客户转变为现实客户，扩大市场。

2. 集成服务通道

集成服务通道实现了集成客户服务系统与集成业务处理系统的统一连接，有效避免了多头连接导致的资源浪费、信息冗余和不一致性。

3. 集成业务处理系统

该系统又称中台处理系统，由会计核算子系统、信贷管理子系统、资金汇划子系统、外汇业务子系统等构成。与传统的分散式、封闭式业务处理系统不同，集成业务处理系统以网络化大集中的方式全面系统的涵盖了银行所有业务处理，并且各业务处理子系统之间实现了数据信息交换和功能互用。另外，集成业务处理系统一方面通过集成服务通道与集成客户服务系统相连，低成本的实现了多渠道客户服务应答的一致性，高效率的实现了银行服务的统一性和功能互补性；另一方面集成业务处理系统与银行数据库相连，通过网络化实现了各业务处理子系统之间的信息共享，避免了由信息孤岛造成的业务重复处理或空白处理等效率低下问题。

集成业务处理系统在商业银行的跨国业务中应用尤其明显。例如，银行的跨国公司客户和管理水平较高的国内优质大客户迫切希望委托理财、财务顾问、应收帐款质押贷款、出口退税账户托管贷款、账户透资、国内保理、资金池管理和银企联网系统等国际上成熟的金融产品能在境内应用推广，希望银行能够随着其海外业务的拓展在境外进行跟进服务，实现境内外业务的联动，并提供统一的贷款条件、服务价格和服务标准。这些，都需要由集成业务处理系统提供技术支持。

另外，集成业务处理系统通过对银行业务的网络化大集中处理，低成本的实现了业务处理的高效快捷。如花旗银行已将全球业务单证集中到四个用网络连接的自动化程度非常高的单证处理中心处理。该处理系统能在四个处理中心的某个中心非上班时间自动将当地客户业务转到其他中心处理；系统有很强的识别功能，能自动将不同客户单证送给中心的相关工作人员，并自动将处理结果送到客户开户的有关分行。客户利用该处理系统，可全天候、非常便捷的办理各项业务。

4. 集成数据管理系统

该系统对集成业务处理系统积累的数据进行系统的整理、分析和提炼，并为管理层和决策层提供参考资料，旨在提高银行业务处理和管理效率、市场营销能力及整体竞争能力。集成数据管理系统具体包括统一各子系统的数据标准，建立规范一致的数据字典，以及建立面向主题的多维数据仓库等功能。与传统的分散封闭式数据库相比，集成数据管理系统有几个突出优点：一是数据信息在逻辑和模式上是统一的，能保证重要数据的一致性和权威性，可大大减少各部门查找、整理数据所花费的时间和精力；二是数据按主题设计，具有多维特征，便于满足不同用户要求；三是数据以"数据元"这一基本单位存储，具有"可组装性"。

集成数据管理系统的建立是现代商业银行的普遍发展趋势。在当今以信息技术的飞速发展为依托的知识经济时代，集成数据管理系统为各项银行业务的专业化、集中化处理提供了现实可能。例如，运通银行在全球有 3 个业务处理系统，集中于纽约、伦敦和印度。业务处理中心的设置主要基于业务量的大小、时差等因素，特别需要功能完善的先进数据库。运通银行的数据库就运用了现代统计学的理论，可以利用原始数据生成很多有用的信息，如能清晰的分析出净收入以及单个客户产生的效益，评估产品的盈利情况，进行费用分析、收入分析等。通过分析，运通银行可以知道哪些是利润贡献大的客户，对这些客户可以进行费用减免，从而提高了客户满意度，进一步发展了与这些高价值客户的关系。

5. 集成决策支持系统——辅助决策支持系统

集成决策支持系统由辅助决策支持系统和战略决策支持系统构成。前者局限于银行部门内或跨部门的综合管理和内部控制活动，侧重信息的整理、归类、积累的结构化系统。后者则是是建立在各个管理支持系统基础之上的，综合运用全行内外信息资源，并借助于各种模型库和方法库来对全行范围的市场环境、客户、产品、流程、员工等情况进行综合分析，选择可以实现银行所有资源最优配置或盈利能力最大化的管理决策。在实践中，决策支持系统也被称为商务智能系统。

其中，辅助决策支持系统包括客户管理系统、产品管理系统和常规企业管理系统。

客户管理系统——借助于强大的客户信息数据库，客户管理系统引入了主动营销、交叉销售、盈利分析、个性化服务等理念。它通过智能的分析判断客户的需求偏好，从而实现对客户的细分及主动为不同的客户设计推荐金融产品的效果，提高客户的满意度和商业银行的市场竞争能力。

产品管理系统——借助于产品信息数据库，产品管理系统实时对银行各类产品进行盈利分析、风险分析和战略分析，加速已有产品的改进和新产品的开发速度，加快产品的市场化步伐。

常规企业管理系统——常规企业管理系统包括财务管理、人力资源管理等商业银行所涉及的基本业务管理。借助常规企业管理系统这一全行统一的平台，商业银行可以实现对全行人、财、物的实时全面掌控。

战略决策支持系统建立在全行集成数据库的基础之上，同时依托于客户管理系统、产品管理系统、常规企业管理系统等辅助决策系统可以集中的为银行战略决策提供服务。战略决策支持系统通过引入方法库、知识库和模型库，辅助银行领导层做出决策，实现集风险分析、盈利分析、战略分析、市场定位等于一体的集成战略决策支持。

在以上描述的全球统一技术支持系统的五部分中，前三部分（即集成客户服务系统、集成服务通道、集成业务处理系统）是涉及银行日常运作的基本活动系统，也叫核心支持系统（Core Banking），它是银行业务运作主体和利润创造主体，同时也是集成数据管理系统和集成决策支持系统的信息、数据来源。后两部分（即集成数据管理系统和集成决策支持系统）是涉及支持银行主营业务活动的一系列辅助活动，被称为非核心支持系统。它们的存在是为了保障银行主营业务活动的正常运作，旨在提高银行业务处理和管理效率、市场营销能力及整体集体竞争能力。

全球统一技术支持系统的五部分基本涵盖了银行信息建设的全部目标，并且彼此具有一定的独立性，适合有选择的分阶段实现。当然，它们之间存在一定的依赖关系，如集成决策支持系统的实现要依靠完善的集成信息管理系统；集成数据管理系统的数据积累要凭借集成客户服务系统和集成业务处理系统完成；等等。但这并不妨碍银行在具体实施中选择的宽泛性。

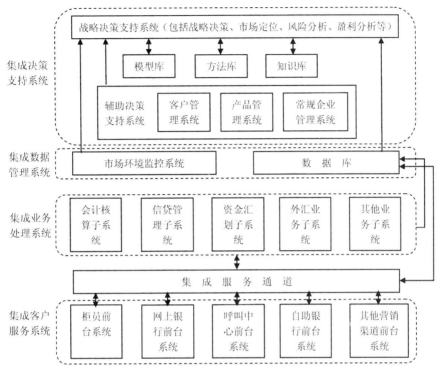

图8-1　跨国银行全球统一技术支持系统的基本结构

8.2　全球统一技术支持系统的构建特征

构建理想的全球统一技术支持系统，并借助它达到跨国银行的战略目标，有以下三个构建特征要实现。这三大特征也是全球统一技术支持系统的核心，是其区别于普通银行信息管理系统的关键所在。

（一）统一银行每个业务部门运用信息系统的技术标准和数据标准，建立服务全银行的数据平台

1. 统一行内所有系统的技术标准

跨国银行应着眼于银行的整体效益和长远效益，制定有关全行各部门信息系统的技术标准，以此统一各信息系统的技术平台。进而使各专业部门使用的信息系统采用互相可以兼容的硬件、软件和标准化的接口，为银行内部的信息实时传递、充分共享提供技术支持。

当然，这对于一个发展中的跨国银行来说，各部门的信息系统使用、升级和更新情况都有所不同。这就要充分论证行内所有的业务及应用系统的目

前使用情况，并预测未来环境发生变化时该系统的适应性和改进性。在此基础上兼顾银行整体与各专业部门个体的利益，提出银行内统一实施的信息系统技术标准。

2. 统一行内所有系统的数据标准

在统一全银行各信息系统技术标准的前提下，尽快统一全行各信息系统的数据标准，使不同信息系统中相同数据的定义一致，减少某些共用数据信息的不一致性，增加这些数据在各子系统之间的共享程度。统一全行数据标准可以遵循以下步骤实施。

首先，确立不同数据标准的格式基础。一般来说，不同数据都有其产生部门和引用、加工部门，它们对该数据的利用率和处理率都大不相同。这样，对于数据标准的统一工作，数据利用率较低的业务部门就应该服从数据利用率较高的业务部门或以数据利用率较高的业务部门为主。例如，对于客户信息数据，客户关系管理系统要使用，产品管理系统、决策支持系统等等也要使用。比较它们的使用率，客户关系管理系统要明显高于其他部门的系统。因此，在制定全行统一的客户信息标准时，要主要参考客户关系管理系统使用的客户信息标准，并在此基础上按照此标准来规范和调整其他各信息系统中有关客户信息的统一标准和统一格式。

不同数据标准的格式基础基本要按照以下原则来确定：以个人业务系统和其他个人外部系统的数据格式为基础，制定个人客户业务管理信息系统数据字典，以此作为全行个人客户信息的数据标准；以公司业务系统和其他企业外部系统的数据格式为基础，制定公司客户业务管理信息系统数据字典，以此作为全行公司客户信息的数据标准；以办公自动化和综合统计系统的数据格式为参考，制定综合分析、计划管理系统的数据标准，以此作为全行银行常规管理信息的数据标准。

其次，由银行的信息管理部门负责汇总全行各信息系统的数据标准，经技术保障部门核准，发布全行实施的信息系统数据标准指引。同时，由管理信息部门协同技术保障部门等有关部门根据信息系统数据标准指引建立全行共用信息数据，如客户信息、常规管理信息、产品信息、市场环境信息等。分别对这些数据设置权限，向全行所有员工及协助单位开放，以此增加原先各系统间的数据共享性，加强信息沟通，减少内部信息不对称，提高全行整体管理效率和决策能力。

3. 建立全行共用数据仓库

在银行统一的技术标准和数据标准的基础上，建立全行共用的数据仓库。该数据库应根据银行整体的业务发展需要，站在全行整个信息系统建设的高度，来进行宏观规划和设计。具体实施时可以先寻找突破点，集中收录已建立和普及明确数据标准的业务信息系统所涉及的共用数据，如客户基本信息、业务经营统计数据、外部宏观经济金融信息等，以此建立数据仓库的初步基础构架和构造数据的分析模型。在此基础上，再将其他的应用子系统逐步并入，如资产负债管理系统、风险控制系统等。在并入过程中，管理信息部门和技术保障部门要保证数据仓库的共享性、整体性和未来的可扩充性，对并入的信息系统的数据进行必要的处理和控制，具体过程要视并入的信息系统情况而定。

（二）重新规划和设计银行各信息系统反映的业务流程

全球统一技术支持系统的另一个构建特点就是对银行原有信息系统流程的重新规划和设计。由于跨国银行信息系统的建立是与业务开展的不同阶段及管理手段的不同发展水平紧密联系的。因此，银行各信息系统在数据结构、业务流程和模块划分上存在着冗余和一定的不合理性。对于数据结构的问题，我们在上面提到的银行统一数据标准和共用数据仓库已经解决。这里，我们来关注一下对业务流程和模块划分的重新规划设计。

具体方法是参照全银行新的组织结构和业务流程，将现有相关业务系统划分为若干个功能模块。对每个功能模块，都跟踪其包含的数据流程有无冗余、中断、缺少监管、重复处理等现象。对有缺陷的模块，根据信息系统总体规划的要求进行重新整理、归并和设计，具体包括对已有功能模块的再设计和对新模块的补充。流程重组中涉及的数据整理要根据已明确的数据标准规范定义，重新设计数组仓库的范式体系。例如，某些银行的信息系统可能包括认识信息管理系统、干部考核系统、人事招聘信息查询系统、工资管理系统等，经过业务流程重组，可以合并设计为人力资源管理信息系统。

（三）建立模型库、方法库和知识库，构建集成决策支持系统

模型库、方法库和知识库构成了跨国银行集成决策支持系统的最基本内容。

其中，模型库是按照不同的经济数学方法，对各种经济现象的规模、功能、类型进行描述而建立起来的经济数学模型的集合。目前，在金融行业比较常用的主要有以下几类：银行经营计划系统模型，包括计划模型、经营分析模型、长期存款预测模型、存贷款短期预测模型、资金余额预测模型、最适当资金干预模型等；银行经营网点管理模型，包括经营网点业绩预测模型、经营网点业绩评价分析模型、人员和设备配合模型、工作效率分析模型等；经济预测分析模型，包括金融业经济预测模型、其他行业预测模型、综合经济预测模型、产生相互关联模型、地区经济动向指数模型等；企业信用评价

分析模型，包括企业财务评价分析模型、不同行业财务模拟模型、企业业绩预测模型、信贷风险测定模型等；市场预测分析模型，包括营业点选址模型、营业点分析模型、个人资金吸收比例决定模型、债券市场分析模型、广告效应分析模型、客户行为分析模型等；资金管理与投资决策模型，包括银行资产负债管理模型、资金运用模型、有价证券投资模型、投资效果与财务预测模型等等。

　　方法库向决策支持系统提供通用的决策方法、优化方法以及软件工具等。它集合了建立经济数学模型所必须的各种计算方法，如矩阵运算、数值分析、线性方程组求解、常微分方程求解、相关分析等等。

　　知识库是智能决策支持系统的智能部件。它不仅具有特定的决策知识，而且还具有与模型、方法有关的知识。并且，知识库中所包含内容的多样性和广泛性对模型库和方法库也提出了更高的要求。

　　另外，集成决策支持系统对银行的集成数据仓库也提出了更高的要求。普通的银行数据仓库建设时往往只注重集成内部基于记录的数据，而忽视集成外部数据和其他形式的数据，但事实上，根据有关机构的调查，大型企业的最高决策者95%的经营管理信息来自企业外部。而在银行有了集成决策支持系统后，数据仓库就不仅要简单的集成内部数据，而是要为决策支持系统提供集成的数据源。因此，在数据仓库设计时，就必须在关注企业内部基于记录的数据的同时，充分重视外部数据，并充分重视文本以外的其他形式的数据，如声音、图形、图像等方式，按照银行的管理决策人员对决策支持信息的要求来进行信息集成。来自企业外部的信息主要包括两方面。一方面是宏观环境信息的采集。如对国内外宏观经济、金融、政策、市场变化等信息的采集、对国家领导人、有关部委负责人及专家学者等对国家宏观层面政策走向具有指导性的讲话、言论的收集，等等。另一方面是微观环境信息的采集。如对国内外同业机构动态的手机和整理，对重要客户、行业板块动态信息的收集，等等。

8.3　中国商业银行信息系统建设的现状与问题分析

　　随着中国银行、中国工商银行、中国建设银行等大型商业银行的股份制改造和海内外上市进程的不断加快，中国商业银行向境外的扩展会强劲提速，在境外设立分支机构的需求也不断提高。各商业银行在实施各自国际化战略过程中，普遍需要建立一个强有力的、支持业务全球化的境外机构信息技术体系和一支高素质的境外机构信息技术建设队伍。境外机构信息化建设的水平已经成为各商业银行境外市场核心竞争力的重要组成部分。

8.3.1 商业银行境外信息系统建设现状[①]

1. 境外机构信息系统建设现状

大多境外机构在成立时没有进行统一的信息系统规划，而只要求信息处理系统能够满足开业时的日常业务处理需要，这就导致中国各商业银行在境外机构的信息处理系统使用情况比较复杂，没有统一的标准和模式。如有的境外机构数据已经集中到区域中心，有的机构仍然使用单独的核心账务系统。对于数据已集中的机构，大多并不使用其总行在境内机构统一部署的核心业务处理系统，而使用专门给境外机构定制的境外核心业务系统。对于尚未完成数据集中的机构来说，使用的系统则是五花八门，缺乏统一的标准。

虽然各境外机构均建成了自己的信息处理系统，也能通过内部的网络系统与客户、当地政府部门和监管机构所设置的系统彼此互联互通，但是无法促进境外机构与境内机构的信息共享，从而无法充分利用境内丰富的客户资源和庞大的经营网络。在服务渠道方面，目前各商业银行的境外机构基本上还是以传统的柜面业务为主，尚未提供电话银行、自助银行等新兴服务方式。虽然近年来部分境外机构也开办了网上银行业务，但由于针对境外机构的网上银行系统是以境外机构的核心业务系统为基础的，与境内的核心业务系统缺少数据接口支持，无法联网，因此，在很大程度上也无法发挥网上银行强大的优势。在管理信息系统和决策支持系统方面，境外信息化基本还处于起步阶段，发展进程远落后于境内机构。

2. 境内外机构信息系统建设现状对比

依照麦肯锡公司的 M1－M2－M3 金融电子化架构模型，银行业对信息技术的应用是一个逐渐升级的过程，可以将其分为三个层次：M1 层、M2 层和 M3 层。M1 层指计算机体系结构、硬件、系统软件、计算机语言、通信技术等，其关键是银行如何使用信息技术提高业务的处理效率；M2 层包括应用软件和人机交互操作，主要是设计并运行包括银行核心业务系统在内的能支持各项主要银行业务的应用系统，并尽可能实现信息系统开发的标准化、集成化及信息共享的目标；M3 层是指银行业务需求与信息技术充分结合的阶段，其特点是银行充分利用信息技术，对所掌握的大量客户资料、业务数据进行分析和挖掘，发掘最有价值的客户、产品及新的业务需求，对银行的营销及

[①] 刘志力：《我国商业银行境外机构信息化建设探讨》，《中国金融电脑》2007 年第 1 期。

金融创新提供深度支持。依照 M1 - M2 - M3 理论模型分别对我国银行境内外机构的信息化进程进行分析，我们不难发现，境内银行信息化进程已完成了 M1 层，正全面进入 M2 层，一些发展较快的银行在某些领域已开始了对 M3 层的探索。而境外机构基本还处于 M2 层阶段。由此可见，和境内机构信息化建设相比，商业银行境外信息化建设明显处于相对较低的水平，建设工作还任重道远。

8.3.2　境外机构信息化建设存在的问题分析

在信息化建设的最初阶段，大部分境外机构一般已构建支持其日常基本业务操作的信息技术基础设施、应用系统。随着业务的不断发展，已逐步建立相应的管理、开发、运行维护体系，信息科技管理不断规范化，信息技术人员队伍也不断壮大。近年来在信息化建设方面的投资也呈现良好的发展态势，但大多数境外机构的信息化建设仍然普遍存在诸多现实问题。

1. 数据资源没有真正整合和集中应用

各应用系统间缺乏信息沟通与整合，不能对数据资源进行有效的集成管理，也无从对数据资源进行深度挖掘与分析，集中数据的最大价值没有充分发挥出来。将金融服务需求信息有效收集，并及时准确地分析转化为产品需求能力较弱，产品总体创新能力不足。

2. 信息技术没有实现在风险管理中的应用

与国际先进银行大量运用数理统计模型、金融工程等先进方法相比，中国商业银行风险管理信息系统建设和信息技术运用严重滞后，使得风险管理所需要的大量业务信息、市场信息缺失，而且无法建立相应的资产组合管理模型和各种风险管理模型，无法准确掌握风险敞口。风险管理信息失真，直接影响了风险管理的决策科学性，也为风险管理方法的量化增加了困难。

3. 信息化建设面临的风险被忽视

当前，与数据大集中相配套的银行灾备中心、监控中心、应急处理体系等建设相对滞后，集约化的安全生产运行和管理模式尚处于摸索阶段，系统运行监控、故障诊断分析的自动化水平不高，应对突发事件和故障恢复能力较差，对电子银行等高风险信息系统缺乏规范的安全风险评估和监控指标体系。

4. 信息化标准规范及对相应的法律法规的缺乏了解和忽视

银行信息化标准规范和法律法规的完善化，滞后于银行信息化建设高速发展的需要，部分标准、规范存在时效性不足等现象，金融标准体系有待完善。

5. 信息科技队伍力量相对单薄

在境外机构方面，由于银行知名度、工资待遇、企业文化等多种因素所限，很难吸引境外机构所在地的高水平技术人员到当地信息科技部门工作，同时，具有一定经验的人员跳槽现象较为普遍，很难留住技术人才，导致境外机构当地信息科技部门技术力量不足。在境内方面，各银行均已拥有一支负责境外信息化建设的固定科技队伍，但大多技术人员虽然技术精湛，但熟悉境外银行业务流程的不多，近年来，虽然也有一些有境外工作经历、既精通技术又懂境外业务的人员加入到这支队伍中来，但毕竟比例太小，力量仍显单薄。因此，科技队伍从人员数量、素质和结构方面都难以适应新形势下境外信息化建设工作的需要。

8.4　中国商业银行境外机构信息化建设的原则与方式

8.4.1　境外机构信息化建设的重要性

虽然大多数境外机构的规模较小，业务量也不大，信息化系统的建设规模远不能和国内机构相提并论，但并不等于信息化建设的地位不如境内重要。相反地，银行决策层要充分认识到信息化建设和应用对其境外机构发展的重要性，要把信息化建设和应用规划提高到决定未来发展的战略高度来对待。

境外机构应该清醒地认识到，信息化建设已不是简单地以电子化操作替代手工操作的过程，也不仅仅是改进服务手段的辅助工具，而是进入了全面改造境外机构业务流程、转变经营模式、开拓创新业务、规范管理模式、优化决策过程的崭新阶段。只有通过信息技术，不断为境内外客户提供优质、专业化和个性化服务，将信息科技转化为现实的市场竞争力，商业银行各境外机构才能全面提升在境外的核心竞争力，才能真正走向世界，最终实现国际化的目标。

8.4.2　境外机构信息化建设目标和原则[1]

（一）境外机构信息化建设目标

境外机构信息化建设的总体目标，是以先进的信息技术为基础，完成境外信息技术体系的基本建立，为境外金融服务提供现代化技术支持平台，从

---

[1]　刘志力：《我国商业银行境外机构信息化建设探讨》，《中国金融电脑》2007 年第 1 期。

而提高境外机构的核心竞争力。

为达到上述目标，各银行必须具有清晰的境外信息化建设思路，那就是坚持以客户为中心的理念，从银行自身的境外业务发展战略、经营环境和市场定位出发，结合本行信息技术应用现状，统一制定一个包括信息技术基础设施、信息技术体系、业务系统和管理系统在内的全面的、系统的、科学的境外信息化建设发展规划。只有这样，才能清楚未来信息化要如何建设，从而有效防止目标定位偏差，少走弯路。

（二）境外机构信息化建设原则

一般来说，境外分行的信息化建设应遵循以下几个基本原则：

1. 安全性

安全是银行业永恒的主题，在金融信息技术发达的当今世界，信息系统的安全性成为每个银行关注的重点内容。安全性涵盖的范围较广，具体包括信息系统的生产运行安全、数据安全、网络安全、资金安全和客户资料安全等。需要特别强调的是，境外机构特别重视客户资料和客户信息的保管，在信息化建设中，应加强在这方面的安全保密措施，消除任何可能导致客户资料泄密的安全漏洞。

2. 合规性

每个国家或地区都有不同的金融监管法律和法规，而每个境外机构均直接接受所在国家或地区金融监管机构的监督和管理，因此，境外机构必须优先考虑在信息化建设过程中所使用的信息技术、手段、标准、规范、电子设备和所采用的业务流程等是否都符合这些法律和法规。

以网上银行建设为例，中国各商业银行看好网上银行的发展前景，但考虑到相关的法律不健全，在发展过程中仍保持谨慎的态度。网上银行的电子信息化服务方式，使其业务和客户遍及全球，这就对原有的法律提出了新的问题，如跨境网上金融服务的管辖权、法律的适用性问题，服务和交易和约的合法性问题。没有相关的法律规范电子交易各方的权利和义务，一旦出现法律纠纷，银行的利益将难以得到保障。

3. 适应性和扩展性

商业银行的信息技术体系必须具有适应性和可扩展性，以便能够根据客户需求、管理需要和市场环境的变化，灵活、快速并以最小的代价完成部署，而不需要对信息系统核心基础架构进行经常的重大改造。由于每个境外机构的业务流程不同，监管制度也不一样，境外信息系统的开发和境内系统相比，扩展性和技术开发的统一性这对矛盾将表现得尤为突出。

4. 经济性

首先，现阶段境外机构规模均不大，赢利能力有限，从投入产出比的角度出发，在满足设计需求的前提下，信息化建设应该尽量考案。其次，信息技术日新月异，境外机构信息化不是追求前沿技术和产品，而是采用成熟、稳定的软硬件系统，最合理地配置各项信息资源。

8.4.3 境外机构信息化建设的策略和方式

（一）IT 资源的分配问题

据计世资讯的调查，2004 年中国银行业 IT 投资规模达到 212.35 亿元，2005 年以 7.7% 的速度增长而达到 228.7 亿元。如此大力的投入如何在银行内部有效分配？如何评价这种分配？结合我国银行业 IT 应用实践，笔者认为应该着重关注以下两个方面：

1. IT 应用的战略目标要与银行整体的战略目标一致，而不仅仅是与某一具体部门的目标一致

目前，随着金融市场竞争的激烈，各家商业银行衡量 IT 项目的标准一般都是"会哭的孩子有奶吃"，即哪个部门是核心业务、热门业务，资源就向哪里倾斜，而对建设期长、收益慢的项目则不愿投入。这种关注部门盈利性、忽略银行整体战略发展的 IT 应用短视行为只会造成 IT 资源的严重浪费。

银行某一部门的短期盈利不代表培养了长期的银行核心竞争力。以网上银行为例，构建了网上银行平台只是银行营销渠道多样化的表现，即传统业务借助网络这种低成本的媒介提供给客户。如果银行的 IT 投资仅限于此的话，那么这种部门的盈利只是暂时的，随着其他银行迎头赶上，服务的同质化将致使超额利润消失。如果 IT 应用与银行整体战略目标一致，追求的不是业务作业层的技术化，而是在提高渠道竞争力的同时开拓新的金融服务市场，即通过网络渠道收集、积累客户信息，通过客户资源管理系统（CRM）挖掘客户的潜在金融需求，进而有针对性地产品创新，为客户提供全方位、个性化、高附加值的金融服务，那么该网络银行就会摆脱同质化服务的束缚，确立行业优势，成为银行的核心竞争部门。

在这方面，美国网络证券商 E＊Trade 与美林公司在 20 世纪初的竞争给了我们很大启示。E＊Trade 公司由于其所有业务支撑全部以互联网为基础，所以能够以较低的交易佣金吸引大量的自助投资者，一度造就了 E＊Trade 模式的神话。但随着 2001 年开始的互联网泡沫经济的破灭，E＊Trade 的业务受到很大冲击。而美林公司发展全方位的金融服务策略，利用专业化经纪人才和技术手段为客户提供金融增值服务，公司的佣金收入与投资理财服务收入形

成3:7的比例，即使在经济衰退期也获得了稳定的发展。由此我们可以看到，IT应用不能仅追求局部的、短期的最优，而要服从银行整体规划，与银行全局战略目标相一致，集中力量投资于具有战略重要性的IT项目中去。

2.IT应用的价值评估要从长期性、全局性出发，而不能以某一时间段内的银行绩效为衡量标准

银行业IT应用是一个系统工程，与传统银行项目相比，具有建设期投资巨大、收益期持久等特点。IT应用的最初阶段为技术投入期，即业务流程的电子化，技术资源投入巨大，收益主要表现在IT操作平台带来的低成本。例如上文提到的网上银行，其初期的优势就主要表现在低成本的交易渠道上。在这一阶段，IT应用成本攀升，银行尚无基于IT平台的核心竞争力产生。IT应用的第二个阶段为管理再造期。针对传统业务模式设计的管理制度和服务理念不适应、甚至阻碍新的基于IT的业务模式的发展。因此，必须对原有的管理模式进行再造，以与业务模式相融合，并推动其进一步发展。在这一阶段，技术投入逐渐减少，管理再造成本成为一大支出，总成本呈下降趋势。并且，随着管理制度的完善，对基于IT的银行业务的推动日益加强，业务优势开始从低成本的同质化服务向高附加值的异质化服务转变，收益呈上升态势。IT应用的第三阶段为竞争力形成期。在这一阶段，管理与技术得到完美结合，业务维护成本进一步降低，收益稳步上升，基于IT应用和管理再造的银行核心竞争力形成。

从IT应用的发展阶段可以看出，对IT应用效果的评价，不能局限于某一个阶段，而要从整体、全局出发来衡量。目前，我国商业银行的IT应用还处于第二阶段。这从各家商业银行提供的基于IT的金融服务与基于传统渠道的金融服务的比较可以看出，两者无论从服务质量还是服务种类，以至产品定价，都还没有形成显著差异。当然，我们不能就此判断银行IT应用的效果，因为各家商业银行正在通过建设客户服务管理系统、风险管理系统、决策支持系统、营销管理系统等核心管理系统来再造、完善银行的管理制度与服务理念。可以说，能否构建一个合理有效的管理框架与IT的业务充分融合，能否充分挖掘和利用IT平台的巨大潜力，成为中国商业银行IT应用成败的关键。

（二）IT资源的融合问题

在银行业，技术革新与管理变革是互为驱动、互为制约的。对国外大多数银行而言，IT应用是渐进性的，是随着银行的公司治理模式的发展状况而相应地逐步完成的。而我国银行业由于与国际接轨已经近在咫尺，如果不尽快抢占基于IT平台的金融服务市场，势必处处被动。在这种情况下，要求中

国银行业在企业文化和经营理念上做一个根本性的改革完成之后再进行信息技术的建设是不现实的。为此，中国银行业选择了在 IT 应用的进程中，管理变革同步进行这一道路。而两者能否有效融合，主要体现在以下两个方面：

1. 银行管理模式的再造

目前，商业银行之间 IT 应用的竞争已经超越了抢夺技术占有权的层面，而管理配套能力的强弱成为最终能够决定银行 IT 发展水平的关键因素。因此，如何实现 IT 资源与管理制度的有效融合，实现 IT 应用从业务作业层向经营管理层和决策层的推进，成为 IT 资源利用的主线。

首先，通过管理平台的转换，找出管理中的薄弱、缺失环节。IT 应用下，倡导的是一种科学性、系统性的管理，从业务流程到组织结构，从客户管理到营销策略，都要遵循某种规制体现于 IT 平台。这种从人工到 IT 的平台转换，一方面能够避免由于人为因素造成的管理滞后或异化；另一方面通过对支撑这些管理制度的基础数据的整合处理，将其有效的结合为一体，找出管理中的空白、覆盖甚至矛盾的环节。管理空白地带，即数据、流程没有受到监控或重要经营数据没有得到及时处理提炼。如中国一些商业银行的网上银行业务积累了大量的客户偏好信息没有得到有效利用。管理覆盖地带，指某些银行职能部门过分割裂，生成大量数据孤岛，部门间的信息无法共享造成了银行整体的资源浪费。如银行本应为客户提供"一站式服务"，却由各业务部门分别开拓市场，不能实现市场的统一规划和客户的资源共享。管理矛盾地带，指战略规划与具体制度、不同职能域之间制度的冲突。如中国相当部分的商业银行定位为"服务市民、服务中小企业的区域银行"，但其贷款标准和风险管理的制定依然参照以往的大型企业客户，根本不适用于目前的中小企业市场的开拓。

其次，利用 IT 平台，对管理进行再造。具体分为数据管理、流程管理和决策管理三个层次。数据管理：包括设置数据的使用权限和保护级别。传统的管理更偏重于职能域的分工，人为的将数据孤立于各个部门，这样既不便于信息的共享也不利于信息的监控。基于 IT 平台的管理建立全行共享的数据库，赋予不同职能部门不同的使用和维护级别，既实现了信息的最短路经传递，又便于信息的及时监控和维护。流程管理：一般来说，大部分流程是跨职能域的，这在传统平台下极容易被人为拖沓甚至阻碍。如在贷款审批中出现的滞后现象，就充分暴露了流程被割裂于各职能域中的问题。基于 IT 平台的流程设计和实现，将流程内化于系统中，以技术推动其高效实现。对于贷款审批，可以通过系统体现审批中的各种条件限制的，而人工负责复核及特殊情况的处理。这样既提高了流程的效率，又降低了人工的重复劳动率和人为影响率。决策管理：一方面，通过 IT 应用限制管理决策层的一些权限，以避免其对日常事务的干扰；另一方面，通过决策支持系统为管理决策层提供更多的辅助决策信息。后者主要表现为利用数据仓库和数据挖掘技术，实现银行内部数据（主要来自业务交易数据和管理维护数据）和外部数据（如国家宏观政策、地区经济发展、世界金融市场动向等）的有效集成分析，以助于决策者对环境做出准确判断和及时调整银行的运作。

2. IT 应用对管理模式的动态体现

IT 应用作为商业银行改革的一个组成部分，为其提供技术支持。而在多变的市场环境中，商业银行改革是一个动态的演进过程，所以 IT 应用也应是对银行管理模式的动态体现。

目前，部分商业银行的 IT 应用的处于一种被动的应对状态，而银行的管理却在不断变化，导致 IT 滞后于管理的矛盾日益突出。如何变 IT 应用的被动为主动，使之与银行整体的持续发展保持一致，关键在 IT 规划。动态的 IT 规划体现在 IT 战略制定，IT 部门定位，应用架构、数据架构、基础架构标准化设计等各个方面。以 IT 基础架构为例，静态的 IT 基础架构往往是某个应用项目的附属品，动态规划则从整体上以服务平台的视角来看待，这样在未来管理模式发展时，就可以随时使用这些充分考虑了可扩展性的服务，同时还避免了重复建设、资源浪费。可以说，保证 IT 规划的简单化、标准化、模块化和集成化，使之以灵活性应对市场环境的不确定性，是实现 IT 应用对管理模式动态体现的关键。

8.5 中国商业银行全球统一技术支持系统发展思路与对策

商业银行信息化建设是一个复杂的系统工程，它不是一个单纯的技术问题，也不是简单地将手工操作计算机化的问题。商业银行信息化是技术变革与制度变革有机结合的结果。银行必须在引入现代信息技术的同时，改造现有的决策、管理和业务流程，使信息技术与银行流程匹配。只有这样，才能真正发挥信息技术的作用。

8.5.1 中国商业银行信息化建设发展思路

（一）制订明确的信息化发展目标和策略

商业银行信息化水平是其成功经营的必要因素之一，但仅凭这一点并不能取得市场竞争的优势。与其相比，商业银行的管理水平与业务发展策略正确与否则起着决定性的作用。当先进的信息技术与商业银行正确的发展战略相结合时，则会对商业银行的业务发展产生巨大的推动力。在以往的数年中，中国的金融改革不断深化，经营走向综合型、集约化，管理从粗放型到技术密集型，从规模效益走向深度效益，各家商业银行也针对自己的实际情况加大管理改革力度，重新设定自身未来发展的目标。

中国商业银行信息化建设的总体目标是：以数据集中为基础，通过完成数据中心整合工程和数据仓库及管理信息系统等的构建，形成适应集约化经营管理的信息系统基础架构。

中国商业银行信息化建设的策略是：加快从业务处理信息化向管理信息化迈进的步伐；借助科技手段，实现管理工作的网络化和智能化，提高管理决策水平；基本完成 IT 管理体制改革，建立满足经营管理需要，有利于科技创新，具有国际先进技术和管理水准的信息技术体系。形成各类应用的快速创新平台；继续加强科技促进产品创新的力度，整合及充分发挥渠道优势，加强服务体系建设。

（二）建立统一的业务平台和技术支持体系

1. 建立软件开发机制

中国商业银行在充分借鉴国外银行软件开发模式的基础上提高自己的开发水平，为数不少的商业银行为了开发出质量高、成本低的应用软件，一般采取集中开发方式，对于与本行有重大意义的应用系统由全行集中力量进行开发，分行则根据自己的情况开发一些小的外围系统。这种方式可以提高银行开发大型软件的能力，发挥大型软件生产的规模效益，同时又保持了分行进行软件开发的积极性并保证了本地化业务的顺利开展。具体操作如下：

（1）在软件开发过程中通过内部质量管理与认证体系，建立起全面质量管理并设定质量管理目标。

（2）与业务部门就质量目标达成共识，建立完善的质量体系强调过程控制。

2. 建立集中统一的数据处理系统

（1）通过集中处理模式实现账务处理和账务信息的集中化，达到管理集中、分散经营的体制要求。管理信息集中便于总行随时考核经营状况，作出决策避免风险。实行大总行、小分行，总行是管理中心、信息中心、监控中心，分行是利润中心、经营中心，弱化管理职能，有利于支持法人治理的管理理念。

（2）在全行范围内实现资源共享，使信息准确及时传递。有利于决策信息收集、防范风险；有利于建立准确的客户信用信息，充分利用计算机、网络技术资源达到全行集中共享优势，适应市场变化要求。统一的信息资源为管理信息系统的建立提供了基础，为管理提供决策依据，同时对客户关系进行分析，达到提高管理效益的目的。

（3）通过业务集中处理，节省投资降低成本。过去建立一个分行的计算机中心，仅主机及其外围设备投入就要千万元人民币，建立一个适应业务处理的集中化的数据中心和一个备份中心的投资远低于多级中心建设，在电子化业务集中处理模式下，可以节约大量的技术、人力资源等费用开支。另外，总行技术集中、力量雄厚，可以集中全部力量开发、推广应用软件，避免了低水平多头重复开发。使用数据仓库和数据挖掘技术。

（4）利用数据仓库技术可以加强银行风险管理，包括授信权限、信用风险、汇率敏感度、流动资金风险、不良贷款、信用组合风险分析和安全分析等。利用数据仓库技术就可以成立全行统一的授信中心，集中处理授信业务，从而控制风险，提高资产质量。由于授信中心掌握着国内外大量的客户信息、行业信息和决策辅助信息，这样从全行每一个分支机构反映出来的某个行业和客户，就能在全行范围内进行优化选择，同时对跨国跨地区跨行业的大客户可以集中统一授信，避免多头授信的风险。数据仓库应包含商业银行拥有的实际经营情况，可以快速、准确为全行各级领导提供有利的决策支持，促使商业银行增加赢利和提高整体经营水平。数据挖掘是应用特定的算法，从大量的数据中搜索或产生特定的数据集。数据仓库和数据挖掘是两种独立的信息技术。数据挖掘还可以对数据背后隐藏的特征和趋势进行分析，最终给出关于数据的总体特征和发展趋势。数据仓库和数据挖掘从不同的侧面完成对决策过程的支持，又相互联系。两者有机结合，形成基于数据挖掘的联机分析处理工具，可以更加有效地提高决策支持能力。对信息技术发展的前瞻性和引进的技术进行科学论证。在引进国外解决方案的过程中应充分考虑国外技术与国内市场环境的匹配问题。例如我国商业银行在引进网上支付安全协议就是一个很好的例子，某银行为开展网上银行业务，自己引进了一套SET认证系统，它的安全等级高，因此系统牵涉到多个环节，认证过程十分复杂，由于国内环境对这种技术并没有充分接受，因此虽耗资巨大，却没有产生很好的效益，相反招商银行SSL认证技术，采用多种技术和业务措施防范网上支付风险，网上支付卡和"一卡通"实行账户分立、密码分设，网上传输的信息采用随机密码机制，以国际通行SSL协议来加强信息的安全性，支付信息直接发送到银行，账户和交易信息不直接存放在客户的电脑上，并可设置每日消费限额和事后追溯能力。这种方式因投资小、操作简单，在国内得以迅速推广。

3. 建立业务联盟进行信息技术外包

由于商业银行规模扩张，内部组织结构建设不利或政策等方面的原因，统一协调各部门、成员之间的合作、增值关系能力降低，而且消耗了管理者大量的时间和精力。因此，一些专业化工作实行外包不可避免。

外包是指企业从组织外部直接采购对企业来说有比较优势的资源，尤其是一些专业性强的职能和服务，以满足企业提高效率、优化资源配置水平和发展核心能力的要求和需要。

外包的主要优点包括：

（1）降低成本。表现在：①商业银行在信息化过程中，需要支付研发、人员培训、设备等大量投资费用，若将某些环节外包出去，则会大幅降低成本；②把企业的固定成本转化为可变成本；③由于供应商的规模经济效益而降低企业的成本。

（2）提高效率。由于外包使相关企业集中于顾客需求和新产品开发，而不是增值比较低的业务环节，在信息时代，管理人员不可能有充分的资源处理每一个环节，外包的一大优点在于使管理层有更多的时间和集中有限的资源处理核心业务，使资源达到最有效的配置。

（3）技术外包能减少资本投入密集程度。从供应商的高效率和技术创新中收益。外包除了可以确保资源有效投入外，还因为供应商对某个领域特别熟悉，从而可以提供更专业的人员，更优良快捷的服务。供应商在提供资源、服务的同时，为了提高竞争力，必然在技术和服务等方面会持续创新，拥有核心能力的企业必然会从中受益，技术外包可以使商业银行将资源配置到附加值高的经营业务领域。

（4）分散风险。采取技术外包的方式，可以减少业务风险。当银行决定开发某一新产品时，无法保证百分之百成功，一旦研究开发失败，所投入的人员、设备、经费将导致巨大损失。若采用外包，银行所承担的研发和采用新技术的风险便可以分散到供应商手中。

8.5.2 中国商业银行信息化建设对策

1. 积极推进资源集中整合，提高整体协作能力

目前，银行间竞争过度，整体合作不足。各家银行间围绕存款客户和贷款客户的竞争可以说到了白热化的程度，各家银行都分别建立了全国清算系统，分别租用了独立的长途通信线路，分别开发了各自的柜面业务软件和管理信息系统，分别建立了各自的服务中心，虽然实行了银行卡的跨行交易，但也没有彻底解决银行间的互联互通问题。面对国外金融机构的竞争，中国

银行业必须加快金融资源整合的步伐，搭建多元化的综合业务平台。

首先，要加强银行系统的总体规划，制定出银行信息化建设的统一标准和银行入网设备的统一规范，实现网络互相兼容，优化结构，提高网络运行效率。其次，积极推进数据集中和应用整合，尽快实现数据大集中，建立数据仓库，并加强安全运行管理，确保银行信息系统平稳运行。另外，要加强银行间的整体协作，找到一种市场驱动机制来调和各行之间的利益，找到最佳的利益平衡点，在更广泛的层面上开展横向合作，实现金融企业的互联互通，同时要注意加强与财税、海关、保险等行业的联系，实现不同经济部门、不同行业之间的信息共享。

2. 充分利用现有资源，避免重复建设

推进中国银行信息化建设，必须有一套真正适合银行业工作要求的高性能、高稳定性、高安全性的基础设施，以提高银行业务运营的效率，为银行的信息化建设创造良好的基础和条件。目前，各银行都拥有比较完善的计算机通信网络，银行的主机以及服务器的处理容量也在不断地增加，为银行业务数据大集中提供了物理基础，而计算机系统措施的完善，计算机系统技术的不断发展，又为银行信息化建设提供了技术支撑。在银行信息化建设过程中，要充分利用现有资源，避免因重复建设和过度投资造成资金上的浪费，延误银行信息化的进程。要加大科技方面的投入，把投资重点由有形的机构网点建设转向以电子网络为中心的电子化、信息化建设，把安全高效、符合客户要求作为投资开发的重点和方向。

3. 适应信息化发展要求，完善法律法规体系

政策法规环境是银行信息化建设健康发展的有力保障。随着信息技术在银行领域中的广泛应用，一些与银行信息化相关技术的合法性、有效性成为争论的焦点，急需国家立法界定。同时，银行信息化的发展还要借助于国家产业政策、税收政策的大力支持，并依赖于国家信用体系的建立和完善。目前，中国的信息化立法主要集中在计算机网络建设和网络安全方面，而在信息安全、电子商务、信息化监管等方面都存在严重的滞后，无法满足银行信息化发展的需要，亟待建设和完善相关的法律法规。因此，中国应当建立坚实的国家宏观支持和保障体系，进一步加快有关法律、法规的建设工作，适应银行信息化发展的要求。在网络金融中，其运行方式跨越了国界，同时也跨越了各国的法律和金融法规。为了确保银行业务的正常发展，应以《联合国国际贸易委员会电子商务示范法》为基础制定一系列适应金融信息化发展的法律，对现有法律的某些规定做出补充和修改，完善相关的法律法规体系。现在中国的信用体系建设正处在初始阶段，中国信用法律法规缺失严重，应

充分借鉴发达国家在信用管理方面的法律法规，尽快出台与信用行业直接相关的基本法律法规，建立和完善失信惩罚机制，明确在市场经济中失信的法律边界，修改和调整部门、地方与国家信用制度不相符的规定，使全国的经济行为在统一的信用制度下运行。

4. 加强信息安全保障，维护系统安全运行

维护系统安全运行关系到银行信息化服务体系能否有效地提供金融服务。随着银行信息集中和系统整合，信息安全隐患问题也更为突出，一旦出现问题，银行将面临巨额资金损失、客户流失甚至引起社会经济的动荡和法律纠纷。因此，必须高度重视信息化安全工作，从组织和管理上将信息安全纳入银行的整体发展战略中。多年来银行系统的主机设备、网络设备、操作系统、数据库系统、甚至中间件产品都是国外公司生产，银行的信息安全存在隐患。在银行信息化进程中要尽可能选用国内生产的安全程度高的杀毒产品或与杀毒软件制造企业合作。要建立完善的金融信息保密体系、监测体系，建立以身份认证为基础的管理机制，提高网络访问的认证强度，防止金融黑客、犯罪分子截取密码、篡改信息。加强计算机安全的定期检查，建立信息安全保障、沟通机制。认真落实安全责任制，切实保障信息化服务体系安全、平稳、高效运行。要高度重视灾难备份建设，而且在综合考虑运行和应急备份的基础上统筹兼顾、合理布局、稳步推进，切实维护系统的安全运行。

5. 利用信息化推进金融产品和服务创新

随着信息化的进一步发展，传统银行业的经营理念受到冲击，而通过搜集客户信息进行充分的数据挖掘，设计出高附加值，特色强的金融产品，延伸金融服务的触角，已经成为银行经营策略的核心所在。首先，要加强个人银行业务产品的创新。个人银行业务重点推广和完善以网上银行，手机银行，电视银行，个人外汇买卖等为代表的电子金融网络金融产品，重点开发柜面系统的新个人银行业务的产品创新，积极研究和开发储蓄理财产品，稳步发展新的消费信贷产品和银行卡业务。其次，加强公司银行业务的产品创新。对现有的公司业务的产品进行分析整合，实现产品的标准化，系列化和业务的产品化。公司业务产品可以重点推广系统协议存款，人民币银团贷款，股票质押贷款，贸易融资，票据贴现，境外筹资转贷款等业务，重点研究和开发信贷资产证券化和与结算业务相关的新产品。

6. 健全和完善激励机制，加强银行科技队伍建设

既懂业务又懂IT技术的复合型人才是银行信息化效能发挥的基础。目前中国商业银行超过80%的业务已经信息化，这些信息化业务的运行、维护、处理和创新有赖于既领会业务实质又熟悉IT技术的复合型人才，所以，中国

商业银行信息化建设必须注重科技人才队伍的建设。但是，从中国银行员工队伍的现实情况看，复合型人才非常少，IT 人员的比例也比较低（大约5%）。在信息化建设中，国外银行通常采用联邦制和双寡头制模式，让高水平的业务人员和 IT 人员结合，一起进行业务创新。这种模式尽管有其合理性和现实性，但由于 IT 人员和业务人员对业务和技术的理解存在差异，所以，在信息系统开发和信息化建设方面经常存在难以配合的问题。因此，加强复合型信息技术人才队伍建设，是我国商业银行信息化建设的一项长期任务。复合型科技人才队伍的建设，一要靠外部引进，二是要靠内部培养。其中，后者更具有持续性和可操作性。内部培养的一项主要制度保证是建立科学合理的有利于 IT 复合型人才成长的激励机制，在注重物质薪酬激励的同时，也要通过建立和完善技术职务序列等方式，给 IT 人员和业务人员一个明确的职业生涯规划设计。鉴于信息技术更新和发展的速度较快，内部培养的一条途径是将那些在银行内部工作时间比较长的 IT 开发人员调整充实到业务部门，在增加他们业务知识和理解力的基础上，将他们培养成复合型的科技人才，使他们成为信息规划、系统开发等方面的专家。

第 9 章　提升中国商业银行国际竞争力途径之四

——全面风险管理

商业银行是经营与管理风险的企业，商业银行因承担风险而生存发展，也因经营风险而壮大。然而，随着银行业务的不断发展与竞争的加剧，商业银行的风险也呈现出更加复杂多变的特征。近几十年是商业银行迅速发展的时期，也是商业银行风险与银行危机频发的时期。自 1980 年以来，多达 130个国家和地区曾经发生了严重的银行业问题，尤其是自 2007 年 8 月开始的美国次贷危机，已演变成严重的金融危机，其影响危及到全球各个国家。可以说，对银行业风险管理重要性的重新认识、对监管机构的作用与功能的反思，已成为包括各国政府、监管当局、银行业在内的头等大事。而商业银行全面风险管理贯穿商业银行经营过程始终，是提高商业银行核心竞争力的重要问题。

9.1　商业银行全面风险管理的界定

9.1.1　商业银行的风险

商业银行风险是指商业银行在经营活动中，由于不确定性因素的影响，造成商业银行的实际收益与预期收益产生偏差，使商业银行蒙受损失或者取得额外收益的可能性。我们可以这样来理解风险的内涵：第一，经济活动中的主体是风险的承担者，这些主体包括企业、居民、政府、金融机构等；第二，风险与收益呈正比例变化，风险高意味着遭受损失的可能性越大，同时获得额外收益的可能性也越高；第三，风险可以造就经济系统的自我调节与平衡机制，使影响商业银行风险的各种因素相互作用；第四，商业银行的风险既包括可预期的风险，也包括不可预期的风险。

9.1.2　商业银行的风险特征

作为经营货币信用业务的特殊企业，商业银行无时无刻不在与风险打交道。随着经济金融环境的日益多样化，金融创新层出不穷，现代商业银行业务不断发展，商业银行所面临的风险也表现出不同以往的特征。

第一，从银行风险表现形式上看，由单一的信用风险为主，转变为信用风险、市场风险、操作风险等多类型风险共生的局面。

第二，从银行风险发生的范围与影响的区域来看，从局部的风险演变为全面的风险；从一个地区与一个国家的银行风险转化全球性的金融危机。2007 年 8 月爆发于美国的次贷危机，已演变成美国的金融危机，进而波及其他国家的银行业，造成了多家银行的损失。2008 年 9 月，随着"雷曼兄弟"的破产，使世界各国的金融机构都处于发生全面危机的风险之中。就当前的形势而言，此次危机可能持续的时间与造成的损失尚无法估量。

第三，从银行风险的来源看，银行的风险主要来源于客户的风险，也与银行自身的风险管理技术与水平密切相关，还与外部监管有关。银行的所有业务，无论是资产业务还是负债业务，或者是中间业务，都面临各种风险。客户与交易对手违约，是形成银行风险的主要来源；而从银行业务经营整个过程来看，银行自身的风险管理意识、风险管理水平、对创新的运用、全体员工的责任心等，无不是潜在的风险源，他们的任何失误都会造成银行的损失。此外，监管当局的监管理念与监管手段，也影响着商业银行风险发生的程度。

第四，从风险导致的危害性来看，银行风险具有很强的传递性与负外部性。银行"高负债、高风险"的经营特征，一旦出现风险出现危机，即使是单个银行的问题，也会迅速引发对其他银行的冲击，产生连锁反应，导致挤兑。如果这种局面得不到及时扭转，就会导致全面的银行危机，进而传递给其他经济体，出现经济危机甚至是政治危机。1997 年 7 月"东南亚金融危机"以及当前的美国金融危机就是很好的例证。

9.1.3　商业银行的风险类别

商业银行的风险种类很多，根据不同的标准，可将风险划分为不同的类型。从风险产生的根源上看，可分为自然风险、社会风险与经营风险；从风险的性质分类看，可分为动态风险与静态风险；从风险的赔偿对象看，可分为赔本风险、赔息风险、赔利风险；从风险的程度看，商业银行的风险可分为低风险、中风险、高风险的不同状态；按商业银行经营风险的表现形式，可分为信用风险、利率风险、价格风险、汇率风险、操作风险、竞争风险、国家风险等；按商业银行内部因素，可分为决策风险、经营风险等；按商业银行的业务范围，可分为负债风险、贷款风险、投资风险、表外业务风险、外汇交易风险等。

1. 信用风险

又称违约风险，是指因借款人或交易对手不能履行合同而导致银行损失的可能性。在传统的商业银行经营中，由于业务单一，一般将商业银行的信用风险等同于贷款的信用风险。随着商业银行业务的多元化与综合化，信用风险除了包含贷款的信用风险外，还包括商业银行投资业务的信用风险。在新兴业务和衍生业务中，信用风险则主要体现在交易对手违约的可能性。

广义的信用风险还包含国家风险，即由于借款国政治、经济、社会环境的变化使该国不能履行合同使银行受损。多数情况下，国家风险是由一国的政局变动引起。

2. 市场风险

市场风险是由于在金融市场上，由于利率、汇率、价格等发生波动导致银行损失的可能性。市场风险与商业银行的交易类业务有关。根据原因的不同，又细分为利率风险、汇率风险、价格风险。

利率风险是由于市场利率发生变化给银行带来损失的可能性。利率风险表现在两个方面：一方面，利率的变动导致银行收益的波动；另一方面，利率的变动会引起银行资本净值的变化。在期限错配的前提下，前者是资产收益与负债成本受利率波动产生的不稳定性；后者则是由于利率的变动引起资产负债市值的变动从而影响资本净值的升降。

汇率风险是由于外汇市场上外汇价格变动给银行带来损失的可能性。

价格风险是由于证券、金融金融工具、或与银行债权债务相关的产品的市场价格变动发生的风险。

3. 流动性风险

流动性风险是商业银行不能满足客户随时提取存款或合格客户贷款需求的风险。商业银行如果不能满足客户提取存款，丧失清偿能力，不仅银行的信誉受损而且还会引发客户挤兑，甚至银行倒闭；如果银行不能满足合格客户的贷款需求，则会遗失客户、损失市场份额，同样使银行受挫。流动性风险通常源于资产负债期限结构失衡、信用风险与利率风险共同作用以及某些偶发因素。

4. 通货膨胀风险

通货膨胀风险，是由于一国发生了通货膨胀货币贬值而给银行带来损失的可能性。通货膨胀时期，由于货币贬值，银行资产业务的实际利息收入减少；同时，由于物价上涨，使存款人的利息收入减少甚至出现负利率，可能会引起存款的流失，银行被迫提高存款利率，从而增加了成本的支出。

5. 操作风险

巴塞尔委员会对操作风险作如下的定义："操作风险指是由不完善或有问题的内部的程序、人员及系统或外部事件所造成损失的风险。本定义包括法律风险，但不包括策略风险和声誉风险。"[①] 我国银监会于 2008 年 9 月 18 日发布了《商业银行操作风险监管资本计量指引》，所使用的操作风险的定义基本与上述定义相同[②]。操作风险包含的风险内容很多，可以这样说，商业银行在经营过程中所面临的风险，除了信用风险与市场风险之外，都可以归类于操作风险。它不仅与银行的内部经营有关，更与外部经营环境、政策变化、自然因素等相联系。表 9 - 1 归纳了操作风险的各种情形。

表 9 - 1　操作风险的重新界定

分类	因素	详细界定
内部因素	人	操作失误
		违法行为（员工内部欺诈，内外勾结）
		越权行为（超越权限）
		违反用工法
		关键人员流失
	流程	流程设计不合理
		流程执行不严格（增加不必要流程、遗漏或忽略流程）
	系统	系统失灵（如升级）
		系统漏洞
		数据信息不安全
外部因素	外部事件	外部欺诈
		突发事件（自然灾害、抢劫、工作场所安全性）
		经营环境的不利变化（政策、监管环境）

资料来源：张吉光、梁晓：《商业银行全面风险管理》，立信会计出版社 2006 年版。

---

① 巴塞尔委员会发布，中国银行业监督管理委员会翻译：《统一资本计量和资本标准的国际协议：修订框架》，中国金融出版社 2004 年版。

② "本指引所称操作风险是指由不完善或有问题的内部程序、员工、信息科技系统，以及外部事件所造成损失的风险。本定义所指操作风险包括法律风险，不包括策略风险和声誉风险。"——《商业银行操作风险监管资本计量指引》，银监会网站。

9.1.4 商业银行的风险来源

1. 外部风险

外部风险是由于外部经济因素变化给商业银行带来的风险。包括：

第一，宏观经济运行状况决定商业银行运行质量。市场经济条件下，宏观经济通常呈周期性的运行规律。国民经济繁荣，社会投资需要增加，引发商业银行贷款增长，也为商业银行带来较为可观的利润，经营风险相对较低。相反，在经济不景气时期，银行的信贷规模会下降，贷款的质量也可能会恶化，导致银行风险加大，甚至可能会发生倒闭的现象。

第二，国家政策变动给商业银行带来风险。在不同的经济运行阶段，国家实行不同的宏观政策，对商业银行会产生实质性的影响。以金融政策为例，在经济运行的低谷时期，国家实行宽松的货币政策，而在物价上涨、经济过热时期则要实施紧缩的货币政策。无论是何种货币政策，凡是政策变动都会使货币供应量产生变动、利率走势改变，进而对各投资主体的行为产生影响。同时，产业政策是制定金融政策的依据，金融机构的贷款投向与投量都要以产业政策为导向。

第三，客户对商业银行造成违约风险。一般来说，客户违约来自两方面的原因。一是客户不守信用，故意违约；二是是客户经营管理不善，出现亏损而无力偿还银行的贷款，或者破产倒闭，给商业银行带来直接的损失。

第四，其他因素。如通货膨胀不仅使商业银行面临货币资金贬值的风险，而且还可能出现存款人挤兑存款的风险，造成存款的流失。再如，同业的竞争，在促进效益增加的同时也给银行带来更多的确风险。另外，国际经济环境变化，国际金融市场的变动、国家风险、自然灾害等也考验着商业银行的应变能力。

2. 内部风险

内部风险是指由于商业银行自身经营不善造成的风险。在外部环境相同的条件下，商业银行业绩如何、风险损失有多大，主要取决于内部管理水平的高低。

第一，商业银行经营策略的选择。商业银行如果选择激进型的经营策略，过分强调盈利，势必会选择中高风险的资产业务，形成较高的银行风险。长期以来，我国商业银行一直搞粗放式经营，以追求资产规模增长作为主要目标，结果累积了大量的风险，形成各银行的巨额不良贷款。由于股改的需要，也为了应对入世的挑战，最后由国家买单，这不仅浪费了资源，而且导致银行的形象受损。商业银行经营思想如果过于保守，风险可以在一定程度上规避，但其发展会落后于经济增长对银行的要求，业务品种少，在竞争中处于劣势，反而不能形成分散业务风险的规模，也会加大风险。

第二，商业银行资产负债业务结构失衡，导致流动性风险。从理论上说，商业银行的资产与负债无论在规模结构上，还是在期限结构上，都应当是对称的。但由于贷款与存款在我国商业银行的资产负债中占有绝对的比例，而它们又受限于客户的意愿，商业银行常常处于被动的地位，因此，资产负债经常存在不匹配的现象。另外，受经营策略的影响，或者外部环境的变化，商业银行也可能出现资产业务、负债业务、中间业务之间缺乏协调的问题。所有这些，都使商业银行经常处于风险之中。

第三，缺乏监管的商业银行过度创新，导致危机的恶果。金融创新初衷，是为了规避风险，也起到了提高市场运作效率的作用。但创新应该在有效的监管条件下有限度有节制进行，才能体现市场的公平与稳定。一直以来，美国金融市场的自由化发展、层出不穷的金融创新成为人们津津乐道的榜样。各种金融衍生品和证券化产品在美国非常多，金融机构不停地创造出各种各样眼花缭乱的复杂产品，通过柜台交易（OTC），不需要论证，也没有监管，只要能出售，有对手买，能够成交就行。而美联储长期坚持"市场监管优于政府监管"的信条，放任市场自由发展，终于酿成大祸，导致美国金融危机。

9.1.5 商业银行全面风险管理的含义

商业银行全面风险管理的界定，目前普遍认同的是巴塞尔委员会发布的《巴塞尔新资本协议》（以下简称《新资本协议》）对风险管理有关内容的论述。《新资本协议》将银行的风险概括为三类：信用风险、市场风险、操作风险。信用风险是由于借款人和市场交易对手违约而导致损失的可能性；市场风险是由于利率、汇率、证券和商品价格发生不利变化而发生损失的风险；操作风险是由于不正确的内部操作程序、人员、系统和外部事件导致直接或间接损失的风险。

我们把商业银行的全面风险管理概括为：商业银行的全面风险管理是指由商业银行对不同类别的风险进行识别、计量、控制的一整套管理体系。这个体系既包括商业银行自身层面的内部管理，也包括监管当局的外部监管，还包括要求信息披露的社会监督。

9.2 中国商业银行风险的现状、问题及策略

总体来说，中国的金融业是安全稳定的。然而不容忽视的是，中国商业

银行也存在着一些不安全的因素，尤其是面对当前的国际金融危机局势，我们应该对中国商业银行的风险状况有更加清醒的认识，应该采取更加严密的措施加强全面的风险管理。中国金融业的持续稳健发展，是对全球金融稳定的最大贡献。

9.2.1　货币政策调整对商业银行的影响显现

2007 年以来，为了适应不同以往的国际经济环境对我国经济运行的影响，为了实现我国经济的平稳发展，中国中央银行的货币政策也经历了"从紧"转为更为"灵活"频繁调整的过程。突出表现在对法定存款准备率与存贷款基准利率的调整上。

1. 多次调整法定存款准备率

为避免"经济由快速增长转变为过热，物价由结构性上涨转变为全面的通货膨胀"，中国开始实行从紧的货币政策，在 2006 年已经几次上调法定存款准备率的基础上，仅就 2007 年，央行连续十次调整了法定存款准备金率，累计上调法定存款准备金率累计达 6.5 个百分点，法定准备率提高到 14.5%。2008 年上半年继续实行从紧的货币政策，于 1 月、2 月、3 月、5 月，央行又分别五次上调准备率各 0.5 个百分点，6 月上调法定准备率 1 个百分点，使法定存款准备率达到 17.5%，冻结银行系统资金超过 20000 亿元，创历史最高纪录（见表 9-2）。

然而，2008 年第三季度开始，我国经济形势发生明显的变化，经济增速放缓，物价回落。2008 年前三季度 GDP 为 201631 亿元，同比增长 9.9%，比上年同期回落 2.3 个百分点。其中，9 月份 GDP 增速跌至 9.0%。2008 年前三季度，CPI 同比上涨 7.0%，涨幅比上半年回落 0.9 个百分点。其中，9 月份 CPI 同比上涨 4.6%，比上月回落 0.3 个百分点。5 月份以来，CPI 涨幅已逐月降低（5 月 7.7%、6 月 7.1%、7 月 6.3%、8 月 4.9%），并创出自 2007 年 7 月以来的最低点[①]。针对这样的局面，中央银行适时调整货币政策的实施方向，不再继续收紧银根。于 2008 年 9 月 25 日和 10 月 15 日不到一个月的时间内，分别下调法定准备率 1 个百分点和 0.5 个百分点（见表 9-2）。

---

①　中国人民银行网站，2008 年 10 月 30 日。

表 9 - 2　2007—2008 年法定存款准备率调整情况

2007 年法定存款准备率调整情况				
次数	时间	调整前	调整后	调整幅度
1	1 月 15 日	9.0%	9.5%	上调 0.5 个百分点
2	2 月 25 日	9.5%	10%	上调 0.5 个百分点
3	4 月 16 日	10%	10.5%	上调 0.5 个百分点
4	5 月 15 日	10.5%	11%	上调 0.5 个百分点
5	6 月 5 日	11%	11.5%	上调 0.5 个百分点
6	8 月 15 日	11.5%	12%	上调 0.5 个百分点
7	9 月 25 日	12%	12.5%	上调 0.5 个百分点
8	10 月 25 日	12.5%	13%	上调 0.5 个百分点
9	11 月 26 日	13%	13.5%	上调 0.5 个百分点
10	12 月 25 日	13.5%	14.5%	上调 1 个百分点
152008 年法定存款准备率调整情况（截至 10 月底）				
次数	时间	调整前	调整后	调整幅度
1	1 月 25 日	14.50%	15%	上调 0.5 个百分点
2	3 月 25 日	15%	15.50%	上调 0.5 个百分点
3	4 月 25 日	15.50%	16%	上调 0.5 个百分点
4	5 月 20 日	16%	16.50%	上调 0.5 个百分点
5	6 月 15 日、25 日	16.50%	17.50%	上调 1 个百分点
6	9 月 25 日	17.5%	17%	下调 0.5 个百分点
7	10 月 15 日	17%	16%	下调 1 个百分点

资料来源：根据中国人民银行网站资料整理。

2. 多次调整利率

在 2007 年中，央行连续五次提高存贷款基准利率。同时，中央银行已经减少了各商业银行贷款指标（见表 9 - 3）。不仅如此，央行又定向发行央行票据，回笼资金。进入 2008 年下半年，由于前述同样的原因，中国人民银行于 2008 年 9 月 17 日下调贷款基准利率0.18 个百分点，又分别于 10 月 9 日和 10 月 30 日，下调一年期人民币存贷款基准利率各 0.27 个百分点（见表 9 - 4）。

表 9 - 3　2007 年 1 月至 2008 年 3 月人民币新增贷款数据统计表　　单位：亿元

日期	2007 年 1 月	2007 年 2 月	2007 年 3 月	2007 年 4 月	2007 年 5 月	2007 年 6 月	2007 年 7 月	2007 年 8 月
新增贷款数	5676	4138	4386	4220	2473	4515	2314	3029

续表

日　期	2007年9月	2007年10月	2007年11月	2007年12月	2008年1月	2008年2月	2008年3月	—
新增贷款数	2835	1361	847	485	8036	2434	2834	—

资料来源：根据人民银行网站数据整理。

表9-4　2007年基准利率调整情况表＊（％）

日　期	调整内容	存款利率		贷款利率	
		调整前	调整后	调整前	调整后
2007.3.21	上调存贷款利率0.27个百分点	2.52	2.79	6.12	6.39
2007.5.19	上调存款利率均0.27个百分点、贷款利率0.18个百分点。	2.79	3.06	6.39	6.57
2007.7.20	上调活期存款0.09个百分点，定期存款1—5年上调0.27个百分点，5年以上上调0.18个百分点。	3.06	3.33	6.57	6.84
2007.8.22	上调存款利率0.27个百分点，贷款利率0.18个百分点。	3.33	3.60	6.84	7.02
2007.9.14	上调存贷款利率0.27个百分点。	3.60	3.87	7.02	7.29
2007.12.21	上调存款利率0.27个百分点；贷款利率0.18个百分点。	3.87	4.14	7.29	7.47
2008.9.17	下调贷款利率0.27个百分点	–	–	7.47	7.20
2008.10.9	下调存贷款0.27个百分点	4.14	3.87	7.20	6.93
2008.10.30	下调存贷款0.27个百分点	3.87	3.60	6.93	6.66

资料来源：根据人民银行网站数据整理。

＊以一年期限为例。

　　所有上述这些政策的调整，对商业银行经营管理的影响是显而易见的。首先，商业银行的盈利能力降低，收入结构发生变化。2008年一季度上市银行季报显示，14家A股上市银行平均净利润同比增速达119.14%，其中，资产业务的利息净收入仍是银行营业收入的主要来源，约占80%以上。不过，利息收入对银行业绩的贡献率在下降。可比银行的利息净收入平均增幅为48.66%，不到银行净利润平均增速的一半。究其原因，一方面，信贷紧缩在一定程度上影响到银行生息资产规模的扩大；另一方面，股市调整导致存款回流银行，银行利息成本增加。与2007年末相比，多数银行贷款规模增速低于存款规模增速，差距在0.2到6个百分点不等，与2007年同期相比，这一差距更大。根据央行公布的数据，2008年中国金融机构人民币存款继续保持快速增长，且活期存款向定期存款转移的倾向较为明显。构成 M2 的准货币中，储蓄存款大幅增加。截至 2008 年 9 月末，存款定期化趋势日益明朗，而 2008 年 9 月份数据显示，我国 M2 增速继续高于 M1 增速，反映了当前投资意愿低迷，消费受到抑制，居民储蓄持续上升并且存款定期化加剧。

9.2.2 不良贷款"双降"难度未减

1. 中国商业银行不良贷款现状

中国银行业长期以来背负着沉重的不良资产的包袱，较差的资产质量也曾一度引起国外金融界关于中国银行业理论上已经破产的言论。随着中国金融改革的深入，国有商业银行重组、股份制改造，剥离核销了大量的不良贷款，商业银行的资产质量有了明显的提高。

通过表 9 - 5、图 9 - 1 中可以看出，这几年中国商业银行的不良贷款双降成果显著，全部银行的不良贷款额，从 2004 年的 17176 亿元下降到 2007 年的 12684.2 亿元，不良贷款率，由 2004 年的 13.21% 下降到 2007 年的 6.17%。其中国有商业银行的不良贷款额，从 2004 年的 15751 亿元下降到 2007 年的 11149.5 亿元，减少额度为 4601.5 亿元，不良贷款率，从 2004 年的 15.7% 下降到 2007 年的 8.05%；股份制商业银行成立较晚，资产保持较高质量水平，全国性的商业银行不良贷款率整体上一直处于 5% 以下的水平，而且下降的趋势明显，由 2004 年的 4.94% 下降到 2007 年的 2.15%，快于全部商业银行和国有商业银行不良贷款的降幅。

表 9 - 5 2004—2007 年中国商业银行不良贷款情况表[①]　　单位：亿元、%

	2004 年		2005 年		2006 年		2007 年	
	余额	占比	余额	占比	余额	占比	余额	占比
不良贷款	17176	13.21	13133.6	8.61	12549.2	7.09	12684.2	6.17
其中								

---

① 注：1. 商业银行包括国有商业银行、股份制商业银行、城市商业银行、农村商业银行和外资银行；主要商业银行包括国有商业银行和股份制商业银行；国有商业银行包括中国工商银行、中国农业银行、中国银行、中国建设银行、交通银行；股份制商业银行包括中信银行、光大银行、华夏银行、广东发展银行、深圳发展银行、招商银行、上海浦东发展银行、兴业银行、中国民生银行、恒丰银行、浙商银行、渤海银行。

2. 2007 年国有商业银行和股份制商业银行机构范围与 2006 年不同，因此国有商业银行和股份制商业银行的数据与 2006 年数据不可比。

3. 2006 年农村商业银行和城市商业银行有新增机构，农村商业银行和城市商业银行的合计数据与 2005 年数据不可比。

续表

	2004 年		2005 年		2006 年		2007 年	
	余额	占比	余额	占比	余额	占比	余额	占比
次级贷款	3075	2.36	3336.4	3.19	2674.6	1.51	2183.3	1.06
可疑贷款	8899	6.84	4990.4	3.27	5189.3	2.93	4623.8	2.25
损失贷款	5202	4.00	4806.8	3.15	4685.3	2.65	5877.1	2.86
不良贷款分机构								
主要商业银行			12196.6	8.90	11703.0	7.51	12009.9	6.72
国有商业银行	15751	15.57	10724.8	10.48	10534.9	9.22	11149.5	8.05
股份制商业银行	1425	4.94	1471.8	4.22	1168.1	2.81	860.4	2.15
城市商业银行			841.7	7.73	654.7	4.78	511.5	3.04
农村商业银行			57.1	6.03	153.6	5.90	130.6	3.97
外资银行			38.2	1.05	37.9	0.78	32.2	0.46

资料来源：中国银监会网站有关数据整理。

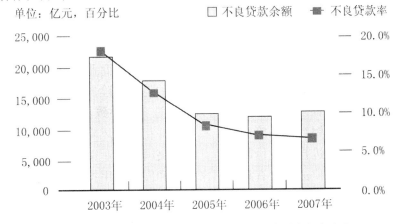

图 9-1　2003—2007 年中国商业银行不良贷款余额与比率

资料来源：中国银监会 2007 年报，中国银监会网站。

2008 年 9 月底，我国商业银行继续保持了不良贷款余额与比例"双下降"的态势。9 月末我国境内商业银行（包括国有商业银行、股份制商业银行、城市商业银行、农村商业银行和外资银行）不良贷款余额 1.27 万亿元，比年初减少 30.2 亿元；不良贷款率 5.49%，比年初下降 0.67 个百分点。从不良贷款的结构看，损失类贷款余额 6058.2 亿元；可疑类贷款余额 4294.4 亿元；次级类贷款余额 2301.5 亿元。

分机构类型看，主要商业银行（国有商业银行和股份制商业银行）不良贷款余额 11905.4 亿元，比年初减少 104.4 亿元，不良贷款率 6.01%，比年初下降 0.71 个百分点。其中，国有商业银行不良贷款余额 11173.8 亿元，比年初增加 24.3 亿元，不良贷款率 7.35%，比年初下降 0.70 个百分点；股份制商业银行不良贷款余额 731.6 亿元，比年初减少 128.7 亿元，不良贷款率 1.59%，比年初下降 0.56 个百分点。城市商业银行不良贷款余额 500.8 亿元，比年初减少 10.7 亿元，不良贷款率 2.54%，比年初下降 0.50 个百分点。农村商业银行不良贷款余额 208.8 亿元，比年初增加 78.2 亿元，不良贷款率 4.44%，比年初上升 0.47 个百分点。外资银行不良贷款余额 39.0 亿元，比年初增加 6.8 亿元，不良贷款率 0.50%，比年初上升 0.04 个百分点[①]。

2. 中国商业银行不良贷款成因分析

目前，与发达国家相比，中国商业银行尤其是国有商业银行不良贷款率仍较高，其成因主要是：

第一，银行体制和政府担保导致国有商业银行体系的脆弱性。目前国有商业银行是国家控股的产权结构，使最终所有者缺位，国有企业和国有银行都存在较严重的治理结构问题。同时中国又是银行主导型的金融体系，资金融通对银行体系的依赖性非常大，在产权不明晰的前提下容易导致市场信用基础的缺失，产生较高的不良贷款。由于政府对国有商业银行提供各种隐性和显性的担保，使得国有商业银行产生严重的道德风险，如信贷风险和操作风险等，使得国有商业银行预算软约束，这进一步导致不良贷款居高不下，从而使得国有商业银行体系脆弱和不稳定，并将这种风险转嫁给政府。虽然目前国有商业银行进行了股份制改造，以解决国有商业银行资本金不足和内部激励机制问题，但由于没有解决国家控股和国家信用担保问题，因此国有商业银行股份制改革也不能从制度上克服国有商业银行体系的脆弱性，以降低其不良贷款率。

第二，银行全面风险管理和内部控制制度不健全导致银行系统性风险增加。目前西方发达国家商业银行非常注重全面的风险管理，并以风险调整后的资本收益率作为全面风险管理的核心方法。同时将银行的收益与银行的风险直接相连，突出银行风险资本在银行绩效中的重要作用，从而用科学方法来识别与全面有效的管理银行风险。而目前国有商业银行刚刚实行全面的风险管理，没有健全的风险管理组织结构和业务流程，没有严密的内部控制风险指标体系和内部信用评级指标体系，没有完善的风险管理文化，致使国有商业银行不注重风险资本在银行绩效中的作用，没有实现资本、成本和收益

---

① 中国银监会网站，2008 年 10 月 29 日。

的均衡统一。同时，国有商业银行虽然注重对存量贷款中的不良贷款的处置，采用多种手段降低不良贷款率，但没有注重新增贷款中可能产生的新的不良贷款，随着信贷规模的扩大而增加。2005 年国有商业银行不良贷款率的下降，主要是由于政府第二次剥离不良贷款，对中国银行、中国建设银行和中国工商银行三家银行总共剥离了 7300 多亿元可疑类贷款和核销 4500 多亿元损失类贷款，这在一定程度上提高了国有商业银行的资产质量，但国有商业银行抗风险能力的提高还有赖于其自身公司治理机制的健全和经营机制的转变。

第三，金融监管体系不健全导致银行市场约束力弱。中国银监会作为独立的银行监管部门，对中国商业银行监管的非常严格，取得一定成效，但在合规性监管手段、规范监管流程、明确监管事权划分、提高银行监管有效性方面还需要不断完善。同时，国有商业银行存在信息透明度低问题，这不能满足对银行业现场检查和非现场检查的信息需要，也不能满足对银行风险评价和预警的需要，更不能满足外部审计和信用评级机构的需要，从而使国有商业银行市场约束力低，自无约束能力弱，这容易导致不良贷款率提高。

第四，借款人违约是不良贷款产生的根本原因。目前中国信用制度还不完善，还存在为数不少的借款人恶意逃废银行债务的现象，加之近年来国内国际经济环境的剧烈变化，使许多企业无法适应市场的这种变化，致使贷款不能按时足额偿还，形成银行的不良贷款。

9.2.3 中国商业银行资本充足率达标任务的完成尚有差距

1. 中国商业银行资本充足率达标情况

2004 年 6 月，巴塞尔银行监管委员会公布了《巴塞尔新协议》，其三大支柱之一就是要求商业银行资本充足率必须达到 8%，核心资本充足率不得低于 4%。2004 年 3 月 1 日，中国银监会颁布并实施了《商业银行资本充足率管理办法》，要求中国商业银行必须在 2007 年 1 月 1 日前达到规定的资本充足率。这对国内商业银行是一项严峻的挑战。因此，巴塞尔新协议在我国的生效标志着资本充足率监管要求已成为中国商业银行必须完成的外生性目标，如果商业银行不能在规定的期限内达到监管要求，则可能面临退出市场的风险。因此，目前中国商业银行将达到资本充足率的目标与其实现利润最大化目标，作为商业银行经营目标和提高竞争力的重要手段。

2007 年，中国商业银行加权平均资本充足率首次突破 8%，资本充足率达标银行 161 家，达标银行资产占商业银行总资产的 79.02%，而在 2003 年，达标银行只有 8 家，占比仅为 0.6%（见图 9 - 2）。

2008 年，中国商业银行的资本充足率达标银行继续增加，截至 2008 年 6

月末，中国商业银行资本充足率达标的银行已有 175 家，比年初增加 14 家；达标银行资产占商业银行总资产的 84.2%（见图 9 – 3）。

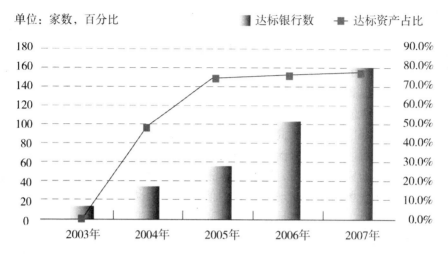

图 9 – 2　2003—2007 年资本充足率达标商业银行数量和达标资产占比
资料来源：中国银监会 2007 年报中国银监会网站。

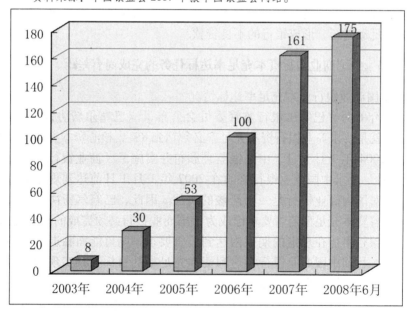

图 9 – 3　中国商业银行资本充足率达标情况表
资料来源：中国银监会网站。

2. 中国商业银行资本补充的现有途径和存在的问题

第一，政府注资。1998 年国家发行 2700 亿国债对四大国有商业银行进行注资，2004 年国家又分别为中国建设银行和中国银行注资 225 亿美元，2005 年又为中国工商银行注资 150 亿美元。政府通过对国有商业银行注资来解决国有商业银行资本金不足问题，仅仅是起了一个缓冲作用，并不能从根本上解决国有商业银行建立资本管理的长效机制和资本金补充机制。相反如果政府过多地采用直接注资的方式补充银行资本金，容易使这些商业银行增加无效经营的道德风险，过多依赖政府，而不是从自身出发加速银行体制改革，加强内部管理，以提高资本充足率。

第二，上市融资。中国多数商业银行选择上市融资方式来提高资本充足率。2003 年华夏银行上市融资 56 亿元，2005 年交通银行上市融资 168 亿元，2005 年 10 月中国建设银行上市融资 92 亿美元，2006 年 5 月中国银行上市融资 98 亿美元，成为目前中国上市融资最多的银行。上市融资方式不仅能够为商业银行提供持续补充资本金的机制，而且可以降低商业银行的综合融资成本，快速提高商业银行资本充足率。如华夏银行、上海浦东银行、民生银行、交通银行和中国建设银行的资本充足率由上市前的 8.12%、8.88%、10.48%、9.72% 和 11.29%，分别提高到上市后的 13%、19%、21.3%、11.52% 和 13.46%，资本充足率上升幅度很快。其中股份制商业银行上市后，其资本充足比率提高的幅度大于国有商业银行，这主要是因为股份制商业银行多数采用股票融资、发行可转债和次级债的组合方式来充实资本金，而国有商业银行则多数通过不良资产剥离、政府注资和发行次级债的方式来暂时缓解资本短缺的局面，而不是从根本上解决资本金不足问题，从而使资本充足率提高的潜力不如股份制商业银行。

第三，发行次级债和混合资本债。多数具备条件的商业银行都通过发行次级债和混合资本债券方式来补充附属资本。2003 年民生银行发行可转债 40 亿元，2004 年发行 58 亿元次级债；2004 年上海浦东银行和中信银行分别发行 60 亿元次级债，华夏银行发行债券 42.5 亿元，交通银行发行 120 亿元次级债，中国银行发行 260.7 亿元次级债，招商银行发行 35 亿元次级债和 65 亿元可转债；2005 年中国建设银行和中国工商银行分别发行 233 亿元次级债和 350 亿元次级债。到 2005 年 9 月中国商业银行累计发行次级债 1860 亿元，占发债银行全部资本的 1/5①。这对提高商业银行附属资本充足率起到很好的作用。

---

① 唐昆：《次级债发行濒临上限，银行资本突围求变》，《第一财经日报》2005 年 10 月 20 日（B）。

但是发行次级债有多项指标限制，未达标则不能发行次级债，这就限制了部分银行资本充足比率的提高。2005 年 11 月中国银监会颁布了《关于商业银行发行混合资本债券补充附属资本有关问题的通知》，这为商业银行提供了一条新的补充资本的渠道，补充了次级债发行方面的不足。目前由于中国资本市场发展不健全，债券发行和股票发行渠道受限制，这在某种程度上限制了银行资本充足率的提高。

第四，留存收益。留存收益是商业银行依靠自身积累真正提高资本充足率的根源。但是近年来中国商业银行总体盈利能力依然偏弱，在中国商业银行尤其是国有商业银行核销不良资产和提取大量不良贷款拨备准备金后，耗用了银行大量利润，而真正用于补充商业银行资本金的资本却很少，这使中国商业银行通过盈利手段提高资本充足率受到一定限制。而发达国家商业银行资本补充渠道主要通过银行利润留成来表现。以美国为例，2003 年底，未分配利润和盈余公积金占总资本的 40%，资本公积金占总资本的 39%，次级债占总资本的 12%，普通股和优先股占总资本的 9%[①]。由于美国商业银行盈利能力强，所以留存收益成为美国商业银行补充资本金的重要渠道。

由于上述渠道的限制，使中国商业银行资本金缺口仍然巨大。按照《巴塞尔新协议》的方法计算资本充足率，会使我国目前的资本充足率计算发生两方面变化：一是表内资产风险权重提高。有 8 类资产项目风险出现较大变化，使银行资产综合风险度相应提高了大约 10 个百分点，这表明增加同样多的银行贷款资产却要多消耗 10% 的资本金。二是对计入资本的项目进行了调整，剔出了专项拨备、其他准备金以及当年未分配利润，这使银行资本净额相应减少。如果按新的资本金管理办法的要求，按照 8% 的资本充足率计算，中国商业银行目前资本金缺口高达 2 万亿元以上。主要商业银行损失准备金缺口数额与拨备覆盖率情况见图 9－4。同时由于近年来我国贷款增长速度高于 GDP 增长速度，对银行补充资本金的要求更高。因此，资本充足率是商业银行风险管理的重要指标，也是商业银行竞争力大小的重要表现。

2007 年底，主要商业银行各项资产减值准备金余额 5375 亿元，比年初增加 759 亿元；拨备覆盖率为 39.2%，比年初提高 5.2 个百分点，风险抵补能力有了进一步的提高。

---

① 尹中立：《中国银行业的重大难题之一：补充资本金》，《国际经济评论》2005 年 9—10 期，第 38—41 页。

图9-4 2003—2007年中国商业银行贷款损失准备金缺口与拨备覆盖率

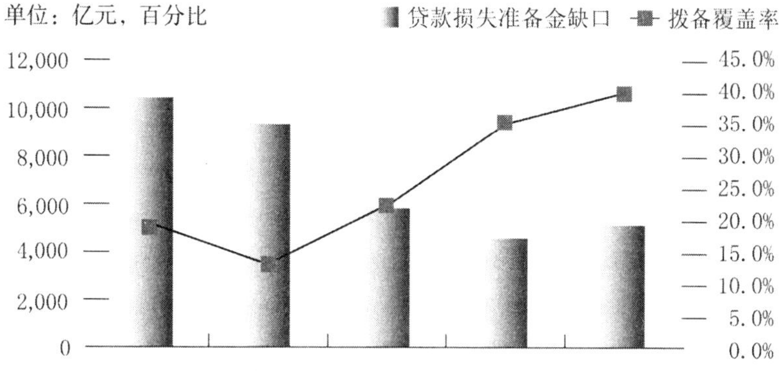

单位：亿元，百分比　　■ 贷款损失准备金缺口　■ 拨备覆盖率

资料来源：中国银监会2007年报中国银监会网站。

9.2.4 中国商业银行全面风险管理的策略

1. 建立健全相对独立的风险管理组织体系

科学的组织体系是风险管理模式保持先进性的前提。从国际发达国家商业银行风险管理机构的设置来看，多数都是采用"矩阵式"的、全面、分层次的风险管理模式，即除了在集团建立综合的风险管理部门外，还按风险特征设立专门的信用风险、市场风险、操作风险的管理部门，并按业务线、区域设立相应的风险管理机构或风险管理负责人。借鉴先进国家商业银行风险管理体系建设的经验，我国的商业银行要建立相对独立的风险管理体系。这个体系包括高级管理层—董事会的风险管理机构，下设风险管理总部；经营层面设置风险管理部门—按照信用风险、市场风险、操作风险分别设立相应的风险管理部门。董事会中的风险管理机构，负责银行的战略风险及中高层管理人员的道德风险控制；各风险部门管理负责信用风险、市场风险、操作风险控制。

2. 提高商业银行贷款资产质量

第一，要重点落实贷款"三查"制度和统一"授信"制度，强化贷款风险的事前、事中和事后控制。各商业银行应及时准确地分析客观环境的变化，使信贷资金的投向、投量随着客观情况的变化而变化。要综合企业领导素质、经济实力、信誉状况等各种指标确定企业的信用等级。在贷款发放前通过对贷款企业进行信用等级的评估并对有关资料进行收集、整理、分析和判断，通过量化方式测算企业信用对贷款风险的影响，尽量避免对信用等级低于贷款标准的企业给予贷款，而且要根据资信等级对贷款企业进行统一授信，将贷款总额确定在可控范围之内。同时要做好贷时审查工作，落实审贷分离制度，对贷款风险度进行验证，以确定贷款方式、额度等具体事项，审查贷款的基本情况，最后由决策部门审批。定期对其进行测算和分析，可借助电子计算机系统对贷款全过程实行风险预警，确定风险度。

第二，建立贷款风险分散机制和风险救助机制也是防范风险、减少损失的关键所在。根据风险分散的原理，实行贷款方式多样化，合理控制信用贷款的范围、数量，扩大贴现、抵押、担保贷款和其他风险相对较小的贷款种类。限制贷款的集中程度，控制同一主体贷款比重，对于大额的贷款可通过银团贷款等方式，以达到分散贷款风险的目的。此外，还可以与企业进行协商，要求其办理财产保险，以便转嫁风险。

第三，商业银行应加强内部审计与监督，强化稽核内控制度，加强信贷队伍的政治思想素质和业务素质的建设，进一步提高现有信贷人员思想觉悟并严把人员关，杜绝人为因素造成的损失。加强金融监管体系的建设，推行金融监管手段法制化，尽可能降低金融风险。

3. 建立资本持续补充的机制，提高资本充足率

一个时期以来，我国银行资本管理的存在资产增长速度快，资本补充渠道单一、资本结构单一、严重缺乏附属资本、盈利水平较低、内部融资能力差等问题，导致资本不充足。这不仅损害了银行的信誉、加大了银行的风险，也制约了商业银行发展。经过这几年的银行改革发展，情况已有所改善。面对目前中国商业银行资本金不足问题，中国商业银行应建立资本金补充机制，形成对商业银行经营行为的有效激励，以避免因资本金不足导致银行风险增加并因缩减信贷而对经济产生的不利影响。

应当说，某一时点上，8％的比率也许较为容易达到，但资本充足率更应当是个动态的指标，因此建立持续补充资本、降低不良资产的机制是关键问题。目前除政府注资、上市融资、发行次级债和混合资本债、利润留成途径外，今后应注重次级债和混合资本债的发行，积极推进商业银行次级债和混合资本债的发行、流通的市场化、规范化和标准化，并注重银行次级债和混合资本债发行和流通的透明度，不断完善债券的信用评级，切实保证投资者的利益。同时，今后商业银行应真正提高竞争效率，通过利润留成来不断充实银行资本充足率，从根本上解决商业银行资本金不足问题。

国外跨国银行非常注重资本管理，并在提高资本充足率的同时，注重资本配置与管理，因此资本和风险资产的配置成为商业银行风险管理的重要问题，也是商业银行实现价值管理的要求。今后中国商业银行应建立资本管理长效机制，将银行业绩评价与资本配置和风险挂钩，将资本配置到能为商业

银行创造价值的业务方面，使银行业务发展与风险资本限额相匹配，从而保证商业银行竞争效率的提高。中国商业银行要达到资本充足率监管要求，还需要通过各种途径尽快补充资本金缺口，加强资本管理，以提高银行资本充足比率和银行竞争力。

4. 培育风险管理文化

首先，要培养风险管理团队。商业银行应该加大风险管理人才的选拔和培养，强化分工协作和团队意识，以有力的薪酬制度来吸引风险管理人才。其次，营造风险管理文化。要营造全员参与、全程控制、科学管理的风险管理文化氛围，强化员工的风险意识、端正风险管理理念、提高风险管理水平。全体人员都应该认识到，风险管理不是某一个人或某一部门的事，是涉及全行、全员，贯穿各项业务环节的一个系统工程，需要多方面的协同配合。第三，注意运用现代风险管理技术对风险进行管理。如通过套期保值技术管理市场风险，通过信用风险管理模型，对信用风险进行管理。

9.3　跨国银行战略投资者的进入与中国金融安全性的分析

自1981年中国引进第一家外资银行开始，至今已有近三十年的历史。总体来看，外资银行的经营环境趋好且普遍对在华业务发展持有乐观预期。近几年，随着银行业改革的深入，出现了"境外战略投资者"参股中资商业银行高潮。引入战略投资者对中国的金融安全影响如何？应当如何趋利避害？是值得我们深思的问题。

9.3.1　中国金融业引进战略投资者的现状

"战略投资者"一词最初来源于西方发达国家的证券市场，它是相对于上市公司发起人而言的称呼，系指能与公司大股东长期"荣辱与共、肝胆相照"的机构投资者。战略投资者应该是注重长期利益、与所入股银行结成利益共同体的投资者。战略投资者在行业内拥有专长，有可能争夺公司控制权，与同业存在竞争问题。

中国最早规范入股中资银行的政策是1994年发布的《关于向金融机构投资入股的暂行规定》，但该规定明确禁止外国金融机构投资中资银行。在实践中，只有亚洲开发银行和国际金融公司投资了光大银行与上海银行，这种状况一直持续到2001年底。之后放开了外资银行入股中资机构的限制，但需个案报批，而且单家机构投资比例不得超过15%，所有机构投资不得超过20%。中国银监会成立后，2003年12月发布了《境外金融机构投资入股中资金融机构管理办法》，以部门规章形式，从资产规模、资本充足性、盈利持续性等方面明确了境外投资者的资格条件，同时经国务院批准调整了投资比例，将单家机构入股比例从15%提高至20%，所有机构入股比例从20%提高至25%。

自1996年中国光大银行与亚洲开发银行合作，首开中资银行吸收国际资本之先河以来，国内商业银行纷纷通过出让部分股权引入境外战略投资者。2005年12月，已有19家境外投资者入股16家中资银行，外资投资金额已超过165亿美元，占境内银行业总资本的15%左右。对国有商业银行，美国银行和淡马锡公司投资建行54.66亿美元，苏格兰皇家银行、瑞士银行集团和亚洲开发银行投资中行36.75亿美元；对股份制商业银行，亚洲开发银行、花旗银行和汇丰银行等投资了交通、光大、民生、兴业、浦发、深发以及渤海银行，投资额为26亿美元；对城市商业银行，加拿大丰业银行、澳大利亚联邦银行、荷兰国际集团、德国投资与开发公司、国际金融公司等投资了北京银行、上海银行以及西安市、济南市、杭州市和南充市商业银行，投资额为12亿美元[1]。从投资方看，既有国际金融组织也有商业银行，既有大型机构也有中小型机构；从被投资方看，既有国有银行也有股份制银行和城市商业银行，既有沿海和东部地区的机构也有内地和西部地区的机构。详细情况见表9-6。

表9-6　1996年以来外资金融机构参股中资商业银行详情表

时间	银行	参股机构及比例	参股资金总额
1996.12	光大银行	亚洲开发银行3.29%	约1900万美元
1999.12 2001.12	上海银行	IFC7% 汇丰银行8%，香港上海商业银行3%	约11.28亿人民币
2001.11	南京商业银行	IFC15%	2700万美元
2002.10 2005.5	中国平安保险公司	汇丰银行10% 汇丰银行9.9%	6亿美元 81.04亿港元
2003.9	浦东发展银行	花旗银行4.62%	6700万美元
2003.12	兴业银行	恒生银行15.98%、IFC4%、新加坡政府直接投资公司5%	3.26亿美元
2004.7 2004.11	民生银行	IFC1.08% 淡马锡公司4.55%	2350万美元 1.1亿美元

---

[1]　唐双宁：《引进合格战略投资者 促进中外资银行双赢》，《经济日报》2005年11月03日。

续表

时间	银行	参股机构及比例	参股资金总额
2004.8	交通银行	汇丰银行19.9%	17.47亿美元
2004.9	济南商业银行	澳洲联邦银行11%	2500万澳元
2004.9	与山西信托合资成立基金公司	汇丰银行33%	0.66亿人民币
2004.10	西安商业银行	IFC2.5%、加拿大丰业银行2.5%	5376万人民币
2004.12	深圳发展银行	新桥投资17.89%	12.53亿人民币
2005.3	北京银行	ING19.9%，IFC5%	22.27亿人民币
2005.4	杭州商业银行	澳洲联邦银行19.9%	7800万美元
2005.6	中国建设银行	美洲银行9.1% 淡马锡5.1%	25亿美元 14.66亿美
2005.7	南充商业银行	德国投资与开发公司等总计13%	400万欧元
2005.8	中国银行	苏格兰皇家银行、联合美林证券、李嘉诚基金总计10% 淡马锡5%	31亿美元 15亿美元
2005.8	中国工商银行	瑞银集团1.6% 高盛、安联、美国运通总计10%	5亿美元 37.82亿美元
2005.9	深圳发展银行	GE7%	1亿美元
2005.9 2005.10	华夏银行	新加坡磐石基金6.88% 德意志银行9.9% 萨尔·奥彭海姆银行共4.08%	18.7亿元人民币 7.7亿元人民币
2005.9	渤海银行	渣打银行19.99%	1.23亿美元
2006.6	天津商业银行	澳新银行19.9%	
2007.3	中信银行 中信国际金融	西班牙对外银行4.83% 西班牙对外银行15%	48.85亿元人民币 48.72亿港元

资料来源：根据各银行年报、各网站资料整理。

9.3.2 引进跨国银行战略投资者的风险与收益分析

关于战略投资者进入本国银行业对东道国带来的影响问题，中外研究者都有不同的认识。一般认为，外资入股中资商业银行有诸多好处，如可以增加银行资本金、引入先进的经营管理理念、改善公司治理结构、促进中资银行技术和业务创新等；但银行业"大跃进"式的开放，导致外资短时大量进入，对中国银行业的冲击在所难免。尤其是外资所要进入的是事关国家经济命脉的金融领域，对中国的金融安全和经济主权等会带来一定的潜在威胁。

1. 引进跨国银行战略投资者的潜在收益

（1）有利于解决中资商业银行公司治理结构不完善的问题

所有者缺位、治理结构不完善，是中国商业银行、尤其是国有商业银行普遍存在的问题，主要体现在：董事会与管理层的权责界定不清；董事会尚未形成对管理层的有效约束与激励机制；缺乏完善而有效的独立董事制度和审计稽核制度等。这些问题的存在，不利于中国商业银行的改革。境外战略投资者的进入，将会改变中资商业银行现有的股权结构，从而有利于其治理结构的改善。国际战略投资者投资中资银行，为了有效参与所投资银行的战略决策和经营决策，他们会派遣董事进入银行董事会，派遣高层管理人员进入银行高级管理层。为了派遣的董事能在一个规范高效运作的董事会中发挥作用，投资者必然关注董事的选聘程序和董事会成员结构，要求对董事会运作的基本规则和程序进行规范。对内部董事和外部（独立）董事职责的清晰界定，这无疑有利于中资银行建立起规范的银行公司治理结构和治理机制，这将为中资银行风险管理组织变革奠定制度基础。一个高效规范运作的董事会，不仅负责确立风险管理理念、风险管理偏好，同时负责确立有效的风险管理组织架构，这有利于风险管理机构从人员到职能真正独立于业务经营管理层，真正树立风险管理者监督、检查和控制风险的权威性。

（2）有利于改善中资商业银行运作效率，提升金融服务质量和业绩

一方面，境外战略投资者大多拥有成熟的金融工具、金融创新经验，以及高效的市场营销与服务手段，通过传输银行业务发展新理念，从而有利于提高中资商业银行的金融创新能力和水平；另一方面，引进境外战略投资者可以促进中资银行风险管理手段和内部控制技术趋于完善。战略投资者的进入，尤其是战略投资者委派高素质代理人进入董事会和高级管理层后，相互交融中将产生良好的全员风险管理文化氛围，银行整个管理队伍将通过高级管理层管理和控制风险的言行，对全体员工产生特殊的示范作用，各项业务也将在风险得以有效管理和控制下保持健康持续发展。同时，境外战略投资者的加盟，还可以推进中资商业银行的对外交流，提高其经营的国际化水平。

（3）有利于补充中资商业银行资本金，改善资本结构，使中资银行抵御风险能力增强

国际战略投资者作为国际知名的金融机构，都拥有雄厚的资金实力，他们在法律许可的范围内收购银行股权，被收购银行的资本金将随之大幅度增加，银行资本金增加意味着银行开展业务的资本实力增长。《巴塞尔协议》的出台，尤其是《新巴塞尔协议》的实施，无论是监管当局还是商业银行自身，都将商业银行风险管理摆在首位，而资本约束银行增长又是这种理念的突出

体现。为了防范越来越激烈的银行业竞争带来的风险，约束商业银行经营行为、促使其尽快与国际惯例接轨，中国银监会依据《巴塞尔协议》，于2004年2月23日颁布了《商业银行资本充足率管理办法》。该办法中规定了中国商业银行的资本构成、资本充足的要求、资本不足的监管措施等内容，其中一个强制指标是8%的资本充足率要求，并要求各银行必须在2006年底以前达到资本充足率的要求。为了尽早达到监管部门的资本金要求，引入境外战略投资者就成为中资商业银行的一个迅速而有效的增资方案。而资本结构优化增强了银行资产负债管理能力，在国际资本市场上更好地显示抵御金融风险的资本实力。

（4）有利于改善风险管理决策机制，提高我国商业银行风险管理技术的提高

为了自身的利益，降低风险，提高投资回报与实现投资战略目标，国际战略投资者非常关注中资银行的资产质量问题。他们认可国际知名的财务、审计机构出具的财务审计报告，将其作为认可银行资产质量真实性的前提。所以，对中资银行进行战略投资，这些银行也必然全程关注银行的风险管理，派遣管理人员参与中资银行风险管理决策过程。这将有利于引入国际先进银行风险管理决策的制度和程序，改进银行授信中人员管理、职责分工以及责任追究的科学化、制度化建设，使银行业务的每一个项目、每一个环节和每一个程序都受到严密的风险监控，大大完善管理的程序化操作，有效遏制风险管理过程中违反程序操作。

战略投资者参与风险管理和控制将推动中资银行对先进风险控制技术的运用。战略投资者关注银行风险管理决策机制的运行，而风险决策能否得以有效执行，在很大程度上取决于能否有效地运用先进的风险控制技术。所以，战略投资者在参与风险管理和控制中将积极推动先进风险控制技术的运用，如运用VAR模型、信用风险定价模型、市场风险定价模型、敞口模型、流动性动态模型、期货期权衍生工具等模型对各种风险进行识别、监测、评估和控制。运用风险控制技术模型，要以相关数据为基础，而数据库建设一直是中资银行的薄弱部分。外资机构在信息系统建设上有成功的经验，通过战略合作，中资银行可以通过直接引进战略投资者的金融信息技术，加快数据库建设，从而更好地运用风险控制技术，有效控制银行风险。

（5）有利于中国风险管理人才队伍的成长

国际战略投资者从战略利益出发对中资银行进行股权投资，将更关注投资后银行未来资产质量是否能够持续保持较好状态。一般情况下，中资银行在引进战略投资者之初，双方就在职工培训上达成共识，国际战略投资者对

中资银行管理人员和风险经理进行管理和控制风险专业培训，甚至进行高级风险管理人员的交流任用。通过培训和交流，中资银行现有的风险管理者将更快地吸收和运用先进的风险管理方式和方法，提高识别、衡量和控制各种业务风险的能力。因此，国际战略投资者的进入将大大促进中资银行风险管理人才队伍的成长。

2. 引入国外战略投资者的潜在风险

境外战略投资者在给中资银行带来潜在利益的同时，也可能会给中国金融业的安全带来潜在风险。

（1）中资银行面临控制权被削弱的风险

境外投资者的可能战略意图之一，是通过参股中资银行并不断增加投资，或者通过人事安排、业务控制等手段，谋求对中国商业银行尤其是中小银行的控制。对于四大国有商业银行来说，外资银行参股比例相对较低，这样的持股比例可能还不足以使外资达到控制中资银行的程度。然而对于许多中小商业银行来说，由于它们本身股权相对比较分散，与外国战略投资者相比实力又相差过于悬殊，外资银行完全可以在不超过25%上限的情况下掌握控股权。甚至在某些情况下，如持股对象发生财务危机时，外资银行可以利用其资金实力和作为参股股东所获得的优先权和信息优势获取控股权。结果造成引进战略投资者等于引进了被外资的控制权。深圳发展银行、广东发展银行便是典型的案例。外资银行在取得控制权后，可能压制中资商业银行自身的创新和业务发展，并按照其全球战略来设计合资商业银行的业务发展规划，将中资商业银行演变成为外资金融机构一个分支机构。目前，更多的外资已将目光瞄准中小城市商业银行，当越来越多的中小银行被外资控制时，国家的金融经济安全就会受到削弱。另外，外资金融机构投资入股的中资商业银行都是地处经济发达地区、经济效益比较好、历史包袱比较轻、有着良好发展前景的国内中小商业银行，这些银行掌握着我国最好的一批金融客户资源并占有相当大的市场份额，是国有商业银行的有力竞争对手。一旦外资金融机构控制了这些银行，就意味着外资金融机构轻而易举地夺取了中国最具有活力和潜力的市场，这无论是对于国有商业银行还是对于整个金融的稳定，都将是一个严峻的挑战。可见，引进战略投资者之后，中资商业银行被国外战略投资者控制的潜在风险是存在的。

（2）中资银行的公司治理文化及风险管理文化与战略投资者的理念可能会出现冲突

中国商业银行管理体制与我国政治体制是高度耦合的。现有商业银行尤其是国有控股的商业银行，其经营管理的真正决策组织是党委会，行长级领导还是由组织部门任命和管理，董事会没有选择经营班子的实际权力，监事会也只是安排干部的一个机构。这种情况下，要想通过引进境外战略投资者改善公司治理结构进而实现制度变迁是非常困难的。由此可以看出，中资银行改革在改制后的较长一段时期内，现有管理人员固有的行政官员式的管理思维不可能立刻完全改变，仍可能带着行政官员的思维行使职责，进行决策。中方高层管理者接受规范公司治理下的运作程序，按照规范公司治理要求进行有效的权责分配，并在治理过程中实现权力有效制衡，需要有一个过渡期，期间不可避免会出现摩擦，制约引进战略投资者改善中资银行法人法理结构的积极作用的发挥。

银行的经营管理的过程就是风险管理与控制的过程。从银行内部来看，要在业务发展过程中有效管理和控制风险，建立独特和企业文化和风险管理文化是关键，而这与一国的传统文化有着密切的联系。建立中资银行风险管理文化，在引进国际先进管理理念中，融合中国的本土民族文化，这种融合也需要中外双方的管理者在风险管理和控制过程中通过协调与合作体现出来，并直接对全体员工的风险控制意识和理念产生影响。从银行的外部来看，政府职能的转变需要一个过程。目前政府干预银行经营的情况依然存在，商业银行的自主审贷能力受到很大制约，这也制约国际战略投资者发挥其管理和控制风险的应有作用。所以，外资战略投资者进入中资银行，带来的先进管理和控制风险的技术、方式、方法能在多大程度上被吸收应用，仍是有待观察的事。总之，我们对外国战略投资者进入中资银行后对风险管理改善具有多大的促进作用，是不能寄予过高的期望的，应该有一个清醒的估计。

（3）外资入股中资银行给国内银行业带来更大的竞争压力，中外资银行之间的利益冲突可能尖锐化

从外资银行进入中国的两种途径——设立分支机构与参股中资银行——来看，直接设立分支机构，受网点渠道和文化等方面的制约，将使外资银行面临巨大的障碍和极高的进入成本；而通过参股中资银行，外国银行就可以利用中资银行已有的渠道和网点实现迅速布局，并可克服文化等方面的障碍，从而更快地达到占领中国市场的目的。这就意味着国内银行业激励竞争局势的提前到来。对于那些没有引进战略投资者的国内银行来说，外国银行的迅速进入使得原本实力就远不如外国银行的国内银行处于更为不利的竞争地位。而引进了境外战略投资者的中资银行同样也会面临压力，外资银行入股中将银行意在获取控制权，获得额外的收益，与此同时国内银行的原控股机构也不愿意在股权交易中丧失控制权。随着时间的推移，外资银行很可能提高它们的控股要求，而升高的控股要求也很可能受到国内银行原控股

方的抵制。于是中资银行可能与国外合作伙伴有所冲突，在外国银行不断加深对中资银行控制的条件下，就有可能出现外国银行为了自身利益而牺牲其中方合作伙伴利益的现象。

（4）外资银行进入，引起国内银行业调整，可能导致地区间经济发展的差距加大

近年来，许多国内银行为提高赢利水平和竞争力，已经将经营一些机构从较不发达的地区撤出，将资源集中到国内相对发达的地区市场。与此同时，外资银行进入的地区也主要是城市和相对发达地区。这加剧了地区间经济发展的不平衡，有可能引起不良后果。

（5）对中国金融业分业经营、分业管理提出了挑战

加强对银行业的监管以保障金融稳定一直是各国金融监管当局的一项重要职责。2003 年初银监会从中国人民银行分离出来，这一方面反映了监管当局加强监管制度建设和提高监管效率的意图，另一方面也预示着金融业分业经营和监管格局仍将继续维持。银监会多次强调银行监管的新思路，如加强市场约束，减少行政手段，提高透明度，为不同股权结构和注册国银行提供公平竞争的环境等。具体操作上，监管当局对银行业包括对外资银行的准入，还应采取谨慎而严格的控制。

规避监管是商业银行金融创新的重要动力，而金融创新反过来又对监管当局的监管水平不断提出更高的要求。不能否认的是，中国银行监管当局的监管水平相比发达国家来说还是比较落后的，引进境外战略投资者之后，外国银行各种复杂的组织和业务创新必然会对我国银行监管部门提出新的挑战。在国内银行业还没有明确可混业经营的情况下，允许国际金融控股公司分别参股国内金融业，不利于创造一个公平的竞争环境。同时有可能使风险在集团内部传递，引发金融系统风险，从而给监管当局维护国内金融稳定的工作造成困难，对中国的金融安全也构成潜在的威胁。

9.3.3　保证中国金融业安全的策略

一国金融安全代表一个国家的稳定，也关乎国家经济命脉的稳定。一个国家，只有金融安全了，国家才能更有效地配置社会资源，才能更有效地利用稀缺的社会资源。因此金融安全对经济发展和社会稳定的极度重要性不言而喻。同时，金融还是衡量一个国家是否强大的标志。因为金融是配置社会资源的最重要的手段，通过配置资源引导各种生产要素，重新塑造经济乃至社会格局。所以，在引入境外战略投资者时，金融安全问题是我们必须密切关注的。

1. 引进合格的境外战略投资者

战略投资者是"与发行公司业务联系紧密且欲长期持有发行公司股票的法人"。应注重长期利益、与所入股银行结成利益共同体的投资者。引进境外战略投资者必须坚持五项原则、符合五个标准①。

这五项原则是：一是要保持国家对大型银行的绝对控股，以保护国家利益；二是中外双方应按市场原则在自愿、互利的基础上进行合作，是一种市场合作行为；三是引进战略投资者主要是为了引进先进的管理经验和技术手段，促进中资银行完善公司治理结构，提高管理水平，而不是仅仅为了引进资本金。因此，引进战略投资者应与自身特点相结合，以提升中资银行自主创新能力和管理水平为目的；四是投资入股中资银行一般应当是大型金融机构，在银行经营管理方面有丰富经验；五是监管部门要坚持严格的资格审查，并跟踪和评估实际效果。

境外战略投资者应当符合五个标准：

第一，投资所占股份比例不低于5%。如果投资金额占比太低，投资者就缺乏足够的激励参与银行的战略规划和经营管理，就会出现经济学中常说的"搭便车"现象，不能实现中外资银行的"双赢"，违背了引进战略投资者的初衷。那么多少比例为合理呢？目前各国政府对于他国金融资本的进入要设置种种障碍，特别是对外国银行获得本国银行股权更有严格的限制，而且发达国家更要严于发展中国家。大部分发达国家都严格控制本国超过10%以上的金融股权卖给外国投资者，同时将外国金融机构在本国的市场份额控制在10%以内。以金融自由化程度最高的美国为例，外国资本要想收购美国银行、进入美国金融市场必须接受联邦和州监管当局的双重审查，美国《银行控股公司法》规定，超过5%的股份必须得到联邦储备委员会的批准。中国根据《商业银行法》第15条、第24条与《银监法》第17条的规定，把5%作为战略投资者入股中资银行的最低要求。

第二，股权持有期在三年以上。战略投资者应当与入股银行长期合作，所持股份需要一个锁定期，以免其在有利于自身利益的任何时间出售股份而成为战略投机者。中国《公司法》第147条规定，发起人持有的公司股份自公司成立之日起三年内不得转让。即发起人股份的锁定期至少为3年。其他国家情况是，境外机构入股银行的时间一般为5年。从投资对象看，银行不同于工商企业，要求更稳定的股东关系和资本结构；从投资时机看，战略投

---

① 唐双宁：《引进合格战略投资者 促进中外资银行双赢》，《经济日报》2005年11月03日。

资者可作为发起人参与组建股份公司，也可在银行改制为股份公司后进入，但必须在银行上市之前进入；从投资功能看，境外投资者有利于提升中资银行在资本市场上的整体形象，对银行上市及股价走势的作用一定程度上大于发起人。基于这三点，在股份持有期问题上可以把战略投资者看作"准发起人"，执行对发起人的要求，要求战略投资者入股中资银行至少三年。

第三，外方投资者要派驻董事进入中资银行。中国银行业最突出的问题是公司治理不完善而不是资本不足或者人才匮乏。目前构建起的基本组织架构机制仍不健全。这就需要充分发挥战略投资者的作用，应该向银行派驻从业经验丰富、专业知识全面的董事，参与银行重大事项决策。这样，中资银行才能够在引进资金的同时引进理念和技术，完善公司治理和决策机制，提升经营管理水平。

第四，引进不同类型的战略投资人，避免同质引进。一家战略投资者入股同质银行不能超过两家。如果对境外机构入股中资银行的机构数量不设上限，将产生中国银行体系未来被外资控制的风险，从而影响国家宏观政策的实施和民族金融业的发展。从银行本身来说，很可能会产生银行间利益冲突或者市场垄断问题。

第五，外资银行要进行技术和网络支持。中资银行通过战略投资者在引进资金的同时应更加注重引进先进技术，包括产品开发、市场营销以及风险管理等方面；境外战略投资者在选择中资银行时，应优先考虑技术上可移植的、互补的机构。否则双方的合作就会停留于表面，不能产生合力。

2. 中国尽快制定更加完善的金融法律和法规，加强监管

境外战略投资者的引入意味着中国金融资本项目的开放，那么金融改革将面临着更多的不稳定的因素，必须用立法的手段来消除不稳定的因素。从现阶段中国的实际看，金融业属于分业监管模式，各监管机构彼此之间各有分工。因此一个比较现实的监管模式是：由中国人民银行、银监会、证监会、保监会共同成立一种联席会议机构，由人行牵头，以法律的形式明确金融监管联席会议制，加强对类似汇丰集团这样的金融控股公司的监管。金融监管联席会议负责进行协调与信息沟通，研究银行、保险、证券监管中的重大问题，从而提高监管效率与水平，防范风险的产生与传递。

3. 实现战略投资主体多元化

中国的金融业改革的成功最终还是要依靠国内的金融资本，而不能完全依靠外国的力量来发展中国的金融事业。如果一个国家没有自己本国优秀的银行家，那么银行业的改革是不可能成功的。目前，要防止出现"国有股独大"，或者"国外股独大"，就必须使战略投资者主体多元化，即国有股份、

境外战略投资者股份、境内外普通股份三方形成适当的比例，尤其是要鼓励民间资本入股商业银行。中国民营资本已经具备相当实力，他们也早就有意进军银行业。投资主体多元化之后，当出现利益的关联和冲突时，大多数情况下，会形成相互合作，会相互监督与制衡的局面。

4. 提高银行管理人员的素质，让真正的银行家来管理银行

要建立良好的金融企业，关键是要有良好的制度设计和法律规范，要选出一个真正懂得经营管理的人才，即让真正的银行家来管理银行。金融管理是高度专业化的行业，只有懂得现代化金融管理的人才能担任高层管理人员，才能最大限度地避免金融风险。因此，在人员选拔、任用上，引入公开、公平竞争上岗，公开考评，公开流动的竞争性选择机制，形成经理人员自身条件信息、经营管理业绩记录信息、经理人员供求信息充分、集中、公开的、具有流动性的职业经理市场。废除银行中干部终身制和森严的科层等级制等不利于各级经理人员流动的干部管理制度。应改变传统单路径的人才晋升机制，建立专业技术和经营管理两套人才晋升体系；另外在加大薪酬激励力度和灵活性的同时，还应考虑将员工的职业发展规划列为构建人力资源管理体系的重要内容，注重加强员工培训、提高员工素质，真正做到"以人为本"，全面提升中资银行的人力资源价值。

9.4 美国次贷危机对中国商业银行房贷风险的警示及对策

由美国次贷危机引发的美国国内金融危机，目前已经漫延到全球，其对金融业与实体经济的影响目前还不能完全准确地估量。中国银行业在这样的国际环境中，也不可能独善其身，不可避免地会受到影响，也产生了一定的损失。面对这样的局面，中国银行业必须认真反思，更加强化全面风险管理，以保证中国银行业的安全稳健运行。

9.4.1 美国次贷危机的产生及发展

在美国抵押贷款市场上，以借款人的信用条件作为划分界限，将借款人的信用等级划分为"优惠级"（Prime）与"次级"（Subprime），据此形成了两个层次的信贷市场。相对来说，按揭贷款人没有（或缺乏足够的）收入与还款能力证明，或者其他负债较重，所以他们的资信条件较"次"，信用低的人申请不到优惠贷款，只能在次级市场寻求贷款。这类房地产的按揭贷款，就被称为次级按揭贷款。由美国房地产市场上的次级按揭贷款引发的危机，被称为"次贷危机"。

美国过去的六七年以来，信贷宽松、金融创新活跃、房地产和证券市场价格上涨，次级按揭贷款的潜在还款风险没有变成现实风险。在这过程中，美国有的金融机构为一己之利，纵容次贷的过度扩张及其关联的贷款打包和债券化规模，使得在一定条件下发生的次级按揭贷款违约事件规模的扩大，到了引发危机的程度。具体表现为：

1. 新世纪金融公司（New Century Financial）宣告破产

2007 年 2 月 13 日，美国抵押贷款风险开始浮出水面。当日，汇丰控股为美国次级房贷业务增资 18 亿美元坏账拨备，美国最大次级房贷公司 Countrywide Financial Corp 减少放贷，美国第二大次级抵押贷款机构 New Century Financial 发布亏损预警。随后即宣布濒临破产，引起美股大跌，道指跌 2%、标普跌 2.04%、纳指跌 2.15%。2007 年 4 月 2 日，新世纪金融公司宣告破产。当年春天，美国次贷行业崩溃，超过 20 家次贷供应商宣布破产、遭受巨额损失或寻求被收购①。

2. 创新工具导致次贷风暴"火"速蔓延

在经历了 2007 年前几个月的积累后，美国次贷危机开始蔓延到购买了次贷支持证券的投资者。2007 年 6 月 7 日，美国第五大投资银行贝尔斯登（Bear Stearns）宣布，旗下两只基金停止赎回。7 月 12 日前后，穆迪、标普、惠誉下调数百只次级债券的信用评级，引起全球金融市场大震荡。从美国花旗银行到德国德意志银行，从英国汇丰银行到瑞士瑞银集团，全球各地的投资银行、保险公司、养老金、对冲基金，他们手中都持有大量的次贷支持证券，蒙受巨额损失。

3. 次贷全面爆发并蔓延欧洲

2007 年 8 月 6 日，美国住房抵押贷款公司（American Home Mortgage）宣布破产。8 月 16 日，美国第一大商业抵押贷款供应商全国金融公司濒临破产边缘，此后该公司从银行集团获得 110 亿美元紧急贷款后逃脱一劫。由此美次级债危机恶化，亚太股市遭遇"9·11"以来最严重的下跌。到 2007 年 8 月份，随着大量次贷形成坏账，基于这些次贷的证券也大幅贬值，次贷危机全面爆发。9 月 14 日，英国诺森若克银行发生储户挤兑事件。

4. 华尔街五大投行巨头全军覆没——美国金融危机爆发，引发全球金融危机

2008 年 3 月 16 日，美国第五大投资银行贝尔斯登以每股 2 美元的"跳楼

---

① 资料来源于中国金融界网。

价"，最终被摩根大通银行收购。美联储则为这笔并购案提供了大约300亿美元的担保。2008年7月份，投资者开始担心美国住房抵押贷款市场巨头"房利美"和"房地美"有可能陷入困境。过去一年中，"两房"亏损达到了140亿美元。"两房"股价也暴跌了约90%。9月7日，美国政府再度出手，出资2000亿美元接管"两房"。

9月15日，美国第四大投银雷曼兄弟公司宣布破产。2008年9月11日第三季度初步财报公布当日，雷曼兄弟股价从前一个交易日的7.25美元骤降至4.22美元，一日跌幅高达41.79%。9月15日申请破产保护当日，雷曼兄弟股价则从前一个交易日的3.65美元跌至0.21美元，一日跌幅更是高达94.27%。受次贷风波冲击及自身营运不善导致申请破产的影响，在截至2008年9月17日的180个交易日内，雷曼兄弟股价已从62.19美元跌至0.13美元，累计跌幅为99.79%。

同日，美国第三大投行美林公司被美国银行450亿美元收购（一年前其价值超过1000亿美元）。当日，美国政府被迫对陷入困境的保险业巨头美国国际集团（AIG）提供高达850亿美元的紧急贷款。

9月21日，美联储宣布批准美国第一大投行高盛和第二大投行摩根士丹利实施业务转型，转为银行控股公司，即普通商业银行。至此，华尔街五大投行巨头全军覆没。

9月25日，美国监管机构接手美国最大储蓄银行华盛顿互惠银行，并将其部分业务出售给摩根大通银行。

专家预计，此次美国金融危机很有可能将持续到2009年甚至2010年。

9.4.2　美国次贷危机的原因

1. 次级贷款本身存在缺陷

第一，贷款对象是低收入者。次级贷款的对象有一半以上是少数族裔，其中大部分是低收入者。次级贷款贷给那些受到歧视或者不符合抵押贷款市场标准的借款者提供按揭服务。

第二，借款人违约率高，贷款风险大。次级贷款对放贷机构来说是一项高回报业务，但由于次级贷款对借款人的信用要求较优惠级贷款低，借款者信用记录较差，因此次级房贷机构面临的风险也更大。相比普通抵押贷款6%—8%的利率，次级房贷的利率有可能高达10%—12%，而且大部分次级抵押贷款采取可调整利率（ARM）的形式。

2. 放贷机构间竞争加剧，催生了多种多样的高风险次级抵押贷款产品

为了争夺市场，放贷机构创新了许多贷款品种。如只付利息抵押贷款，

它与传统的固定利率抵押贷款不同，允许借款人在借款的前几年中只付利息不付本金，借款人的还贷负担远低于固定利率贷款，这使得一些中低收入者纷纷入市购房。但在几年之后，借款人的每月还款负担不断加重，从而留下了借款人日后可能无力还款的隐患。再如，一些贷款机构推出了"零首付"、"零文件"的贷款方式，即借款人可以在没有资金的情况下购房，且仅需申报其收入情况而无需提供任何有关偿还能力的证明，如工资条、完税证明等。

3. 利率调整与房价调整带来的冲击

自 2001 年初美国联邦基金利率下调 50 个基点始，经过 13 次降低利率之后，到 2003 年 6 月，联邦基金利率降低到 1%，达到过去 46 年以来的最低水平。房贷利率也同期下降，30 年固定按揭贷款利率从 2000 年的 8.1% 下降到 2003 年的 5.8%；一年可调息按揭贷款利率从 2001 年的 7.0%，下降到 2003 年的 3.8%。

从 2004 年 6 月起，美联储的低利率政策开始了逆转：至 2006 年 8 月，17 次加息之后，联邦基金利率上升到 5.25%，连续升息提高了房屋借贷的成本，开始发挥抑制需求和降温市场的作用，促发了房价下跌，以及按揭违约风险的大量增加。

2005 年 8 月份，美国房价达到历史最高点，此后美国不少地区房价开始回落。到 2006 年，房价上涨势头停滞，房市开始大幅降温。房价下跌使购房者也难以将房屋出售或者通过抵押获得融资。

4. 部分美国银行和金融机构违规操作，不向投资者披露有关风险的信息

一些次级房贷机构在放款中，没有依照美国法律的有关规定向消费者真实、详尽地披露有关贷款条款与利率风险的复杂信息，也诱导了消费者。同时，部分银行和金融机构利用房贷证券化可将风险转移到投资者身上的机会，有意、无意地降低贷款信用门槛，导致银行、金融和投资市场的系统风险的增大。有的金融机构，还故意将高风险的按揭贷款，打包到证券化产品中去，向投资者推销这些有问题的按揭贷款证券。

5. 衍生品过度泛滥，金融市场过度自由化，而监管不力

有人用"'Anything Under the Sun'——太阳底下的任何东西"来形容美国金融市场自由化的程度。各种金融衍生品和证券化产品在美国非常多，金融机构不停地创造出各种各样眼花缭乱的复杂产品，通过柜台交易（OTC），不需要论证，也没有监管，只要有对手购买，就能够成交。当然这些对手大都也是金融机构。

与此衍生产品泛滥形成鲜明对比的是监管不力。《1999 年金融服务现代化法案》标志着美国金融业进入混业经营时代。自实行混业经营以来，美国金

融市场发展迅速，金融创新层出不穷，产品日趋复杂，资金高度流动，功能监管无疑应当成为金融监管的主体，可偏偏美国功能监管较弱。美国到目前实际上仍然实行分业监管，机构监管。保险公司、商业银行、投资银行等分别属于不同的政府机构监管。证券市场和期货市场虽然有证券交易委员会和商品期货交易委员会负责监管，但监管都比较薄弱。于是像次贷证券化这种涉及众多的不同类型机构参与的业务，就需要各监管机构高度协调配合。但事实上美国却出现了监管漏洞。

9.4.3　美国次贷危机对中国商业银行房贷风险的警示与对策

1. 中国商业银行房贷风险的表现

近两年，随着房价的不断上涨，中国商业银行住房抵押贷款大量发放，风险在一定程度上开始显现。房贷中存在着许多隐患：一是贷款首付比例较低及虚假信用基本上都能够从银行获得贷款。既然能够从银行比较容易地获得住房按揭贷款，那么必然会让很大一部分信用不好的人进入房地产按揭贷款市场。二是超支付能力贷款不断增加。按照银监会个人住房按揭贷款指引，个人每月按揭贷款还款额不得超过个人家庭月可支配收入的50%。但实际上，国内居民及住房投资者在办理住房按揭贷款时，有许多人是不能够满足这样一个最基本标准的，其工资收入证明在很多情况下存在虚假的成分。用假的收入证明、假的工资证明等虚假的文件到银行进入按揭贷款，给银行带来风险的隐患。三是贷款利率连续提高，导致部分债务人丧失偿还能力。近两年来，中国连续加息，无论是商业贷款利率还是公积金贷款利率都有较大幅度的提高，借款人的利息负担增加较多，加之其他因素，他们也越来越难以预测未来偿付现金支出的变化，部分借款人还款能力下降甚至丧失了还款能力，住房贷款无力偿还。四是房价在飞涨后存在下跌趋势，使潜在风险有可能转化为现实风险。中国房地产市场刚发展不到十年，其个人住房按揭贷款余额就超过2.6万亿元，加上公积金住房贷款4000多亿元，已经超过了3万亿元。这样高的住房按揭贷款，在房价上涨时，银行一定会把这些贷款看作是优质资产，但是中国房地产市场价格出现逆转时，住房按揭贷款的潜在风险都暴露出来。2008年8月深圳出现的停止"月供"的现象，就是一个例证。

2. 中国商业银行应对房贷风险的对策

中国的住房抵押贷款市场也存在一定的风险，美国次贷危机的发生给中国商业银行以警示，使中国商业银行保持警惕，并采取积极的应对措施，以防患于未然。

（1）要加强宏观经济运行的分析，把握宏观经济走势与具体产品的关系，高度关注经济周期波动可能带来的风险。从美国次贷危机的教训来看，房价的快速上涨往往会掩盖大量的信用风险和操作风险。中国商业银行一定要高度重视房地产市场发展中的各类金融风险。事实证明，在经济增长阶段忽视风险必将导致经济减速阶段的风险甚至是危机的爆发。

（2）提高个人房贷资产质量，加强个人住房信贷监管，防止风险贷款产生。中国商业银行要建立和完善个人征信系统，改变商业银行信贷人员仅仅凭借款人身份证明、个人收入证明等比较原始的征询材料进行判断和决策，以及银行和客户间信息不对称的现实状况，减少各种恶意欺诈行为。应该采取严格的贷前信用审核，避免出现虚假按揭的现象。要完善个人信贷法律，加强对失信、违约的惩处，从法律上保障银行开办住房信贷业务的利益。

（3）做好预警，控制规模与风险。中国商业银行应高度关注个人住房信贷及个人住房抵押贷款的风险，不能简单地将个人贷款或消费性贷款视为低风险贷款而不加选择地大力发展。应该严格保证首付政策的执行，适度提高贷款首付的比率，杜绝出现零首付的现象。

（4）政府在政策上，要保持房价的稳定，防止房价发生大幅度波动。房价是影响抵押贷款发放的重要因素，也是决定借贷者借款规模和借款折扣的关键因素。房价的波动会极大影响抵押贷款的价值，稳定的房价是个人住房信贷市场健康发展的重要保证。政府应时刻监控住房抵押贷款市场的危机聚集情况，在危机爆发前向放贷者和投资者发出警告，减少或停止新的有风险住房抵押贷款。如果发生了危机，政府应该稳定借贷者，减少其被银行和抵押贷款公司收回房屋资产以降低收回的速度，保障房价稳定，也保证社会稳定，防止危机扩散到社会及政治领域。

因此，中国商业银行应以美国次贷危机为鉴，合理引进境外战略投资者，加强全面的风险管理，以保证中国金融安全与中国银行业可持续稳健发展，提高中国商业银行国际竞争力。

第 10 章　提升中国商业银行国际竞争力途径之五

——跨国并购与国际化发展

10.1　中国商业银行跨国并购与国际化的现状及问题分析

10.1.1　中国商业银行跨国并购与国际化的现状

商业银行国际化包括两方面内容：一方面是指本国银行业对外资银行的开放，即引进外资银行；另一方面是本国银行走向国际金融市场，即本国银行跨国经营。本节仅指中国银行业跨国经营。2006 年随着中国入世限制的取消，中国银行业将以更加开放的态度积极融入金融全球化中，以提高中国银行业的国际竞争力。

2002 年底，中资银行在海外设立银行类营业性机构 674 家，资产总额为1564.43 亿美元，利润为 22.1 亿美元。其中四家国有独资商业银行海外的银行类营业性机构有 610 家，占全部营业性机构的 90.5%；资产总额为 1474.24亿美元，占比为 88.7%；负债总额为 1427.14 亿美元，占比为 91.22%；利润为 21.54 亿美元，占比为 97.47%①。2004 年底，中资银行在亚洲、欧洲、美洲、非洲、大洋洲的 20 多个国家和地区设立海外分支机构，资产总额为 1790亿美元②。近年来中国建设银行在海外机构及海外业务品种拓展的步伐日益加快。2005 年上半年，中国建设银行的海外业务税前利润总额达 1.58 亿元人民币。目前中国工商银行的境外机构网络布局已初具规模，境外资产持续增加，经营效益稳步提高。2005 年 9 月，中国工商银行已拥有 16 家境外机构，其中

---

① 参见《2003 年中国金融年鉴》，中国金融出版社 2003 年版，第 10 页。
② 参见《2005 年中国金融年鉴》，中国金融出版社 2005 年版，第 18 页。

8 家分行、3 家全资子银行、2 家控股公司、3 家代表处，境外分支机构总数已达 100 多家，其境外机构资产总额已达到 229 亿美元，占中国工商银行全部外汇资产的 32.8%①。2006 年 12 月，中国银行以 9.65 亿美元收购新加坡飞机租赁有限责任公司的 100% 股份；中国建设银行收购美国银行（亚洲）100% 股权；中国工商银行买入印尼哈利姆银行 90% 的股权。

2007 年，中国银行业加快海外发展步伐，积极通过并购、设立新机构等方式，深度拓展海外市场。2007 年 8 月中国工商银行以 5.83 亿美元收购澳门诚兴银行 79.93% 的股权，10 月宣布以 54.6 亿美元收购南非最大银行标准银行 20% 的股权，成为第一大股东。2007 年 8 月国家开发银行以 22 亿欧元收购英国巴克莱银行 3% 的股权。2008 年 9 月，招商银行以 193 亿港元收购香港永隆银行 53.12% 股权。与此同时，中国银行业金融机构加快在境外设立分支机构的步伐。中国工商银行莫斯科分行开业，中国银行在英国设立子银行，中国建设银行悉尼代表处开业，交通银行设立法兰克福分行、澳门分行；中国进出口银行在圣彼得堡设立代表处。2007 年 11 月美国金融监管当局批准招商银行设立纽约分行，这是美国 1991 年颁布实施《加强外国银行监管法》后批准的第一家中资银行营业机构。中国工商银行也在纽约设立了分行。截至 2007 年底，中资银行已在美国、日本、英国、德国、澳大利亚、新加坡、香港、澳门等 29 个国家和地区设立 60 家分支机构，海外机构的总资产达 2674 亿美元，比上年增加 406.1 亿美元，增长 18%②。

10.1.2　中国商业银行国际化的作用

1. 银行国际化推动了国内金融体制的改革与深化

本国银行为避免国内金融监管的控制，促使其金融机构向海外拓展，而银行国际化经营则加速了国内金融体制的改革。因此，国内银行主动"走出去"，参与全球国际金融竞争，不仅能使其提高国际竞争力，而且能进一步提升国内银行的金融管理水平，加速国内金融深化的进程和市场化改革，促使国内银行业体制创新和机制创新，提升国内银行业总体效率。

2. 银行国际化提高了国内银行业竞争效率

银行国际化能促使国内银行遵循国际金融运作原则进行国际化规范运作，从而有利于国内银行改变经营机制和经营理念，提高银行业经营管理水平。同时银行国际化有利于降低银行成本，提高经营效率，从而提升国内银行的

---

① 尤越：《国内银行"走出去并购"悄然升温》，《国际金融报》2006 年 2 月 28 日第 1 版。
② 《2007 中国银监会年报》，第 33—34 页。

竞争力。

3. 银行国际化提高了银行盈利能力和国际竞争力

银行国际化经营往往比国内银行经营获得较高的收益。如花旗集团和汇丰控股走国际化经营道路，其海外机构的利润占其整个利润的50%以上。中国银行是我国银行业中最早进行跨国经营业务的银行，2002年中国银行以29.67%的海外资产赚取了82.72%的利润，比1993年增长了5倍，其中1998年以来中国银行海外机构利润大幅度增长，1998—2002年海外利润占总利润年均占比为83.34%，可见中国银行国际化程度较高[1]。2004年底，中国银行海外分支机构共有603家，其中分支行有389家，附属行或公司有205家，代表处有9家，中国银行已经初步形成海外机构全球化的经营网络。2004年中国银行海外机构资产总额为1342.25美元，实现税前利润22.95亿元[2]。截至2007年末，中国银行内地资产总额为47831.91亿元人民币，较上年末增加5584.24亿元人民币，增幅为13.22%，占集团资产总额的79.78%，较上年末上升0.55个百分点；内地地区实现税后利润358.12亿元人民币，较上年增加95.49亿元人民币，增幅36.36%，对集团税后利润的贡献为57.75%。2007年，港澳地区资产总额为11587.13亿元人民币，较上年末增加746.35亿元人民币，增幅6.88%，占集团资产总额的19.33%；港澳地区实现税后利润246.41亿元人民币，较上年增加36.88亿元人民币，增幅17.60%，对集团税后利润的贡献为39.73%。2007年，其他境外地区资产总额为2367.54亿元人民币，较上年末增加219.88亿元人民币，增幅10.24%，占集团资产总额的3.95%；其他地区实现税后利润15.64亿元人民币，较上年增加3.72亿元人民币，增幅31.21%，对集团税后利润的贡献为2.52%（见表10-1）。

从表10-1我们进一步看出，中国银行海外机构主要集中在港澳地区，该地区有中银国际控股有限公司（投资银行）、中银集团保险有限公司（保险公司）和中银集团投资有限公司（投资公司）等子公司，这对中国银行实行混业经营战略具有重要意义。近两年中国银行内地盈利能力大幅提高，这说明中国银行通过国际化经营和股份制改造使其国内银行经营能力整体提高，经营成本降低，经营效率大幅上升。同时银行国际化也为母国银行海外融资，改善资金供求状况，提高银行资本充足率发挥了重要作用。

---

① 冯嗣全、欧阳令南：《银行国际化与金融发展的实证研究》，《国际金融研究》2003年第12期，第43—47页。

② 参见《2005年中国金融年鉴》，中国金融出版社2005年版，第18页。

表 10 - 1　2006—2007 年中国银行分地区资产额与营业利润额

及占比单位：百万元人民币，%

分地区总资产	2006		2007	
	总额	占比	总额	占比
中国内地	4224767	79.23	4783191	79.78
港澳地区	1084078	20.33	1158713	19.33
其他境外地区	214766	4.03	236754	3.95
抵消数	（191586）	（3.59）	（183105）	（3.05）
总计	5332025	100.00	5995553	100.00
分地区营业利润	2006		2007	
	总额	占比	总额	占比
中国内地	26263	54.25	35812	57.75
港澳地区	20953	43.28	24641	39.73
其他境外地区	1192	2.46	1564	2.52
总计	48408	100.00	62017	100.00
资料来源：2007 年中国银行年报。				

10.1.3　中国商业银行跨国并购与国际化存在的问题

1. 海外银行组织机构设置比较单一

中国商业银行海外组织机构设置主要以传统的分支机构为主，形势比较单一，这往往受东道国银行法律、监管的限制，又增加母国银行新设立机构所需要的大量资金。而目前国际上主要以并购为主进行跨国经营，这既可避免市场准入的限制，又能迅速提升中国银行业在该国金融市场的地位和经营能力，同时又可减少新设立机构所需的大量资金。因此，中国银行业海外银行组织机构设置的模式应发生变革。

2. 商业银行开拓海外市场能力不强

虽然中国商业银行跨国经营取得一定进展，然而从中国目前实践看，国内商业银行由于诸多原因，其在海外增设分支机构较少，拓展海外市场能力不强，海外经营总体实力十分薄弱。其主要原因在于究其原因主要是国内银行海外目标市场定位不突出，主要通过自建机构走内延式发展道路，而不是通过并购走外延式发展道路，从而制约中国商业银行开拓海外市场。同时，中国商业银行国际化程度较低，经营观念陈旧、产品和服务落后，业务结构不合理，银行国际竞争力不强，盈利能力受到限制。因此中国商业银行如何有效拓展海外市场显得十分重要。

3. 商业银行境外投资品种单一，盈利能力受到限制

中国商业银行的境外投资种类单一，主要投资于外国政府债券、机构债券、信用债券以及抵押债券等金融产品。这些境外投资产品的收益水平较低，而且容易受到东道国金融环境的影响。2008 年，美国次贷危机引起的国际金融市场波动，使得中国部分商业银行投资美国住房贷款抵押债券的境外投资发生损失。2008 年 9 月，已披露中国商业银行共持有雷曼债券约 7 亿美元左右，由于雷曼兄弟公司的破产，截至 2008 年上半年中国商业银行的海外净利润总计减少约为 3 亿美元左右，从而使商业银行海外盈利能力受到限制。

4. 海外银行经营风险较大，监管体系不完善

由于中国商业银行跨国并购与国际化经营才处于起步阶段，并且国外并购中有些偶然性因素的存在，这就加大了海外银行并购与经营风险。同时，母行对海外机构的监控不够，海外依法合规经营意识差，违规问题较多，从而使一些银行经营风险较大，这在一定程度上也限制了海外银行的发展。

10.2　中国商业银行跨国并购与国际化的发展战略

在金融全球化和加入 WTO 的背景下，中国银行业进一步对外开放是中国金融业国际化发展的必由之路。我们应鼓励中资银行积极"走出去"，制定出中国银行业对外开放的战略目标与策略，使中国银行业对内开放与对外开放同步进行，实现资源分配效应和金融稳定效应，加速中国金融业国际化进程，提高中国金融业在国际金融中的整体竞争力。

（一）准确的市场定位

准确的市场定位，是中国商业银行提升国际竞争力的重要条件。中国商业银行国际化发展应根据自身特点和发展规划来确定其市场定位。如果中国商业银行资金实力雄厚，具有全能性银行发展潜力，可定位于全球性和多元化市场，如中国银行将其市场定位于以国际化和多元化机构和业务为支撑，按照规范化、标准化和差异化相结合的原则，形成具有独特竞争优势的产品和服务，全方位创建中国银行优势品牌，满足客户多样化金融需求，以提升其银行效率和国际竞争力。相反，如果中国商业银行实力很强，但主要以国内或区域市场业务为主，则可以突出目标市场和核心业务，如中国工商银行、中国建设银行和交通银行将其市场定位于以国际性银行为发展目标，加强区域金融竞争力，重点开发、开拓与国内经贸联系较多国家的业务，重点开拓香港和东南亚国家地区的业务，努力发展欧美成熟市场，以提高其核心竞争力。

（二）制定明确的发展战略，发挥各自银行的竞争优势

制定明确的发展战略是中国商业银行发展的关键。中国商业银行应以金融全球化为背景，制定中国银行业全球化和国际化发展战略，并力争在2020年基本实现中国银行业国际化发展目标，在2050年基本实现全球化发展目标，使中国银行业成为发展中国家最具竞争力和最活跃的银行，以更好提升中国银行业在全球金融中的地位。因此中国银行业应注重外延式的发展战略，积极参与国际金融并购活动中，迅速壮大中国商业银行的自身实力。同时中国商业银行应积极借鉴国外先进银行的经验，加速机制创新和体制创新，转变经营理念和经营方式，按《巴塞尔新协议》的要求逐渐规范中国商业银行的运营，降低不良资产，提高资本充足率，积极进行市场化运作，通过创新思维和服务质量，打造银行品牌和发挥其竞争优势，以提高其国际竞争力。

因此，中国商业银行应根据国际金融市场环境变化和国际资本流动特点制定出适合自身发展的战略模式，以尽快提高中国银行业的国际竞争力。

（三）在开放条件下使中国银行业更均衡合理地融入全球经济金融中

随着经济全球化的不断发展，中国经济与世界经济的联系越来越紧密。2007年，中国经济增长速度为11.9%，其中中国对外贸易与外商直接投资高速增长成为推动中国经济增长的两大引擎。由于中国经济的开放度越来越高，所以近年来中国外汇储备额不断增加，2006年中国外汇储备余额达10663亿美元，中国已经成为世界上最大的外汇储备国，超过日本排在全球第一位。2007年中国外汇储备余额达1.5万亿美元，比上年增长43.32%。2008年9月，中国外汇储备已达1.9万亿美元。见图10-1。

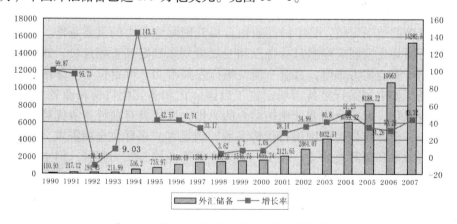

图10-1　1990—2007年中国外汇储备的增长变化

近年来中国外汇储备增加的主要原因是：一是中国正式加入 WTO 掀起了国际上对华直接投资的热潮；二是人民币不断升值，使国际游资通过各种渠道进入中国；三是人民币利率同美元利率之间的巨大利差。2007 年以后，中国人民币出现升值的压力。这其中，国际资本的大量流入扮演了重要角色。因此，中国应通过扩大内需和跨国投资来实现中国经济的内外均衡发展，使中国在开放条件下更均衡合理地融入全球经济金融中。其中跨国并购与跨国投资是中国更积极融入全球经济金融中，减少过多的外汇储备，提升国际竞争力的重要途径。

江小娟（2006）认为，目前中国在全球跨国投资中的地位正在发生变化，一是作为 FDI 东道国的相对地位下降；二是中国对外投资迅速增长，未来 5 年投资总额可能超过 800 亿美元，成为发展中国家最大的投资母国之一；三是以并购方式吸收外资和对外投资增加，服务业包括金融业吸收外资将增加。这三方面的变化表明中国参与国际竞争与合作进入新阶段，并成为跨国投资的重要东道国和重要母国。同时，2008 年 9 月以来美国次贷危机席卷全球，很多国际性银行资产价值大幅度缩水，中国商业银行应审时度势，抓住机会，利用自己充足的外汇储备，有目标、有重点、分阶段实行其跨国并购与国际化发展战略。因此，中国商业银行跨国并购与国际化发展使中国更均衡合理地融入全球经济金融中将是今后中国银行业国际化发展的重要战略目标。

10.3　中国商业银行跨国并购与与国际化发展的策略

10.3.1　中国商业银行海外目标市场的选择

中国商业银行应主动走出去，通过适当的组织形式，以适当的方式在合适的地区采用不同的战略来促进中国跨国银行的发展。

1. 注重发挥香港国际金融中心的作用，提升中国银行业在亚洲区域的地位

目前香港是国际上重要的国际金融中心和国际贸易中心，并且是外资银行最集中的地区，拥有非常成熟的金融市场和规范运作的金融体系。按照 CEPA 要求，目前中国大陆和香港有着广泛的经贸和金融往来，随着入世限制的取消，中国银行业应积极运用香港国际金融中心的平台，大力发展海外银行业务，并逐步增强中国银行业在东亚货币合作中的地位和影响力，进而实现在亚洲市场的海外业务发展。

2. 积极拓展拉丁美洲、非洲和俄罗斯市场

目前，中国与拉丁美洲、非洲和俄罗斯等国家的交往在不断增加，跨国企业发展也在不断增强，根据"追随客户"原则，中国银行业应积极拓展这几个市场，为本国企业对外贸易和对外投资提高金融服务。

3. 努力发展欧盟等发达国家金融市场

欧盟、美、日市场是世界最发达和成熟的国际金融市场，纽约、伦敦、东京、法兰克福、卢森堡等也是重要的国际金融中心，拥有先进的经营管理水平和丰富的金融资源。中国商业银行应努力发展与这些国家金融机构的往来，这可以迅速提高中国银行业经营管理水平和金融创新能力，提升中国银行业国际竞争力。进入发达国家市场，有严格的市场准入限制和业务限制，我们应注意研究各国法律对银行市场准入的基本规定，认真研究各国政策的不同，选择在能够提供最优惠条件的国家建立分支机构。今后，中国商业银行尤其是国有商业银行应注意整合海外银行现有机构，并注重拓展欧盟金融市场。因为欧盟 2004 年 5 月再次东扩后，已成为世界最大的经济体和中国最大的贸易伙伴，因此进入欧盟市场已成为中国商业银行实施跨国经营战略的重要措施。

10.3.2 中国商业银行跨国经营组织机构形式的选择

一般而言，银行跨国经营的组织形式主要有分行、子行、联属行、代表处、代理行、合资银行、银行持股公司等。对中国商业银行发展具有战略意义但暂时业务需求不充分或设立分行条件尚不成熟的区域，可先通过建立代表处的方式来收集信息，融入当地。在有市场需求，但对当地情况和客户资信还不熟悉的区域，应先以代理行的方式来发展业务。国际上流行的银行业俱乐部和银行业战略联盟形式也值得中国商业银行借鉴，它们是两家或少数几家银行之间的合作，结盟者之间表现为一种合伙人（Partnership）关系，一般只集中于某项或某几项业务领域内的合作。中国商业银行可用此种方式，找准机会加强与跨国大银行的业务合作，以推动新业务的发展。而分行和子行是银行国际化发展的两种重要组织机构形式。分行是总行的附属机构，不具备法人资格，东道国监管当局对设立分行有严格的市场准入限制和业务限制。中国商业银行尤其是国有商业银行过去常常采用在海外设立分行形式。而子行具有法人资格，完全受所在国法律管辖，独立开展经营活动，因而各国对子行的市场准入及业务限制较少。银行国际化中子行和分行的选择是：规模大的、国际化程度高的、产品多元化程度高的、特许权价值高的银行更倾向于选择子银行作为海外组织机构形式（冯嗣全、欧阳令南，2003）。因此，今后中国商业银行应积极采用子行形式实现银行跨国经营。任何银行采用何种组织形式进入海外市场既要考虑自身的发展战略，也要考虑东道国的市场准入限制和业务限制。

10.3.3 中国商业银行实现跨国并购与国际化经营的途径

1. 积极采用并购方式，加速中国银行业国际化经营

花旗银行和汇丰银行的迅速发展就是走跨国并购之路，使其快速成长为全球化和国际化一流大跨国银行。中国商业银行应借鉴国外大跨国银行发展的经验，积极采用跨国并购方式来实现其国际化发展战略，这能实现经营协同效应和管理协同效应，并能在短时期内迅速提高中国商业银行的国际竞争力。因此应有选择的推进中国银行业的并购重组，通过购并建立控股或参股子公司发展跨国经营业务，利用原有机构的人才和市场资源，高起点地进入新的业务领域和市场。同时注重通过并购实现业务的多元化发展，并通过并购获得技术优势和管理优势，考虑迅速扩大中国银行业的规模经济和经营实力，增加盈利能力，以提高中国银行业国际化水平。

2. 不断提高银行国际化经营管理水平

中国商业银行应积极学习国外银行先进的经营管理经验与水平，运用先进的营销理念，不断开拓业务领域，按照国际惯例规范经营，以降低成本，增加获利能力。同时要加快海外分行的电子化建设，建立海外行数据中心，使海外机构经营管理信息化程度达到国际同业先进水平。另外，银行国际化经营并不只是海外机构自身业务的发展，而应该是总行作为一个整体在国内和国外的业务发展。因此，中国商业银行要站在战略的高度、全局的立场，树立并提高内外联动、外外联动意识，高度重视并加强境内外机构以及境外机构间的合作，充分发挥海外市场的作用，及时了解国际金融市场的变化动态与发展，相互提供信息，加强彼此沟通，以推动本外币业务的创新和发展，从而提高我国商业银行国际化经营的总体竞争实力。

3. 加强银行国际化经营的风险管理与国际监管

由于商业银行金融创新，并由于其分支机构遍布世界各地，从而增加了商业银行国际化经营的风险。同时，由于现代化的信息技术和网络化的发展，增强了银行国际化经营的灵活性，也增大了对其国际化经营监管的难度。因此，中国商业银行在推进银行国际化进程中，应坚持审慎经营原则，将防范风险放在第一位，建立健全海外机构的内部控制与风险管理机制，减少违规问题发生，以降低金融风险。同时为促进商业银行海外机构审慎经营和健康发展，我国母行应加强对商业银行的海外机构监管。应完善《商业银行境外

机构监管》的法律法规，加强现场监管与非现场监管，不断完善银行国际化经营的监管工作。同时，中国的银行监管部门应加强与境外监管当局的合作与信息交流，以保证我国商业银行海外机构安全运营，促进我国商业银行业国际化水平发展。

4. 实行多元化跨国并购与海外投资

在当前国际金融市场不确定因素增加，国际金融风险与国际金融危机不断出现时期，中国商业银行跨国并购与海外投资一定要注意避免汇率风险、利率风险、国家风险等因素，不能将并购对象与海外投资集中在某一个或某几个少数国家，应实行多元化策略，这既可加强与投资国的经贸关系，又可以分散跨国并购与海外投资的风险，从而保证中国商业银行国际化发展顺利进行。

5. 加速培养一大批高素质的国际化人才

国际化人才培养是提高中国商业银行国际竞争力的关键。因此，一是注重培养国内银行员工，定期进行培训，将一些外语好、业务能力强、素质高的人员派往海外工作，逐步形成一支具有国际化水平的高管队伍。二是针对美国次贷危机使一些国际性银行高管人员富余的机会，积极从全球尤其是美国招聘海外高管人才。三是定期派员到参股投资行或国外代理行进行学习与员工培训，以尽快提高与培养一批高素质的国际化管理人才。

6. 积极培养海外并购的核心竞争优势

中国商业银行应在资金、业务、体制、人力资源、市场地位、品牌等方面苦练内功，加速国内商业银行机制创新与体制改革，培养核心竞争优势，这样才能在从事海外并购活动中注重培养其核心竞争优势，从而保证海外并购战略的顺利实施，以提高中国商业银行国际竞争力。

参考文献

一、中文文献

1. 邓瑞林主编：《跨国银行经营管理》，广东经济出版社1999年版，第1页。

2. 宗良著：《跨国银行风险管理》，中国金融出版社2002年版，第1—2页。

3. 黄达、刘鸿儒主编：《中国金融大辞典》，经济科学出版社1990年版，第213页。

4. 曾康霖著：《银行论》，西南财经大学出版社1997年版，第439页。

5. 朱忠明、赫国胜主编：《跨国银行经营管理》，西南财经大学出版社1999年版，第1页。

6. 薛求知、杨飞编著：《跨国银行管理》，复旦大学出版社2002年版，第8页。

7. 张帆著：《美国跨国银行与国际金融》，中信出版社1989年版，第11页，第16页。

8. 刘狄著：《跨国银行与金融深化》，上海远东出版社1999年版，第17页。

9. 张金昌著：《国际竞争力评价的理论和方法》，经济科学出版社2002年版，第7页。

10. 焦瑾璞著：《中国银行业国际竞争力研究》，中国时代出版社2001年版，第13页。

11. 郑先炳著：《西方商业银行最新发展趋势》，中国金融出版社2002年版，第52—55页。

12. 郑先炳著：《解读花旗银行》，中国金融出版社2005年版，第1页。

13. 汤凌霄著：《跨国银行系统性风险监管论》，经济科学出版社2004年版，第177—213页。

14. 金碚等著：《竞争力经济学》，广东人民出版社2003年版。

15. 毛泽盛著：《跨国银行的进入、绩效及其管制——以发展中国家为研究视角》，人民出版社2005年版。

16. 中国人民大学竞争力与评价研究中心研究组：《中国国际竞争力发展研究报告（2003）》，中国人民大学出版社2003年版。

17. ［美］乔治·考夫曼著：《现代金融体系》，经济科学出版社2001年版，第164页。

18. 哈维尔·弗雷克斯、让·夏尔·罗歇著，刘锡良主译：《微观银行学》，西南财经大学出版社2000年版，第44—66页。

19. 希拉·郝弗南著，万建华、雷纯雄等译：《商业银行战略管理》，海天出版社2000年版，第221—222页。

20. 克里斯·马滕著，王洪、漆艰明译：《银行资本管理》，机械工业出版社2004年版，第6—7页。

21. 迈克尔·波特：《竞争战略》，中译本，中国财政经济出版社1989年版，第10页。

22. Rumelt. R. P: Diversification Strategy and Profitability, Strategic management Joural, 3, 1982. 转引自福斯·克里斯蒂安·克努编：《企业万能：面向企业能力理论》，中译本，东北财经大学1998年版，第82页。

23. Jane E. Scott B. MacDonald：《International Banking – Text and Cases》，清华大学出版社2003年版，第8—9页。

24. Ulrich Schroder and Alexander Schrader：《德国银行职能及公司治理的转变：向市场演进吗?》摘自北京奥尔多投资研究中心主编《金融系统演变考》，中国财政经济出版社2002年版，第279页，第1卷，第2辑。奥尔多投资评论整理。

25. ［美］沃尔特·亚当斯、詹姆斯·W·布罗克主编，封建新、贾毓玲等译：《美国产业结构》（第十版），第246页，中国人民大学出版社2003年版。

26. ［美］史蒂文·J·匹罗夫（StevenJ.Pilloff）：《美国商业银行》，摘自［美］Walter Adams 和 James. W. Brock 主编：《美国产业结构（第十版）》，中国人民大学出版社2003年版，第222—251页。

27. ［美］帕特里克T·哈克斯塔夫、罗斯A·泽尼奥斯，徐诺金、赵蓉、危勇等译：《金融机构的绩效：效率、创新和监管》，中国金融出版社2005年版。

28. 鲁志勇、于良春：《中国银行竞争力分析与实证研究》，《改革》2002年第3期，第61—67页。

29. 罗仲平、蒋琳：《中国商业银行竞争力变动态势研究》，《经济学家》2004年第5期，第88—95页。

30. 朱海莎：《商业银行海外市场与业务发展的路径选择——苏格兰皇家银行国际化的路径变迁》，《国际金融研究》2005年第11期，第23—28页。

31. 杜传忠：《网络型寡占市场结构与中国产业的国际竞争力》，《中国工业经济》2003年第6期，第42—49页。

32. 沈蕾：《跨国竞争对反垄断的抑制作用》，《中国工业经济》2003年第6期，第36—41页。

33. 冯丽、李海舰：《从竞争范式到垄断范式》，《中国工业经济》2003年第9期，第14—22页。

34. 詹文雯、葛兆强：《银行并购、商业银行成长与我国银行业发展》，《当代银行家》2005年第1期，第30—42页。

35. 余光胜：《企业竞争优势根源的理论演进》，《经济管理》2002年第20期，第10—15页。

36. 贺小刚：《企业可持续竞争优势》，《经济管理》2002年第14期，第4—11页。

37. 杨瑞龙、刘刚：《企业的异质性假设和企业竞争优势的内生性分析》，《中国工业经济》2002年第1期，第88—95页。

38. 李海舰、聂辉华：《企业的竞争优势来源及其战略选择》，《中国工业经济》2002年第9期，第5—13页。

39. 张炜：《核心竞争力辨析》，《经济管理》2002年第12期，第10—17页。

40. 杜奎峰、程惠霞：《组织再造与银行业竞争力的提升》，《经济管理》2002年第20期，第86—90页。

41. 张向菁、金麒、苏东水：《我国商业银行竞争力提升的系统研究》，《当代财经》2001年第7期，第55页。

42. 华林：《外国资本进入墨西哥银行业的现状及影响》《拉丁美洲研究》2005年第6期，国研网2006－2—1。

43. 裴长洪、王镭：《试论国际竞争力的理论概念与分析方法》，《中国工业经济》2002年第4期，第41—44页。

44. 王元龙：《论国际银行业的发展趋势》，《国际金融研究》2002年第3起，第31—32页。

45. 沈建苗译：《全球银行千强榜》，《资本市场杂志》2004年底9期，第8—11页。

46. 黄金老、曾超：《利润突增酝酿变局》，《国际金融研究》2004年底9期，第10—17页。

47. 徐为山、杨朝军、汪有涛：《全能银行与银行保险：欧洲商业银行集团化的事业模式比较》，《国际金融研究》2005年第6期，第18—26页。

48. 陆晓明：《金融现代化法案后的美国银行业混业经营——兼评花旗集团出售"旅行者"》，《国际金融研究》2005年第4期，第4—9页。

49. 陆晓明：《美国银行业的保险业务——发展和前景》，《国际金融研究》2005年第8期，第22—26页。

50. 王艺明、陈浪南：《金融机构混业经营绩效的全球实证研究》，《国际金融研究》2005年第7期，第4—9页。

51. 卫新江：《银行保险：基于国际经验的考察》，《国际金融研究》2005年第4期，第37—44页。

52. 《全球最新银行排名分析》，《银行家》2005年第9期，第26—31页。

53. 王树同：《2005年度全球1000家大银行评述》，《当代银行家》2005年第10期，第86—93页。

54. 李志辉、王志军：《当代国际零售银行业发展趋势》，《国际金融研究》2005年第5期，第4—12页。

55. 孙章伟：《透视三菱东京金融集团（上、下）》，《银行家》2005年第9期，第86—89页；2005年第10期，第100—104页。

56. 许炎、陶涛：《全球最大银行三菱日联集团的诞生》，《银行家》2005年第11期，第80—83页。

57. 吴成良：《SBU模式在商业银行组织结构创新中的应用研究》，《国际金融研究》2005年第2期，第39页。

58. 陆晓明：《银行全球业务发展的新型组织结构——三维战略业务单位（SBU）模式初探》，《国际金融研究》2004年第2期，第38—42页。

59. 项卫星、王达：《中东欧五国银行体系改革过程中的外资参与问题研究》，《国际金融研究》2005年第12期，第36—41页。

60. 王健、庄起善：《外资流入对中东欧五国金融体系作用的研究》，《国际金融研究》2004年第9期，第59—65页。

61. 王晞：《跨国银行进入中国决定因素的实证分析》，《金融研究》2005年第8期，第63—71页。

62. 董艳玲：《银行业开放理论的六个假说》，《金融与保险》2005年第9期，第69—71页。

63. 崔光华姚莉：《中东欧国家外资银行发展状况》，《中国证券期货》2005年第7期，国研网2005年版。

64. Dietrich Domanski，国研网编译：《新兴市场国家的外资银行：变化的角色，变化的问题》《国际清算银行（BIS）》2005年12月，国研网2005年版。

65. 李文军：《韩国银行部门的自由化及其宏观经济效应》，《当代银行家》2004年第3期，第35—49页。

66. 徐振东：《发展中国家银行业开放的经济金融效应分析》，《世界经济》2001年第12期，第32—41页。

67. Nihal Bayraktar和王燕：《外资银行进入、国内银行业绩和金融自由化顺序》，《中国金融学》2004年第6期，第1—39页。

68. 郭妍、张立光：《外资银行进入对我国银行业影响效应的实证研究》，《经济科学》2005年第2期，第58—66页。

69. 叶欣、冯宗宪：《外资银行进入对本国银行体系稳定性的影响》，《世界经济》2004年第1期，第29—36页。

70. 王维安：《银行业开放与国家金融安全》，《财经研究》2003年第12期，第25—31页。

71. 廖国民、刘巍：《银行体制、破产成本与政府担保——国有商业银行不良资产形成的一个分析框架》，《管理世界》2005年第3期，第7—14页。

72. 黄宪、熊福平：《外资银行在中国发展的经营动机和经营策略分析》，《金融研究》2005年第2期，第82—93页。

73. 斯蒂凡·托马克，罗彬译：《美洲银行服务创新进入实验室》，《管理》2003年第8期，第64—66页。

74. 王兆星：《国内银行引进境外战略投资者的喜与忧》，《银行家》2004年第9期，第36—39页。

75. 田国强、王一江：《外资银行与中国国有商业银行股份制改革》，《经济学动态》2004年第11期，第45—48页。

76. 王一江、田国强：《不良资产处理、股份制改造与外资战略——中日韩银行业经验比较》,《经济研究》2004年第11期,第28—36页。

77. 潘丽英:《银行体系稳健性基础:三位一体的制度安排》,《当代银行家》2005年第12期,第33—45页。

78. 曾康霖、高玉辉和甘煜:《攻坚的理性选择,改革的选新挑战——对我国银行业股份制改革引进外资的初步评析》,《当代银行家》2005年第12期,第9—17页。

79. 占硕:《引进外资战略投资者就能推动国有商业银行改革吗?》,《金融论坛》2005年第8期,第9—14页。

80. 何光辉:《民营化、国有化与中国国有银行改革》,《财贸经济》2005年第12期,第3—9页。

81. 刘芍佳、李骥:《超产权论与企业绩效》,《经济研究》1998年第8期,第3—12页。

82. 于良春、鞠源:《垄断与竞争:中国银行业的改革和发展》,《经济研究》1999年第8期,第48—57页。

83. 杨胜刚:《公司治理结构的主要模式和国际比较》,《国际金融研究》2001年第9期,第59—63页。

84. 易纲、赵先信:《中国的银行竞争:机构扩张、工具创新与产权改革》,《经济研究》2001年第8期,第26—27页。

85. 刘伟、黄桂田:《中国银行业改革的侧重点:产权结构还是市场结构》,《经济研究》2002年第8期,第4—5页。

86. 陈婷、王长江、刘俊:《银行国有产权与金融发展的实证分析》,《国际金融研究》2003年第9期,第35页。

87. 史笑艳编译:《德国的银行体系和资本市场》,《金融论坛》2003年第1期,第57—69页。

88. 纽行:《美国银行业公司治理机制对中国国有银行重组的启示》,《国际金融研究》2003年第9期,第51—54页。

89. 杨晓光、卢授永:《民营资本进入银行业——结构改造还是产权改造》,《金融研究》2003年第9期,第99—105页。

90. 刘小玄:《中国转轨经济中的产权结构和市场结构》,《经济研究》2003年第1期,第21—29页。

91. 周小全:《中国银行业绩效的决定因素——市场结构与产权结构》,《投资研究》2003年第7期,第2—5页。

92. 施东晖:《转轨经济中的所有权与竞争:来自中国上市公司的经验证据》,《经济研究》2003年第8期,第46—54页。

93. 刘伟、黄桂田:《银行业的集中、竞争与绩效》,《经济研究》2003年第11期,第14—21页。

94. 陈伟光:《中国银行业的合理结构:一个分析框架》,《财贸经济》2004年第9期,第20—24页。

95. 王聪、邹鹏飞：《中国商业银行效率结构与改革策略探讨》，《金融研究》2004 年第 3 期，第 58—65 页。

96. 孙国会、李泽广：《中国商业银行效率状态及其变化趋势研究》，《中国金融学》2004 年第 12 期，第 35—49 页。

97. 郭竞成、姚先国：《市场结构还是治理结构——两种银行改革思路之检讨和中国实证》，《国际金融研究》2004 年第 2 期，第 65—70 页。

98. 林毅夫、章奇、刘明兴：《银行业结构的国际化比较与实证分析》，《中国金融学》2004 年第 3 期，第 1—41 页。

99. 类淑敏、宫玉松：《安然事件、日本股灾与公司治理趋同——美日两国公司股权结构比较》，《国际金融研究》2004 年第 3 期第 41—46 页。

100. 俞栋：《西方商业银行经典治理模式的比较与启示》，《现代商业银行》2004 年第 10 期，第 35—39 页。

101. 詹向阳、张兴胜、王祺：《汇丰银行经营及治理研究》，《金融论坛》2004 年第 12 起，第 3—16 页。

102. 萧松华、刘明月：《银行产权结构与效率关系理论评析》，《国际金融研究》2004 年第 5 期，第 4—10 页。

103. 孙章伟：《透视三菱东京集团》（上），《银行家》2005 年第 9 期，第 85—89 页。

104. 阙澄宇、王一江：《银行高层激励：美国 20 家银行调查》，《经济研究》2005 年第 3 期，第 16—25 页。

105. 欧阳向群：《花旗银行的公司治理结构》，《银行家》2005 年第 9 期，第 83—85 页。

106. 胡一帆、宋敏和张俊喜：《竞争、产权、公司治理三大理论的相对重要性及交互关系》，《经济研究》2005 年第 9 期，第 44—55 页。

107. 郑录军、曹廷求：《我国商业银行效率及其影响因素的实证分析》，《金融研究》2005 年第 1 期，第 91—101 页。

108. 郭妍：《我国商业银行效率决定因素的理论探讨与实证检验》，《金融研究》2005 年第 2 期，第 115—121 页。

109. 杜莉、王峰：《中国商业银行范围经济状态实证研究》，《金融研究》2002 年第 10 期，第 31—38 页。

110. 徐传谌、郑贵廷和齐树天：《我国商业银行规模经济问题与金融改革策略透析》，《经济研究》2002 年第 10 期，第 22—29 页。

111. 于良春、高波：《中国银行业规模经济效益与相关产业组织政策》，《中国工业经济》2003 年第 3 期，第 40—48 页。

112. 王聪、邹鹏飞：《中国商业银行规模经济与范围经济的实证分析》，《中国工业经济》2003 年第 10 期，第 21—27 页。

113. 刘宗华、范文燕和易行健：《中国银行业的规模经济与技术进步效应检验》，《财经研究》2003 年第 12 期，第 32—37 页。

114. 王方宏：《银行市场竞争与银行绩效》《世界经济》2003 年第 12 期，第 45—52 页。

115. 王凯、倪建军：《新兴市场银行并购的产业经济学分析》，《国际金融研究》2003 年第 12 期，第 33—37 页。

116. 张学陶、朱东方：《国有商业银行经营规模：范围与效益分析》，《财经理论与实践》2003 年第 7 期，第 39—42 页。

117. 张健华：《我国商业银行的 X 效率分析》，《金融研究》2003 年第 6 期，第 46—57 页。

118. 张健华：《我国商业银行效率研究的 DEA 方法及 1997—2001 年效率的实证分析》，《金融研究》2003 年第 3 期，第 11—25 页。

119. 张健华：《国外商业银行效率研究的最新进展及对我国的启示》，《国际金融研究》2003 年第 5 期，第 22—27 页。

120. 王聪、邹鹏飞：《中国商业银行效率结构与改革策略探讨》，《金融研究》2004 年第 3 期，第 58—65 页。

121. 姚树洁、冯根福和姜春霞：《中国银行业效率的实证分析》，《经济研究》2004 年第 8 期，第 4—15 页。

122. 阚超、王付彪、沈谦和陈永春：《我国商业银行规模经济的实证研究（1992—2003）》，《金融研究》2004 年第 11 期，第 46—53 页。

123. 陈建青、周晔和赵涛：《银行市场结构研究新进展》，《经济学动态》2004 年第 6 期，第 76—79 页。

124. 赵紫剑：《银行规模经济问题研究综述》，《经济学动态》2004 年第 10 期，第 93—96 页。

125. 高杰英：《银行效率问题研究综述》，《经济学动态》2004 年第 5 期，第 98—101 页。

126. 刘宗华、邹新月：《中国银行业的规模经济和范围经济——基于广义超越对数成本函数的检验》，《数量经济技术经济研究》2004 年第 10 期，第 5—15 页。

127. 张向菁著：《商业银行竞争力研究》，中国金融出版社，2004 年 6 月第 1 版。

128. 巴塞尔委员会著，中国银行业监督管理委员会译：《统一资本计量和资本标准的国际协议：修订框架》，中国金融出版社 2004 年 9 月第 1 版。

129. 姜宴：《欧洲银行跨境并购的现状与前景》，《国际金融研究》2005 年第 8 期，第 4—8 页。

130. 王红：《银行结构与经济发展：中国银行业的实证分析》，《经济学家》2005 年第 5 期，第 111—116 页。

131. 范晓云、李泽广：《银行业并购充足的创值涳论：经验解释及其启示》《国际金融研究》2005 年第 1 期，第 40—47 页。

132. 马君潞、满新程；《国外金融机构跨国并购的效率研究的最新进展及对我国银行的启示》，《国际金融研究》2005 年第 1 期，第 62—68 页。

133. 邓胜梁、林华和肖德：《中国银行业的市场结构与规模经济分析》，《世界经济》2005 年第 7 期，第 43—50 页。

134. 迟国泰、孙秀峰和芦丹：《中国商业银行成本效率实证研究》，《经济研究》2005 年第 6 期，第 104—114 页。

135. 刘海云、魏文军和欧阳建新：《基于市场、股权和资本的中国银行业绩效研究》，《国际金融研究》2005 年第 5 期，第 62—67 页。

136. 陈璐：《银行并购实证研究的发展及方法论演进》，《金融研究》2005 年第 1 期，第 164—173 页。

137. Asli Demirguc - Kunt and Ross Levin（1999）：《银行主导型和市场主导型金融系统：跨国比较》，摘自《金融系统演变考》中国财政经济出版社 2002 年版。

138. Dietrich Domanski：《新兴市场国家的外资银行：变化的角色、变化的问题》，《国际清算银行（BIS）》2005 年版。

139. 宋立：《整体设计的金融发展改革模式与宏观视角的国有银行改革》，《管理世界》2005 年第 5 期，第 19—26 页。

140. 上海市城市金融学会课题组：《国有商业银行实施战略转型的动因、路径和策略研究》，《金融论坛》2005 年第 12 期，第 18—26 页。

141. 国际货币基金组织：《世界经济展望（2005 年 4 月）》，中国金融出版社 2005 年 11 月出版。

142. 魏春旗、朱枫著：《商业银行竞争力》，中国金融出版社，2005 年 5 月第 1 版。

143. 宋安平著：《商业银行核心竞争力研究》，中国金融出版社，2005 年 7 月第 1 版。

144. 韩曙平：《中国银行业竞争力影响因素与提升途径研究》，西北农林科技大学博士学位论文，2005 年版。

145. 张维迎：《产权、激励与公司治理》，经济科学出版社 2005 年版。

146. 李增泉：《国家控股与公司治理的有效性》，经济科学出版社 2005 年版。

147. 中国银监会，"公司治理改革"课题组：《完善公司治理是国有商业银行改革的核心》，《中国金融》，2005（5）版。

148. 泽维尔·维夫斯编：《公司治理：理论与经验研究》，中国人民公安大学出版社 2005 年版。

149. 吴成良：《SBU 模式在商业银行组织结构创新中的应用研究》，《国际金融研究》，2005 年第 2 期。

150. 高静文：《国际商业银行组织结构研究：基于信息技术的视角》，《中央财经大学学报》，2005 年第 8 期。

151. 吴志峰：《我国商业银行改革中的组织结构问题》，《上海金融》，2005 年第 7 期。

152. 魏春旗、朱枫：《商业银行竞争力》，中国金融出版社 2005 年版。

153. 夏秋、吴敌、明洋：《我国银行再造及其路径选择》，《经济体制改革》，2004 年第 4 期。

154. 唐双宁：《引进合格战略投资者促进中外资银行双赢》，《经济日报》2005 年版。

155. 李夯：《资本充足率监管与商业银行经营目标的路径选择》，《金融论坛》2006 年第 2 期，第 3—9 页。

156. 江小娟：《中国对外开放进入新阶段：更均衡合理地融入全球经济》，《经济研究》2006 年第 3 期，第 4—13 页。

157. 曹雪锋、贾润军：《境外战略投资者参股中资银行与中国金融安全》，《金融论坛》2006 年第 2 期，第 31—35 页。

158. 国际货币基金组织：《全球金融稳定报告——市场发展与问题》，中国金融出版社 2006 年 1 月第一版；2008 年 1 月第一版。

159. 潘敏：《银行管制与商业银行公司治理》，《经济评论》2006 年版。

160. 宁向东：《公司治理理论》，中国发展出版社 2006 年版。

161. 周小川：《公司治理改革是股改核心》，《中国金融家》2006 年版。

162. 曹凤岐：《中国商业银行改革与创新》，中国金融出版社 2006 年版。

163. 郑立明：《国有商业银行治理结构研究》，同济大学博士学位论文，2006 年版。

164. 葛蓉蓉：《我国股份制商业银行治理有效性分析》，中国科学技术大学博士学位论文，2006。

165. 马英：《商业银行组织结构扁平化改革与 SUB 模式创新》，河北金融，2006 年第 1 期。

166. 丁俊峰：《从"部门银行"到"流程银行"的转型》，《农业金融研究》，2006 年第 11 期。

167. 张吉光、梁晓：《商业银行全面风险管理》，立信会计出版社 2006 年 4 月第 1 版。

168. 路妍：《跨国银行国际竞争力研究》，中国社会科学出版社 2007 年 6 月第 1 版。

169. 刘志力：《我国商业银行境外机构信息化建设探讨》，《中国金融电脑》2007 年第 1 期。

170. 杨达远：《我国国有商业银行公司治理问题研究》，福建师范大学博士学位论文，2007 年版。

171. 林松：《论国有商业银行公司治理的模式选择》，《南方金融》，2007 年版。

172. 宗杰：《完善我国国有商业银行公司治理结构研究》，东北林业大学博士学位论文，2007 年版。

173. 中国银行业监督管理委员会：《中国银行业对外开放报告》，《金融时报》2007 年版。

174. 王玉珍：《我国商业银行组织结构改革模式的选择》，《湖北经济学院学报》，2007 年第 3 期。

175. 廖岷：《中国银行业的外国直接投资：意义及挑战》，《国际金融研究》2008 年第 1 期，第 62—69 页。

176. 潘功胜等：《渣打银行的新兴市场发展路径》，《国际金融研究》2008 年第 1 期，第 27—35 页。

177. 齐树天：《商业银行绩效、效率与市场结构》，《国际金融研究》2008 年第 1 期，第 48—56 页。

178. 项卫星、王达：《拉丁美洲、中东欧及东亚新兴市场国家金融部门外国直接投资研究》，《国际金融研究》2008 年第 4 期，第 22—28 页。

179. 张明：《透视 CDO：类型、构造、评级与市场》，《国际金融研究》2008 年第 6 期，第 40—48 页。

180. 王家强：《新世纪全球银行业发展：新特征、新风险》，《国际金融研究》2008 年第 10 期，第 37—44 页。

181. 王延增、曹雅玮：《提高大型商业银行公司治理效率的思考》，《上海金融》2008 年版。

182. 转载自：国际清算银行：《国际清算银行》2008 年 6 月，国研网。

183. 《国际清算银行年报》第 69—75 期。

184. 《国际货币基金组织》各期。

185. 《世界银行》各期。

二、外文文献

1. Angelucci, M., S. Estrin, 2002, "The Effect of Ownership and Competitivity Pressure on Firm Performance in Transition Countries: Micro Evidence from Bulgaria, Romania and Poland", William Davidson Working Paper, NO. 434.

2. Allen N. Berger, Asli Demirguc – Kunt, Ross Levine, and Joseph G. Haubrich: "Bank Concentration and Competitivity: An Evolution in the Making", Jounal of Money, Credit, and Banking, June 2004 (Part 2), pp. 433—454.

3. Asli Demirguc – Kunt, Luc Laeven, and Ross Levine: "Regulation, Market Structure, Institutions, and the Cost of Financial Intermediation", Jounal of Money, Credit, and Banking, June 2004 (Part 2), pp. 593—621.

4. Bonin, John, Iftekhar Hasan, Paul Wachtel: "Bank performance, effciency and ownership in transition countries". Journal of Banking and Finance 29, 2005, pp. 31—53.

5. Beck, T., A. Demirguc – Kunt and R. Levine, "Bank supervision and corporate finance", National Bureau of Economic Research Working Paper, No. 9620, 2003.

6. Beck, T., A. Demirguc – Kunt and RLevine, "Bank Concentration and Crises", World Bank, unpublished paper.

7. Beck, T. and R. Levine, "Legal institutions and financial development", World Bank Working Paper, No. 3136, 2003.

8. Classens. S; Demiruc – Kunt, A. and Huizinga, H.: "How Does Foreign Entry Affect Domestic Banking Markets?" Journal of Banking and Finance, 2001, 25, pp. 891—911.

9. Clark, George, Robert Cull, Maria Soledad Martinez Peria, and Susana M. Sanchez, 2003, "Foreign Bank Entry: Experience, Implications for Developing Economies, and Agenda for Further Research", The World Bank Research Observer, Vol. 18, No. 1, pp. 25—59

（Spring）.

10. Franklin Allen and Douglas Gale："Comepetition and Financial Stalility"，Jounal of Money, Credit, and Banking, June 2004（Part 2），pp. 453—480.

11. Gabriella Montinola and Ramon Moreno, "The Political Ecomomy of Foreign Bank Entry and Its Impact：Theory and a Case Study"，Federal Reserve Bank of San Francisco, Working Paper PB01—11, 2001.

12. John H. Boyd, Gianni De Nicolo, and Bruce D. Smith： "Crises in Competitive versus Monopolistic Banking Systems"，Jounal of Money, Credit, and Banking, June 2004（Part 2），pp. 487—506.

13. Ken Holden and Magdi El – Bannany：Investment in information technology systems and other determinants of bank profitability in the UK. Applied Financial Economics, 2004, 14, pp. 361—365.

14. Maria Soledad Martinez Peria Ashoka Mody："How Foreign Partipation and Market Concentration Impact Bank Spreads：Evidence from Latin America". Journal of Money, Credit and Banking, June 2004, pp. 515—516.

15. Maria Soledad Martinez Peria and Ashoka Mody："How Foreign Participation and Market Concentration Impact Bank Spreads：Evidence from Latin America"，Jounal of Money, Credit, and Banking, June 2004（Part 2），pp. 511—538.

16. Nicola Cetorelli："Real Effects of Bank Competitivity"，Jounal of Money, Credit, and Banking, June 2004（Part 2），pp. 543—558.

17. Robert De Young, Ifekhar Hasan："The Performance of DeNovo Commercial Banks：A Profit Efficiency Approach"，Joural of Banking and Finance, 1998, （22）：565—587.

18. Robert Lensink, Niels Hermes, "The short – term effects of foreign bank entry on domestic bank behaviour：Does economic development matter?"，Journal of Banking and Finance 28, 2004, pp. 553—568.

19. Stijin Claessens and Luc Laeven： "What Drives Bank Competitivity? Some International Evidence"，Jounal of Money, Credit, and Banking, June 2004（Part 2），pp. 533—584.

20. Thorsten Beck, Asli Demirguc – Kunt, and Vojislav Maksimovic： "Bank Competitivity and Access to Finance：International Evidence"，Jounal of Money, Credit, and Banking, June 2004（Part 2），pp. 627—648.

21. The World Bank："Global Development Finance of 2005"，2005 Washington DC.

22. 《The Banker》, July, 2004.

23. 《The Banker》, July, 2005.

24. 《The Banker》, July, 2007.

25. 《The Banker》, July, 2008.

26. Weill, L., "Banking efficiency in transition economies：The role of foreign ownership"，Economics of Transition Vol. 11 （3）, 2003, 569—592.

责任编辑:高晓璐
装帧设计:艺和天下
版式设计:鼎盛怡园

图书在版编目(CIP)数据

跨国银行国际竞争力及提升中国商业银行的途径/路妍 著.
-北京:人民出版社,2008.12
ISBN 978－7－01－007611－9

Ⅰ. 跨…　　Ⅱ. 路…　　Ⅲ.①跨国银行-市场竞争-研究②商业银行-市场竞争
　-研究-中国　　Ⅳ. F831.2 F832.33

中国版本图书馆 CIP 数据核字(2008)第 213700 号

跨国银行国际竞争力及提升中国商业银行的途径

KUAGUO YINHANG GUOJI JINGZHENGLI JI
TISHENG ZHONGGUO SHANGYE YINHANG DE TUJING

路妍　刘璐　高顺芝　连英祺　李翔　著

人民出版社 出版发行
(100706　北京朝阳门内大街 166 号)

北京瑞古冠中印刷厂印刷　新华书店经销

2008 年 12 月第 1 版　2008 年 12 月北京第 1 次印刷
开本:710 毫米×1000 毫米 1/16　印张:17.25
字数:375 千字　印数:0,001－3,000 册

ISBN 978－7－01－007611－9　定价:33.50 元

邮购地址 100706　北京朝阳门内大街 166 号
人民东方图书销售中心　电话 (010)65250042　65289539